GAO DUAN FANG TAN

GAO DENG JIAO YU GAI GE YU FA ZHAN

▶ 主　编◎李艺英

# 高端访谈

## ——高等教育改革与发展

华东师范大学出版社

**图书在版编目(CIP)数据**

高端访谈：高等教育改革与发展/李艺英主编. —上海：华东师范大学出版社，2018
ISBN 978-7-5675-4725-4

Ⅰ.①高… Ⅱ.①李… Ⅲ.①高等教育-教育改革-研究-中国 Ⅳ.①G649.21

中国版本图书馆 CIP 数据核字(2018)第 045889 号

**高端访谈**
——高等教育改革与发展

主　　编　李艺英
策划组稿　赵建军
项目编辑　余思洋
审读编辑　赵建军
责任校对　郭　琳
装帧设计　庄玉侠

出版发行　华东师范大学出版社
社　　址　上海市中山北路 3663 号　邮编 200062
网　　址　www.ecnupress.com.cn
电　　话　021-60821666　行政传真 021-62572105
客服电话　021-62865537　门市(邮购)电话 021-62869887
地　　址　上海市中山北路 3663 号华东师范大学校内先锋路口
网　　店　http://hdsdcbs.tmall.com

印 刷 者　南通印刷总厂有限公司
开　　本　787×1092　16 开
印　　张　17.75
字　　数　299 千字
版　　次　2018 年 6 月第 1 版
印　　次　2018 年 6 月第 1 次
书　　号　ISBN 978-7-5675-4725-4/G·9076
定　　价　45.00 元

出 版 人　王　焰

# 序

高等教育的质量与水平是一个国家或地区文化实力乃至于综合实力的重要标志。纵观世界，任何一所高水平大学的建立和发展都会对一定范围内的经济、社会、人文环境产生重大的影响。人们重视高等教育，不仅仅是因为大学可以搭建学术的殿堂，满足学子们接受教育的需求，更在于大学是孕育新思想、新理念、新方法的重要基地，对社会的发展与进步发挥着支撑和引领作用。因此，高等教育在自身的发展过程中，需要准确把握科技进步和经济社会发展的脉搏，不断推进教育思想、教育方法、教育内容的改革与创新，以保持和提升对社会的贡献力。可以说，在发展中推进改革，以改革提升发展质量，是当今众多大学共同关注的课题。

近20年来，我国高等教育经历了从快速发展到注重质量的时期。快速发展在一定程度上满足了人们接受高等教育的需求，注重质量则是对教育规律认识的回归。国家为了突出高等教育的人才培养和科学研究的贡献力，在推进高等学校“985工程”“211工程”建设的基础上提出统筹建设世界一流大学和一流学科的方针，这进一步表明，中国高等教育“从量变到质变”过程的开启。改革、发展、质量、创新，过去曾经是未来也仍然是高等教育领域中的核心概念。

然而，如何处理好改革与发展的关系、处理好继承传统与鼓励创新的关系、处理好特色凝练与质量提升的关系，既需要在理论的层面上进行研究论证，更需要在实践中进行持续深入的探索。从政府管理层面上，如何进一步落实高等学校依法自主办学的权力，为高等教育的改革发展提供有利的环境；在高等学校管理层面上，如何加强学校发展的总体方向目标的研究论证，科学合理地确定发展方位并努力实现；在高校内部各层级管理中，如何体现尊重学生的成长规律，激发学生的学习积极性，培育和鼓励他们的创新意识和创造力。可以说，高等教育的改革与发展是一项宏大的、复杂的系统工程，需要时间、空间的支持，需要多元化、全方位的资源注入。北京是高水平大学聚集的区域，研究高等教育改革与发展问题具有天然的资源优势。北京的城市功能定位也促使各所大学重视这一课题的研究并把它作为紧迫任务来对待。本书汇聚了对部分大学的管理者所做的采访，他们在学校管理的实践中，进行深入的思考，分别就改革发展、人才培养、战略拓展等主题，贡献了自己的真知灼见，成为高等教育研究思想库中的宝贵财富。

习近平总书记在十九大报告中对建设教育强国，落实立德树人任务，加快一流大学和一流学科建设，实现高等教育内涵式发展等教育的重要任务作了论述，为高等教育改革发展研究指出了战略方向。希望本书能够为高等教育界的管理者和研究人员提供一些新鲜的观点和可借鉴的经验，引起大家更加广泛深入的讨论，从而产生出新的思想火花和智慧结晶。

线联平

2018 年 5 月

## 改革发展篇

## 人才培养篇

## 战略拓展篇

# 改革发展篇

# 强化观念创新机制　实施人才强校战略

## ——访对外经济贸易大学施建军校长

◎ 王湘宁　张小锋

施建军，1955年出生于安徽，中国共产党党员，经济学博士，教授、博士生导师，享受国务院政府特殊津贴专家。历任南京大学总会计师，南京大学副校长、南京大学常务副校长（正厅级），2009年起至今，任对外经济贸易大学校长。

先后在《统计研究》《经济理论与经济管理》《自动化报》《南京大学学报》《中国高等教育》等期刊上发表各学科学术论文近200篇，出版著作20多部，承担国家和省级科研项目20多项，获得省、部级教学科研奖励20余项。

施建军自2009年5月担任对外经济贸易大学校长以来，学校各项事业取得了长足的进步。2011年成功举行60周年校庆活动，科研工作全面丰收，获纵向课题117项，横向课题86项；有10项成果获全国商务发展研究成果奖，超过本届全国获奖总数的20%；科研项目和论文发表也取得建校以来最好成绩；学校学科建设取得了突破性和跨越性的发展，大幅度增加了一级学科博士学位和硕士学位授予权，学科结构和布局问题基本得到解决。

2011年12月20日，由搜狐网、搜狐教育频道联合主办的“致青年 TO YOUTH”2011中国教育年度总评榜暨搜狐教育年度盛典中，施建军校长荣获“中国杰出教育家”奖。近日，记者独家专访施建军校长，听取他独特的治校方略。

---

**记者：** 自2009年5月您被任命为对外经济贸易大学校长以来，学校的教学、管理、基础设施，尤其是学科建设和科研都取得了长足的进步，请您谈谈其中的

本文刊发于《北京教育》高教版2012年第3期

“秘诀”。

---

**施建军：**人才强校战略是学校发展的关键。胡锦涛同志在庆祝清华大学建校100周年大会上的重要讲话中强调指出，要把加强教师队伍建设作为教育事业发展最重要的基础工作来抓，造就一支师德高尚、业务精湛、结构合理、充满活力的高素质专业化教师队伍。高素质专业化教师队伍是高校获取竞争优势的关键。大学具有的资源可以分为财政资源、物质资源、文化资源和人力资源，人力资源是众多资源之首。人是第一生产要素，是最重要的组织和单位力量。实际上，一流大学都是人才高地，这个高地不是高峰，而是高原。人才强校就是首先要构建人才高地，拥有一批创新型人才是发展大学的关键。关于人才强校战略，我认为有几个核心点：

第一，人力资源是大学第一资源，核心资源。人力资源的状态直接决定了大学的前途。国际上的大学基本分为一流、二流、三流，人才也是第次分配。教学科研、管理组织都是依靠人来完成，而人的素质、综合能力的高低直接决定了事业的成败。从做事角度讲，人力资源就是确保事业顺利发展，确保各项事业按照党和国家的要求、大学的职能、人才培养和科学研究的目标顺利实行的根本。这个过程需要获得想干事、能干事、干成事的人才。管理的核心是人，重点也是人。

第二，拔尖创新人才是大学的稀有资源。拔尖创新人才在学术研究上显示出了领导和领军能力。目前，很多大学都对拔尖创新人才求贤若渴，对外经济贸易大学最需要的也是领军型人才、大师级人才。这两年，学校申报国家自然科学、社会科学项目取得很大突破，与学校引进了几位拔尖创新人才密切相关。他们带动了整个学校的风气，也切实地为其他教授和中青年教师的申报工作提供了很多帮助。拔尖创新人才的培养非常不容易，不能搞绝对公平、简单攀比，要坚持为拔尖创新人才的成长提供良好的制度环境。

第三，人才是工作管理的导向，是机制的导向。要坚持生产力标准作为人力资源的评价标准。什么是生产力标准？教授讲课好、科研产出高、社会服务强，这就是生产力标准。多干、能干的人，学校要给予他们奖励。一所学校的评价、奖励机制就是要以人力资源为导向。同时，要坚持引入人力资源的竞争与淘汰机制，让人才流动起来。

第四，遵循“人人是才，人尽其才”的用人理念。既要有创新拔尖的人才、大师，也要在组织、管理每个岗位上安排适合的职工，实现人尽其才，发挥他们的作用。还要建立并完善多种激励机制，从精神、物质层面满足他们不同的需求。教职员工不分体制内外，均需加强管理，形成整体功能优化，尤要注意在学校构建

“大师+团队”的人才队伍。

---

**记者：**现代大学发展进程中，迫切需要可以使优秀人才大量涌现并充分发挥作用的制度环境，以促进人力资源高效配置，进一步提升核心竞争力，对外经济贸易大学在制度方面如何贯彻“人才强校”理念？

---

**施建军：**人才强校是机制、理念，更是一种管理方法、管理行为形成的管理制度。自主培养人才与积极引进人才相结合是学校加强人才队伍建设的普遍原则和基本做法。大学要有目的地引进一些“大牌教授”，同时还要从博士进校开始对其进行踏实培养，不论其在教学管理岗位还是科研岗位，通过制度保障出成果、出人才。引进是“点”、培养是“面”，一流大学一定要引进和培养相结合。

制度方面，我们以人事制度改革为核心，渐进式推动学校内部管理体制改革，努力营造适合学校发展和建设目标的高素质教师队伍建设的环境和机制。人事制度改革包括职称制度、培训制度、分配制度、激励制度、内部管理机制改革等。新入职教师要集中培训3天，特邀专家来讲现代教育教学方法。人事部门认真做好每年的职称评审工作，坚持公正公平、生产力标准。分配制度方面，近两年，学校作出了一些调整，如适当提高中青年教师起薪，对没有绩效的部门实行扶贫、缩小差距，对弱势群体的关心，对收入差距的调整，对机关干部收入分配不均的调整等。这样做既符合高校人事制度改革的方向，也符合学校战略部署的要求，提高了产出效率。

人事制度改革是其他制度改革的制度性基础和机制性条件，我们要不断思考和进一步改革，构建越来越适合人发展的制度。在这个过程中，改革、发展、稳定缺一不可，一边要改革，适应市场化，同时要以稳定为主。宁可花费一定成本，也要为稳定创造条件，以人为本。

教师的选拔与激励方面，按需设岗、公开招聘、择优聘用、严格考核、合同管理是学校现阶段人力资源制度中教师选拔与考核的基本原则。第一，按需设岗，综合安排，动态调整，一人多职。学校计划将引进教师岗位逐渐增加，一部分补充日常教学岗位不足，一部分变成科研力量。第二，公开招聘。逢进必“考”，这个考是考试的考，也是考核的考。公开招聘反对“近亲繁殖”，采取导师和学生回避制度。好的大学都拒绝“近亲繁殖”，美国大学40%～60%的教师都不是美国人，只用全世界最好的师资。每个岗位公开招聘，至少3个人参加竞聘，要有“PK”机制，好中选优，择优聘优。第三，择优聘用，要求是聘用具有绝对水平的优秀人才，而不是相对水平的优秀。我们提倡教师校外有知名度，社会有影响力。第四，严格考核，做到心中有数，人尽其才。用统一的评价标准考核，每位教师的生产力情况一目了然。第五，合同管理，严格按照引进合同考核职工业绩，增强人员的流动性。选拔与激励机制对管理人员也适用，2011 年新引进的管理人才全部都是通过网络从几千人中挑选，层层笔试、面试，最终确定合适的人选。

---

**记者：**在各种变革中，制度的变革最为深刻，也更加艰巨，在建设人才高地，进行人事制度改革的过程中，您遇到了哪些前进中的问题？

---

**施建军：**人才高地建设中，有几个现象值得注意：

第一，杜绝“武大郎开店”现象。一些大学人员拒绝引进高水平人才，怕他们将来超过自己，抱有这样的想法，对整个部门的发展都非常危险。

第二，年度评审与日常评审要结合。对教师来讲，教学、科研、社会服务是责任的几个方面，除了教学和科研业绩，教师也要参与日常学院活动、会议等，不能成为“个体户”，讲完课就走人。

第三，人才引进注意竞争机制，每个岗位的候选人要有 3 个以上。没有竞争就没有比较标准。

第四，历史成就和未来岗位能力需求要结合，也就是教授和教师的激励机制，岗位发展需要很多有动力、有冲劲的人才来支撑，哪些人科研活动活跃、社会活动活跃、国际合作活跃，就要给予他们激励。

第五，注意教师的投入产出比。刚刚过去的学校 60 周年校庆，展示了一系列学术成果和科研产出，这种学术氛围是学校要着力营造的。学术成果实际上都是长期积累的结果，作为高校领导不仅要关注每名教师的投入产出，更要关心学校的学科布局。

第六，建立合理的流动机制。虽然中国的大学没有终身教授制，但流动性的缺乏实际上也影响了教师和管理人员的发展动力问题。

---

**记者：**学校的领导班子建设在学校发展建设中起着十分关键的作用。请您谈一下学校在加强领导班子建设，提高执政能力方面的做法和体会。

---

**施建军：**要做到人才强校，学校领导班子和中层干部的确起到非常关键的作用。我对领导干部提出过几点要求：

第一，提高人才计划和规划程度。“低头拉车也要抬头看路”，必须思考和概念先行，各单位领导脑中要有关于人才规划的布局。一个学校人力资源状况，哪些是合格的、哪些是不合格的，如何调整要先想好、后干好。“十二五”规划首先就是要进行队伍布局和学科布局，以学科布局为龙头，队伍布局要跟上。

第二，团队组织和科学定位。每个人即便是担任院长、处长、主任、副主任，都是团队的一分子。团队组织是人力资源中最重要的概念，团队组织就是一个命运共同体和利益共同体，它能使平凡的人做不平凡的事，使不可能成为可能，这就是组织的力量。组织的合力是目标一致，忠诚和能力一致，忠诚于学校的人愿意为学校无私奉献；组织的开发就是潜能的开发，管理使人的潜能最大化；组织有系统，要讲究沟通，沟通是理解，理解才能和谐；组织的目标是把人变成队伍的过程。一个领导的优秀品德是建设团队，而不是搞个人英雄主义。

第三，作为团队领袖，领导要有涵养，避免冲突。在冲突面前，领导要学会适度忍让，做好组织内部冲突的沟通、协调工作。充分沟通，增加理解，才能使组织步调一致、和谐。

第四，作为领导，还要做好监督和被监督的工作。领导干部有被监督的义务，廉政风险方面要防微杜渐，平衡利益关系，规范权力使用，不要滥用权力、放大权力。强化各级管理岗位的责任，爱岗敬业，保证每位教师、员工都有职业上升的空间。

其实每名员工在工作岗位上的时间比在家里的时间还要多，只有身心愉快才能创造更多价值，愿意为学校无私奉献，爱校如家。而我们要做的，就是为人才创造和谐、共赢的大环境！

# 开展教研室调研　助推学校“走、转、改”

## ——访首都体育学院校长钟秉枢

◎ 李艺英　祖　迪

钟秉枢，1959 年 1 月出生，汉族，中共党员，教育学博士，教授，博士生导师。2011 年 3 月至今为首都体育学院校长。

先后兼任国际教练教育委员会副主席，中国大学生体育协会副主席，中国排球协会副主席，北京学位委员会委员，北京市高等学校教师职务高级评委会体育专业评议组组长等，《中国学校体育》主编，出版多部专著，如《成绩资本和地位获得》《做 No.1 的教练——团队管理与领导艺术》《奥林匹克品牌》《职业体育》等。

2012 年春季新学期伊始，连续 4 周，每周 3 个半天，首都体育学院全体校领导、相关职能处室负责人共 20 人开始走基层——“开展教研室工作调研”，24 个教研室，一个一个地走，一个人一个人谈话，一个问题一个问题解决……为此，记者采访了学校校长钟秉枢。

**记者：**《国家中长期教育改革和发展规划纲要(2010—2020 年)》中提到，教育发展需要内涵建设和质量建设，作为市属体育院校，请您介绍一下学校在这方面的情况。

**钟秉枢：**质量是学校发展的基础，内涵是学校前行的动力源。学校“十二五”规划中着重强调质量建设、促进学校走内涵式发展道路。走内涵式发展道路，需要内外两方面的动力。对于首都体育学院来说，2006 年，学校接受了本科教学质量评估；2008 年北京奥运会，学校承担了 6 个奥运会、残奥会项目的训练任务；2009 年国庆

本文刊发于《北京教育》高教版 2012 年第 11 期

60 周年，学校承担了“体育发展”方队的游行任务。办大事中促大发展，学校正是借助这些外在驱动力，登上大舞台，呈现高水准，促进了学科建设和整体办学水平的提高，获得了可持续发展的动力。然而，要想实现学校的可持续健康发展，内驱力显得更加重要和突出。为此，学校党政领导班子研究分析了学校的现实情况：学校属于北京市属院校，能够得到政府在经费、人力等方面的强力支持，但由于是单科性院校，也存在自信心不足的通病，需要增强危机意识和主动进取意识。我们认为，作为市属体育院校，以外驱力为动力，提高危机意识，时刻保持应激状态，成为学校发展的关键。

随着近几年我国用人制度的变化，毕业生凭能力、实力平等就业的机会大大提高，这就给体育院校的毕业生提供了和其他综合性院校毕业生平等竞争的机会；此外，高校教师成为就业的一大热门，有学识、懂专业、有思想的优秀人才越来越多地涌入高校，使高校的师资力量得到提升。以我们学校为例，很多优秀的博士毕业生、海归、名校毕业生来校就职，并迅速成长为学校发展的中坚力量。这样，学校的出口与其他院校能够平齐，师资力量也水平相当，面对与所有院校同步发展的好机会，市属院校现在亟需解决的问题就是如何调动内驱力。

---

**记者：**您觉得要调动学校的内驱力，领导层面需要做哪些工作呢？

---

**钟秉枢：**我认为，激发内驱力、提升学校的实力和整体水平，需要管理层与教职工两方面的共同作用。就领导层面来说，包括领导班子的组合、构建、学习与联系群众等。2011 年年底，学校进行了结构大调整，在整合学科、专业的基础上成立了 5 个二级学院，有利于教师、学生的一体化管理；同时，还进行了中层干部聘任，明确界定学术管理岗位和行政管理岗位，减少干部的“双肩挑”，既发挥了教师在学术管理，尤其是学科专业建设中的作用，将各学院建设发展的重任授权给了教授，又限制了教师追求行政职务的倾向，让教师专注于教育。这些调整为学校的发展搭建了系统、合理的组织框架。新领导班子上任后，立刻投身到工作中，经过反复研究论证，确定了“不求大、但求精”的学校发展特色，确立了“精心育人、精细管理、精品建设、精致典雅”的“四精”发展目标。至此，学校确立了清晰的发展思路和全面的发展愿景。随着领导层面对内涵发展的清晰认识与积极努力，与之相适应的就是要调动基层教职工的积极性，发掘他们的内在潜力，使上下两条线能够对接，形成合力，共谋学校发展。

---

**记者：**在调动内驱力方面，学校为什么选择“教研室调研”作为着力点呢？

---

**钟秉枢：**在学校中，教师发展、科学研究和学科建设等都不能脱离教研室，教

研室是教师存在的基本单位。开展教研室调研是倾听教师呼声的重要途径，有利于提高基层教师的参与性和积极性，激发其危机意识。因此，走访教研室是切实了解教研室教师疾苦，倾听教师心声的好时机。它开辟了流畅的沟通渠道，有利于加强学校新就职领导与教师的联系，能够通过基层呼声促进上层管理与结构的改革，达到“四精”目标。

---

**记者**：我们听说您将此次调研解释为“听呼声、解难题、抓落实”，领导班子也是现时、现场回应、解决问题，请您介绍一下这方面的情况。

---

**钟秉枢**：这次教研室调研，学校领导班子全员参与，既是了解情况，也是听课，到一个教研室就是一次学习。24个教研室，学科特点不同，人员结构不同，面向的学生不同，呈现出的问题也不同，但关于课程设置、教学安排、师资队伍建设、职称聘任、教学设施、实验室建设、项目训练队等方面存在的问题是这次调研中教师们关注最多的。例如，一些专业的课程设置太多太杂，主干核心课程不突出；有的教研室年龄结构不合理；有的教研室教师科研成果普遍需要加强；教师科研成果认定问题，尤其是公共课教师的成果如何认定；各级实验室功能和设备信息不透明，对外开放与对外服务不足等。对于教师们的问题，我们都一一予以解答并提出解决的办法和建议；教师们对一些政策的不理解、执行过程中的困惑，在场的职能处室负责人也尽可能予以解释。

在培养方案方面。内涵式建设最核心的一个环节就是培养什么样的人的问题。学校以往的培养方案随意性比较大，与学校和学生的实际存在一定差距。为此，学校下决心修订新的培养方案。现在，教务处及有关部门已着手2013版本科人才培养方案的修订，各学院组织教师代表参与组成了10个本科专业的培养方案修订小组，层层把关、全员参与，制订过程全部透明公开。这不仅有利于解决在教研室调研中教师们所提出的课程设置、课时及课序、专项训练等方面的问题，保证各个专业人才培养方案的可操作性和科学性，也有利于加强教师参与学校建设管理，明确自身职责，认识到课程间的衔接关系，而且能让教师树立以学生为本的意识，关注学校改革发展和学生实际需要，有利于教师了解所负责专业与全国同类专业的差距，增强危机意识，努力打造精品学科专业。

在去行政化方面。促进教师参与学校建设和管理，让干部从原有的命令式行政管理过渡到民主的、法制的、制度的管理，不是一蹴而就的事情。为此，学校根据办学以教师为本和教学以学生为本的原则进行了人事制度、薪酬制度等方面的改革：把教师的工作分为课堂教学、科学研究、社会服务（对学生的校内服务和对社会的校外服务）等几个完整的大环节，并进行量化；逐步淘汰课时津贴制度。我们认为，市场评价和教师的工作是有区别的，教师的职责就是育人，应该以职业操守而非经济效益来评价教师。因此，学校在确保教师职责意识提升的前提下，改善教师待遇，激发其工作的积极性、主动性和创造性。本学期，学校建立了教师兼职做一年辅导员或行政工作的制度，让教师能够换位思考，加强对不同岗位、不同职能的了解。还推行了年轻教师和公共课教师担任本科生导师制度，增加了学生与教师的接触机会，有利于教师的成长，也为教师薪酬的提高提供了途径。

此外，科研处准备制定并推出新的科研管理办法或修订与完善既有的科研管理规章制度，如重点科技平台管理办法、科研经费管理办法等；总务处针对教师提出的调换教室难的问题，及时调整有关规定，确定教室灵活使用机制。资产管理处提出了加强教研室建设的意见与建议，提出要全面推进预算与资产管理相结合，提高科学使用经费水平……

总之，教研室调研成为领导反思、改变工作态度的一个重要契机；成为职能部门增强换位意识、服务意识的一个强大引力；成为教师表达心声、反馈问题的一个有效平台，使原来不够畅通的渠道逐渐被打通，学校内驱力不断显现。

---

**记者：**正如您所说的，教研室调研只是学校全新发展阶段的一个开始，那么以此为契机，学校还有哪些新的举措？

---

**钟秉枢：**教研室调研是我们发现与解决问题的方式和途径，表明了学校切实抓好教研室工作的决心，可以说是学校的“走、转、改”。通过对教研室的调研，我们摸清了“家底”，了解了“实力”，转变了工作思路与工作方法，解决了学校发展中的一些实际问题，也进一步清晰了学校的发展方向。

目前，按照学校的“十二五”发展规划和“校园文化建设规划”，学校正在拟定并准备开展一段时期的文化大讨论，通过讨论，使全校师生领导能够在学校的办学思想、发展理念、校训、校歌等方面统一思想，进一步形成共识。

人才培养方面，学校准备将研究生的集中管理逐步过渡为研究生部宏观指导，各学院分别管理的模式，使本科生和研究生的培养形成一条线，明晰人才培养方向。

对外合作方面，学校正进一步拓宽渠道，加强对外联系。学校先后与美国、加拿大、日本、韩国、蒙古等国建立了校际合作关系，并与台湾地区签订了留学生协议，加强国家、区域之间的交流、沟通。学校还开办了首届蒙古国校长培训班，受到蒙古国外交部长的高度赞誉和支持。

社会服务方面，在合作中成就教师，发展学校。伦敦奥运会时，学校有多名教师参与自行车、击剑、羽毛球等项目的科技攻关、身体功能训练和心理辅导等，发挥教师和科研优势资源，服务国家需要；学校与北京市体育局签订了全面合作协议，大力提升服务力度，使教师在服务中成长；学校与安徽省体育局、内蒙古体育局、南阳市体育局等合作，向该地区的体育系统提供科技支持；学校利用地缘优势，牵手社区，启动了与北太平庄街道的合作项目。2011 年，深圳大学生运动会时，学校派出了 5 位教师作为中国大学生运动会代表团的外事秘书，给学校的优秀人才提供了展示的平台；2012 年伦敦奥运会前，学校派出 11 人代表团参加了在英国格拉斯哥举行的奥林匹克科学大会，逐步拓宽教师视野，使教师由内部竞争转变为向外拓展；最近，学校的休闲社会体育学院承接了广西体育局的体育产业发展规划；又与北京房山区张坊镇签订合作协议，免费向张坊镇提供产业区规划方案，助力打造体育产业区。

走基层，进行教研室调研的重要目的就是打破行政垄断，转变工作作风，打通沟通渠道，倾听基层心声。它促进了班子内部的团结、沟通和协调，激发管理者与基层教师上下齐心，共同为学校发展献策献力。学校领导班子不会把教研室调研当成一种形式、一个口号，而是要实在做事，解决实际问题，真正实现学校的内涵式发展。

## 微访谈

记者：您的兴趣和业余爱好是？

钟秉枢：运动、摄影。

记者：对您为人处世影响最大的一句话是？

钟秉枢：果实的事业是尊贵的，花的事业是甜美的，让我们做叶的事业吧！叶是谦逊地专注地垂着绿荫的。（泰戈尔）

记者：对您影响最深的几本书？

钟秉枢：《钢铁是怎样炼成的》《当晚霞升起的时候》。

记者：您心目中的好学生的标准是？

钟秉枢：具有批判精神、有自己的观点、力争成为强者。

记者：您认为什么样的老师是好老师？

钟秉枢：有学识、有人格魅力，能够成为学生的偶像，以榜样的力量去感染学生，懂得宣传自己。

记者：您心目中最理想的校长是什么样的？

钟秉枢：无为而治（自己不在学校时，学校一样能有条不紊、欣欣向荣）。

# 实施国际化战略　将比较优势转化为竞争优势

## ——访北京第二外国语学院党委书记冯培

◎ 李艺英

冯培，1960 年 7 月生于北京，汉族。中共党员，教授，博士。1984 年起历任北京工业大学团委宣传部长、团委副书记、团委书记，1994 年 10 月任北京工业大学党委副书记，2006 年 11 月任首都经济贸易大学党委副书记，2010 年 4 月任北京第二外国语学院党委书记。同时还担任教育部高校思想政治理论课教学指导委员会委员、中国高教学会公共关系专业教育委员会副理事长、北京高校党建研究会副理事长、北京创造学会副理事长等职务。出版专著多部，主持教育部和北京市哲学社会科学研究课题多项，并先后在核心刊物上发表论文 40 多篇。

中国高等教育在异彩纷呈又充满挑战的 21 世纪刚刚走过第一个 10 年，在目前中国高等教育面临外部竞争和内部变革的大情势下，各高校都在审视学校的历史与现状，明晰定位。北京第二外国语学院作为一所外语类院校，又将作何思考和探索？为此，记者采访了该校党委书记冯培。

---

**记者：**我们注意到学校第七次党代会报告中提出：学校的学科层次提升遭遇政策性瓶颈；办学空间拓展遭遇布局性障碍；学校发展方向面临竞争性挑战。请问，在如此情势下，学校如何确定自己的办学定位？

---

**冯培：**确实，和其他学校的党代会报告不同，我们学校的第七次党代会报告用较多的篇幅特别强调了学校现在面临的三个问题。为什么呢？首先，这是一个现实存在的问题。其次，就像党的十一届四中全会提出的："过去拥有不等于现在拥有，现在拥有不等于永远拥有。"二外是周恩来总理亲自倡议创立的学校，曾经有

过辉煌的历史，但是过去拥有的跟现在拥有的不能够简单地等同。任何一所学校现在拥有的也不等于永远拥有。倘若在一所学校发展的过程中，不注意到自身办学定位的问题，就会迷失方向，就会落伍。所以在这种危机意识下，党代会工作报告突出强调了学校面临的问题，通过校领导班子反复的研讨，问题主要归纳为如下三个方面：

一是学校的学科层次提升遭遇政策性瓶颈。二外不是博士授权单位。在高等教育界，尤其是在北京地区，一所没有博士授权点的学校很难吸引高端人才，没有高端人才，学校就很难培养、打造出好的师资，形成高端的科研成果。国家已经明确规定，在2020年之前，北京、上海等一线城市的高校不再增设新的博士点，因此这个现状目前无法突破。

二是办学空间拓展遭遇布局性障碍。学校现有校园面积为320亩，南北方向是京通快速和长安街延长线，西面是中国传媒大学，东边是一家生化制品研究所，所以校园不可能再向四周扩展。而且校园里还有两列家属宿舍，真正教学用地只有中间这200多亩。狭小的空间，对学校的教学科研工作可能也会产生限制。

三是学校发展方向面临竞争性挑战。虽然学校的语言学科是优势学科，但各大高校基本都有外语学科，甚至不少“211”院校也有小语种学科，所以竞争性挑战对学校来说是一个非常现实的问题。在全国高校里，学校旅游学科的标志性成果包括本科生以及研究生的规模都是居于全国前列的。但在国家把旅游作为战略支柱产业的今天，许多综合类院校都开设了旅游学科。这时，二外倘若不能清晰地确定办学定位，学校就很难发展。基于此，学校遵循三个基本理念确定办学定位：首先，是使学校的历史传承和现在的社会需求形成对接。其次，是使学校的区域优势和学科弱势之间形成互补。坦率地讲，和其他京外高校相比，学校具有区位优势和学科强势。但与其他京内市属高校相比，二外的学科在某种程度上是弱势的。那么如何使区域优势与学科弱势之间形成互补，是在确立办学定位上需要考虑的。最后，就是如何使学校发展与学科建设形成特色。只有学科建设按照学校的总体目标去形成一种整合，各学科之间才能相互支撑，才可能构成学校的办学特色和学科特色。

依据学校历史传承，我们在召开第七次党代会时提出：以面向国际文化交流的人才培养和研究为统领，提升以外国语言文学和旅游管理为优势的学科建设特色，彰显具有国际视野的复合型人才培养特色，建设国际化、有特色、高满意度的教学研究型大学，这既是学校的发展定位，也是学校在“十二五”期间的发展愿景。

**记者：**我们注意到在学校“十二五”发展规划中，学校提出了建设国际化、有特色、高满意度的教学研究型大学的发展目标，国际化是其核心，请您介绍一下这方面的具体内容。

**冯培：**在学校第七次党代会报告中，我们确立了国际化、有特色和高满意度三个办学定位核心词；学校“十二五”发展规划中，则确立了与之相适应的“国际化拓展、特色提升强化、人本优质服务”三大发展战略，这三者之间不是彼此孤立的，而是有着内在联系和逻辑关系的统一整体。

首先，国际化拓展战略是特色提升强化战略的内涵，也是形成人本优质服务战略的支撑。也就是说，学校的特色是用包括理念、课程、氛围、队伍结构的国际化为标志的。高满意度是靠具有国际意识和交往能力的人才培养与师资队伍来构成的。

其次，特色提升强化战略是国际化拓展战略的路径，也是搭建人本优质服务战略的平台。也就是说，国际化拓展战略要按照学校国际化、高层次、复合型、应用型的人才培养目标，在学科、专业、科研、师资建设、校园文化诸方面扎实推进。同时，特色提升强化战略必然也为人本优质服务战略提供广阔的平台和空间。

最后，人本优质服务战略是国际化拓展战略的保证，也是特色提升强化战略的目标。国际化拓展战略的实施，既是为了人，也必须依靠人。而只有具备优良的教学基础和坚实科研能力的人——无论是教师还是学生，才能真正与国际水准接轨。同样，特色提升强化战略也是为了人。只有学校的师生有特色，学校整体才能有特色。

为了实施国际化拓展战略，学校确立了四个工程：一是国际素养人才培养工程，二是国际视野的科研涵育工程，三是国际交流的水平提升工程，四是“留学二外”拓展深化工程。围绕国际化这个核心，学校在不停地内省，实际上这四个工程的确立，也为学校的教学、科研、人才培养和对外交流提供了在国际文化交流总目标下的一个展示平台。

**记者：**在学校校园网上我们看到，在历时近一年的学校培养方案的修订过程中，“1000 教职工建言献策，10000 学生共同参与”，如此长时间、大规模、全校性地进行人才培养方案的大讨论足见其分量，请问在培养方案中，人才培养模式方面有何创新？如何体现并实施国际化拓展战略？

**冯培：**今年上半年，学校已经完成了2012年人才培养方案的制定工作，该方案执行期为4年。尽管我们在教学计划修订伊始就明确：本轮教育教学改革的首要任务，是提高人才培养方案的国际化程度，推进人才培养模式改革。但客观上说，这个文本只是我们培养国际化、高层次、复合型、应用型人才的开始，而不是终结。它需要学校各教学单位在“十二五”规划实施期间的4年里，不断地完善、与时俱进地修改方案。我们的方案突出了二外的特色。我们强调：一是人才培养的国际化基本理念。我们每一位教师的教学课程中应该包含学生国际态度的形成、国际意识的养成以及国际活动能力的具备等方面的内容。二是培养方案的国际化程度。方案中，我们尝试开展国际联合教学，使用国际网络远程教学方式；实施国内外联合培养本科生项目和暑期学生海外交流等项目，积极搭建国际化人才境外培养平台。到2015年，力争使80％以上的外语类专业学生、30％以上的非外语类专业学生在4年的学习中至少有一次海外学习、实践的经历。

在教育教学思想大讨论中制定完成的2012版本科生培养方案凸显了“国际化”的要求，主要体现为：11个外语类专业中，在课程设置和教学内容方面更加注重跨文化交际能力的培养；在非外语类专业中，仍然保持了2008版培养方案中“准英语专业”的英语课时量，保持和强化学生的外语优势；鼓励非外语类专业根据课程特点和教学需要开设双语课程和全外语课程。目前，全校共有双语课程92门。

同时，着手实施国际化社会实践计划。一方面，加强与国外跨国公司和涉外行业的合作，在国内建立一批具有国际化背景的实习基地。另一方面，努力拓展学生国外（境外）实习渠道，组织基础较好的院（系）积极探索建立海外社会实践基地，为学生搭建国际化社会实践平台。对于在校生的出国（出境）学习以及与专业相关的国外（境外）进修、实践，既认可为相应的课堂学习学分，还同时认可为专业实习学分。

另外，学校积极构建国际交流与合作项目共享及评估体系，充分利用现有国际交流资源，打破原有“谁的项目谁使用”的模式，把各院（系）国际合作与交流项目向全校学生开放，资源共享，为学生提供更多选择。开展学生海外留学成果跟踪工作，建立海外留学生资料库，追踪海外学习经历对学生职业发展的效果。学校还建立了二级院（系）国际交流合作工作成绩评优制度，加强对二级院（系）国际交流与合作工作的支持和指导力度。此外，学校在北京市主管部门的支持下，正在积极地筹措与国外一所高水平的大学进行充分合作，组建一所中外学历互认的非独立法人的二级国际学院。以全新的教育体系和格局，加大学校国际化人才的培养特色。

**记者：**科学研究的国际化，是大学国际化的重要标识。请问学校在这方面有何举措？

**冯培：**正如您所说的，我们深知，在开放的社会环境下，高校单凭自身的资源进行科学研究是不够的。意识到这一点，学校积极主动争取和整合多方面资源，搭建面向国际领域研究的多学科、跨学科研究平台。两年来，学校除获批教育部“阿拉伯研究中心”这一具有标志性的区域研究基地外，还先后与国家旅游局共同组建了中国旅游人才发展研究院、与文化部共同组建了国家文化发展国际战略研究院、与中国翻译协会共同组建了中国翻译行业发展战略研究院、与国家外文局共同组建了全球舆情与受众研究基地等一批类型多元化的开放平台，这些平台正逐渐成为学校开展多学科国际比较研究和区域问题研究的重要基地。

学校为鼓励教师承担起“传播中国文化、推广中国学术，把中国介绍给世界”的新的历史使命，设立了“翻译文库出版基金”；创立科研成果发布会机制，举办了《世界能源战略与能源外交》《外交的文化阐释》等多场系列专著发布会，为科研成果转化搭建平台。

此外，学校还通过积极承担和举办高层次的国际学术会议，如“国际普世对话学会(ISUD)第八届世界大会”“西方视野中的中国形象国际学术沙龙”等高端国际学术研讨会，促进中国文化思想的广泛传播，扩大学校在国际学术界的影响，提升学校的学术交流层次。

**记者：**二外作为一所外语类院校，在北京建设世界城市与“中国文化走出去”战略中有着一定的优势，学校将采取哪些具体措施在服务国家与城市战略中发展自己？

**冯培：**传统的外语院校如何在“中国文化走出去”领域发挥作用，我觉得应该从学校自身发展与服务于国家战略两方面考虑。

从自身发展来说，要做好如下几方面的工作：一是按照国际化的专业需求，加强师资队伍的国际化水平。在师资培养方面，将继续分期分批地派遣教师赴海外研修、培训；在改善师资结构上，大量引进具有海归背景的教师，目前全校具有海外学习经历或背景的教师已达70%；面向全球招聘更高端的人才，在“十二五”期间，学校还将每年聘请20名左右海外知名学者、专家来校授课访学。二是积极参与国际组织在国内的学术活动来提高学校的影响力以及在国际交流过程中的话语权。三是探索面向服务于旅游业的中外合资办学。四是大力提升教师以及管理队伍的专业化、国际化水平。国际化首先是要让管理的理念国际化，理念国际化在于管理队伍的国际化。从2010年到现在，学校通过中层干部的重新聘任，更多地鼓励教师进入学校管理层就是希望形成以教师为主导，借鉴比较新的教育理念来改善管理者的思维，同时学校也希望经过管理岗位的专业化历练后，教师回到学院中能更好地引领科研团队。五是要拓展管理人员的国际化视野，巩固境外培训机制。我认为，不管是管理干部还是教师，只有当我们能够在国际化的视野和国际化的平台上站得住脚时，学校的国际化目标才可能最终实现。

从服务于国家战略方面，学校正在着手推进的工作主要包括：一是继续拓展亚洲国家尤其是韩国和日本的招生渠道，与国外大学形成实际上的“1＋3”培养模式。二是服务好国家文化走出去战略，推进孔子学院在新兴发展中国家建设的新进展，提高现有孔子学院的办学水平，筹措第五所孔子学院的建设。三是继续强力构建全英文授课课程和学历项目建设的激励体系。四是发挥二外对外汉语师资力量雄厚的优势，完善与北京航空航天大学、北京理工大学等高校共同开展的本科生预科教育联合培养，在服务于北京国际化建设的同时，扩展和优化学校留学生的学历构成。

总之，我们感到：在首都激烈的人才与高校竞争中，只有认真审慎地清晰确定学校的发展定位，在基于外语类院校文化传统的基础上，用国际化战略统领学科和专业建设，做到人无我有、人有我强、人强我优，原有的比较优势才有可能通过坚实的建设和不懈的努力，转化为被社会所认可的竞争优势。

## 微访谈

记者：您的兴趣爱好是？

冯培：摄影。

记者：您的业余生活如何安排？

冯培：除了应邀参加会议和发言外，更新、完善教学课件是我主要的精力所在，业余生活中也喜欢看些历史战争题材的电视剧。

记者：您了解老师、学生生活和困惑的渠道和方式是？

冯培：有很多。学校建立了校领导与学生面对面沟通交流的机制。我的办公室对二外师生都是敞开的。我吃饭基本都在学生食堂。我曾把自己的手机号留给反映问题的学生，以此监督问题的解决。E-mail、手机短信等也是我与师生沟通的方式。

记者：对您做人处世影响最大的一句话？

冯培：挺腰做人，躬身做事。

记者：对您启发最大的一句教育名言是？

冯培：师者，人之世范。

记者：您崇敬的教育大家是？

冯培：钱学森。

记者：您心目中好学生的标准是？

冯培：有个性、有自己独立思想且能够融入社会被社会接纳的学生。

记者：您认为什么样的老师是好老师？

冯培：真正好的老师不是提供给学生一幅世界地图，而是给予学生指南针，让学生自己用脚去丈量这个世界。

记者：您心目中最理想的书记是什么样的？

冯培：学生喜爱的老师，教师认同的学者，员工身边的朋友。

记者：您经常说的一句话是？

冯培：苦心人，天不负，三千越甲可吞吴。

# 学习贯彻党的十八大精神 努力办好人民满意的教育

## ——访首都师范大学党委书记张雪

◎ 郑文涛

张雪，女，汉族，1957 年 1 月出生，研究员。中共十七大、十八大代表，北京市第八次、九次、十次、十一次党代会代表，中共北京市委委员。历任首都师范大学党委办公室主任、组织部部长、党委副书记，中国音乐学院党委书记、首都师范大学党委书记等职，先后获得北京市优秀共产党员、北京市优秀党务工作者、全国优秀党务工作者等荣誉称号。

党的十八大报告把教育放在改善民生和加强社会建设之首，强调要“努力办好人民满意的教育”，充分体现了党中央对教育事业的高度重视和优先发展教育的坚定决心。报告明确提出了下一步教育事业科学发展的战略性目标和任务，特别强调要推进高等教育内涵式发展，为新时期高等教育改革发展指明了方向，提出了更高的要求。认真贯彻落实党的十八大精神是当前和今后一个时期首要的政治任务。首都师范大学作为一所综合性师范大学，是为首都基础教育培养师资和其他现代化建设所需人才的重要基地。日前，记者围绕如何深入贯彻落实党的十八大精神，努力办好人民满意的教育，建设有特色、高水平的师范大学专门采访了该校党委书记张雪同志。

**记者：**党的十八大把科学发展观确定为党必须长期坚持的指导思想，请您结合自己的工作体会，谈一下高校如何以科学发展观为指导，实现内涵式发展，办好人民满意的教育？

---

本文刊发于《北京教育》高教版 2013 年第 4 期

**张雪：**党的十八大从坚持和发展中国特色社会主义的战略全局出发，把科学发展观同马克思列宁主义、毛泽东思想、邓小平理论、“三个代表”重要思想一道确立为党必须长期坚持的指导思想并写入党章，实现了党的指导思想的又一次与时俱进。科学发展观是指导党和国家全部工作的强大思想武器。认真学习贯彻党的十八大精神，高校必须切实增强贯彻落实科学发展观的自觉性、坚定性，真正把科学发展观的要求转化为推动高校科学发展的实际能力和自觉行动，切实把科学发展观内化为正确的办学观，具体要把握好四个关键环节。

一是要以提高质量为核心，推动高等教育内涵式发展，不断提高人才培养质量和水平。当前高校的发展必须从以规模扩张为特征的外延式发展，转到以质量提升为核心的内涵式发展上来，这是高校贯彻科学发展观的重要体现。衡量高等教育质量的第一标准就是看人才培养的质量和水平。近年来，学校不断深化人才培养模式改革，实现教育教学“第一课堂”和以社会实践、志愿服务为主的“第二课堂”的有机结合，大力推进以推动教师增加教学投入、学生增加学习投入为目标的本科教学“双推计划”，实施“拔尖人才培养计划”“大学生科研创新能力培育计划”“大学生国际素养提升计划”，完善大学生实践创新能力培养机制，组织各类师范特色教育活动，着力增强学生的社会责任感、创新精神和实践能力，人才培养质量明显提升。

二是要以特色发展为支撑，优化结构、合理定位，努力形成各自的办学理念和风格，力争在不同层次、不同领域办出特色、发挥优势、争创一流。多年来，学校坚持以优势和特色提升发展新空间，以服务和贡献开辟发展新领域，先后在学科发展、科学研究、社会服务等方面实现了一系列新的突破，如学校发挥教师教育优势，与北京 8 个区县政府签订了长期区域教育合作协议，有力地促进了首都基础教育的均衡发展。学校三维信息获取与应用实验室承担了汶川、玉树地震、舟曲泥石流期间遥感灾情监测任务，纳米光电子学实验室获批为新一批中关村开放实验室，检测成像实验室、太赫兹实验室解决了工业企业发展的一些应用急需。为认真做好新疆少数民族普通高校毕业生来校培养工作，学校还专门成立了京疆学院，积极探索建立援疆育人长效机制，目前 685 名新疆学员在学校学习培训。经过多年的建设和发展，学校的核心竞争力、贡献力和社会影响力显著增强，为建设有特色、高水平师范大学奠定了良好的基础。

三是要以人才队伍建设为基础，党的十八大强调要统筹推进各类人才队伍建设，实施重大人才工程，加大创新人才培养支持力度，积极引进和用好海外人才，形成激发人才创造活力、开创人人皆可成才、人人尽展其才的生动局面。这些重要论述对加强高校人才队伍建设具有重要指导意义，高校必须认真落实人才强校战略，建立健全“育才、引才、聚才、用才”的体制机制。围绕学校发展规划和目标，制订配套政策，采取综合措施，认真做好高层次人才特别是领军人才的培养和引进工作，积极搭建平台，创造条件，为学校发展提供坚强的人才保障。多年来，学校在人才队伍建设中坚持抓好两个重点：一是高层次人才队伍和学科团队建设，二是青年教师队伍建设。学校制定了高层次人才队伍建设的意见，实施了 14 项人才发展计划，着力加强高层次人才和青年教师队伍建设，努力将人才队伍优势转化为人才培养的优势。目前，学校集聚了 4 名国家“千人计划”、6 名长江学者、7 名国家杰出青年等一大批高层次人才，人才发展环境不断优化，教师队伍建设成效明显，对提高教育质量、推动内涵发展发挥了重要的作用。

四是要以文化传承创新为重点，党的十八大报告强调要充分发挥文化引领风尚、教育人民、服务社会、推动发展的作用，扎实推进社会主义文化强国建设。高校作为传承人类文明、传播先进文化、促进思想文化创新的重要阵地，无疑承担着更为重要的历史使命，必须充分发挥自身文化资源优势，加强社会主义核心价值体系建设，增强文化自觉自信，建设社会主义先进文化。学校成立了北京文化研究院，着力于首都文化发展战略的顶层设计，为发挥首都作为全国文化中心示范作用提供决策咨询。近年来，学校还致力于国学文化传播研究，把“国学网”建设成为全球最大的中华传统文化公益网站，开发了“国学宝典”等系列古籍电子文献数据库，学校科技园入园企业“国学时代公司”入围“福布斯”中国最具潜力非上市企业百强榜。同时，学校积极推动国际汉语教学工作，与国外知名大学合作建设了 6 所孔子学院，为增强国家文化软实力、提高中华文化国际影响力作出了积极贡献。

---

**记者：**党的十八大明确提出要把立德树人作为教育的根本任务，请您谈谈高校如何深入推进社会主义核心价值体系教育，把立德树人的根本任务落到实处？

---

**张雪：**坚持立德树人，最根本的就是要把社会主义核心价值体系教育融入人才培养全过程。党的十八大强调要深入开展社会主义核心价值体系学习教育，用社会主义核心价值体系引领社会思潮、凝聚社会共识，并分别在国家、社会、公民三个层面提出了三个倡导，即：“倡导富强、民主、文明、和谐，倡导自由、平等、公正、法治，倡导爱国、敬业、诚信、友善，积极培育社会主义核心价值观”。这种表述把我们现在倡导的最基本、最核心、最重要的价值观念鲜明地提炼了出来，进一步丰富了社会主义核心价值体系的内涵。

对整个社会来说，核心价值观的培育和传承是一个长期的过程，涉及方方面面，教育是根本环节。高校作为高层次人才培养的重要阵地，在社会主义核心价值体系建设中承担的责任更大、任务更重。特别是十八大报告最后从中国特色社会主义接力发展的政治高度对青年工作提出要求，充分体现了党对未来事业发展的忧患意识、责任意识和使命意识。高校必须紧紧围绕“培养什么人，怎样培养人”这一根本问题，牢牢把握意识形态工作的领导权和主导权，坚持立德树人，培养德智体美全面发展的社会主义建设者和接班人。

要坚持用党的十八大确立的重大理论观点和重大战略思想武装青年学生，把党的十八大精神作为思想政治教育和课堂教学的重要内容，深入推动中国特色社会主义理论体系“进教材、进课堂、进学生头脑”工作。目前，“三进”中“进教材、进课堂”都容易做到，而“进学生头脑”，让学生真学真懂真信真用，则需要我们遵循青年思想变化和成长规律，坚持不懈地努力，不断增强大学生对中国特色社会主义的政治认同、理论认同和情感认同，不断增强道路自信、理论自信和制度自信。

为深入学习贯彻党的十八大精神，学校党委专门召开了“十八大精神进课堂”专题研讨会，举办了“首师万名学子共话十八大”专场报告会，开设了十八大学习微博，进行网络现场直播，学校近万名学生参与其中，纷纷用微博抒发对党的十八大的热情关注，取得了良好的学习效果。

要按照“三贴近”的原则要求，加强社会主义核心价值观教育，弘扬主旋律，发挥正能量，坚持正确导向，提高引导能力，不断提高大学生思想政治教育工作的针对性、实效性和吸引力、感染力，真正把社会主义核心价值体系建设与引导大学生成长成才有机地结合起来，把社会主义核心价值体系教育不断引向深入。

坚持立德树人更要注重加强教师队伍建设。教育引导学生践行社会主义核心价值观，教师必须为人师表、率先垂范。党的十八大强调，“加强教师队伍建设，提高师德水平和业务能力，增强教师教书育人的荣誉感和责任感”。作为一所综合性师范大学，学校始终把师德建设作为加强教师队伍建设的首要任务来抓，形成了师德教育、评选表彰、典型宣传、理论研究与社会实践于一体的优良传统。2012 年，学校专门制定了“师德一票否决制”实施细则，切实将师德一票否决落到实处，做到有章可循，取得了良好成效。

青年教师是高校的未来，青年教师队伍建设水平决定着高校人才培养的质量。高校要切实把加强青年教师队伍建设作为重大问题来抓，帮助青年教师在思想政治素质和业务素质上全面进步，为他们的工作和成长创造良好条件。目前，学校 45 岁以下的青年教师占全体教师总数的 2/3 以上。学校实施了以“青年拔尖人才引进计划、青年教师发展和成长指导计划、评聘特别研究员计划”等 9 项计划为主要内容的“育英工程”。学校领导与青年骨干教师“结对子”，实施青年教师导师制，启动青年教师拜师活动等措施，加快青年教师成长。近年来，学校还通过拓展附中办学空间、建立附小、校内建设公租房等举措，努力为青年教师解除后顾之忧。

**记者：**2012 年以来，教育部启动实施了高校创新能力提升计划即“2011 计划”，大力推进协同创新，党的十八大报告进一步强调要更加注重协同创新，请您谈谈对协同创新的认识，学校在推进协同创新方面采取了哪些具体措施？

**张雪：**协同创新是提升国家创新能力、建设创新型国家的重要途径，也是高校培养创新型人才、提高人才培养质量的必然要求。党的十八大报告明确提出实施创新驱动发展战略，强调坚持走中国特色自主创新道路，提高原始创新、集成创新和引进消化吸收创新能力，更加注重协同创新。教育部组织实施的“2011 计划”，是按照“国家急需，世界一流”的要求，坚持“需求导向、全面开放、深度融合、创新引领”的原则，以重点学科建设为基础、以机制体制改革为重点、以创新能力提升为突破口，大力推进协同创新。

高等教育作为科技第一生产力和人才第一资源的重要结合点，必须紧紧抓住协同创新这一有利契机，充分发挥高校自身多学科多功能优势，以协同的思路、创新的理念去思考谋划学校未来的发展。要面向国家战略和区域发展的重大需求，大力推进协同创新，加强高校之间、高校与科研院所之间、高校与政府、企业之间的密切协作，促进创新要素的有机融合和全面共享，实现人才、学科、科研三位一体创新能力的整体提升，为转变经济发展方式，实施创新驱动发展战略作出高校应有的贡献。

2012 年以来，学校结合自身办学实际，按照“2011 计划”建设要求，面向首都区域文化建设、教育发展的重大需求以及数学交叉科学前沿的一些重大问题，依托学校数学、文学、历史、艺术等国家重点（培育）学科的优势特色，协同联合国内外相关知名大学和科研机构，精心组织，认真培育，先后规划建设了“首都文化建设协同创新中心”“首都教育发展协同创新中心”以及“数学与信息交叉科学协同创新中心”。3 个协同创新中心的建设得到了北京市、相关高校、科研院所的有力支持，汇聚了一批高水平科研队伍，为开展协同创新打下了良好的基础。

在今后的工作中，学校要以协同创新中心建设为契机，进一步深化全方位合作，形成更加有利于协同创新和解决区域发展重大需求的可持续发展能力，深入推进人才培养、人事制度、资源配置、科研模式等方面的改革，建立有利于激活释放创新要素活力的长效机制，努力在学校、政府部门和企事业单位之间形成优势互补、相互支持、协调发展的新模式。通过协同创新中心的培育和建设，力争打造一批优秀创新团队，培养一批拔尖创新人才，产出一批标志性科研成果，努力实现人才培养质量、科学研究水平和服务社会能力的同步提升。

# 转型、发展与提高

## ——访北京政法职业学院党委书记、院长张景荪

◎ 李艺英　赵传顺

张景荪，汉族，1955 年 12 月出生，山东蓬莱人，中共党员，副研究员，曾任北方工业大学党委副书记，现任中共北京市委政法委委员，北京政法职业学院党委书记、院长，北京市委政法委党校常务副校长，北京市法学会副会长，全国司法职业教育教学指导委员会副主任委员。先后主持了中政委、司法部、中国法学会等 10 余项研究课题；先后获得北京市应用法学研究成果一等奖、北京政法高层次人才论坛优秀研究成果奖等多项奖励。

2012 年，北京政法职业学院首批招录退役士兵进行高职教育，当年学院以优秀等级通过北京市示范校建设验收……从 2007 年开始，学院围绕"转型、发展、提高"三大主题，经过人才培养工作评估、示范与国家骨干校争创申报、市级示范校建设三大阶段的建设发展，学院整体办学水平上了三个台阶，用近 6 年的时间完成了 10 年的工作，实现了从成人高校到普通高等职业院校的跨越，办学优势和特色不断彰显。日前，记者采访了学院党委书记、院长张景荪。

**记者：** 随着经济社会发展方式的转变，高等职业教育进入发展与转型的新时期。作为政法类高职，学院较好地克服了转型带来的困窘，抓住了转型的机遇，实现了从成人高校到高职院校的跨越，请您谈谈贵校在新时期的办学理念与办学体制方面的探索？

**张景荪：** 先进的教育理念是办好教育的先决条件。近年来，高职教育受到各级政府前所未有的重视，也取得了前所未有的发展与成效。在这样的环境下，学院始终

本文刊发于《北京教育》高教版 2013 年第 7—8 期

围绕如何办好政法类高职教育这一命题，坚持以服务为宗旨，以就业为导向，走产学研结合的办学方针，坚持以行业职业需求为逻辑起点，不断更新办学理念，探索创新办学体制，走内涵发展之路，提高质量、形成特色品牌，是学院谋划科学发展的必由之路。

在理念方面，学院坚持以“转型、发展、提高”为主题，以破解“办好政法类高职教育难”和“首都法律职业人才准入门槛高”这两大难题为切入点，组织教职工开展了多层次、多类型的高职教育理念学习研讨活动，先后经历了从跳出教育看教育以推进转型，迎接评估、示范校建设以推进发展，到大力推进服务政法、服务社会能力以提升高职教育水平的认识飞跃。通过先进教育理念的学习及深化、具化、细化和转化，不断深化明晰了学院的办学方向、定位、功能、价值，初步形成了立足政法、服务政法、服务社会、服务基层的“一立足三服务”办学宗旨和“就业导向谋改革，开放合作创机制，德法能技育人才，服务政法促发展”的办学理念，确立了“立德明法、重能强技”及定位于培养法律辅助、基层法律实务和中高级安保等人才的高职法律职业人才培养特色，构建起面向首都政法职业人才培训、应用法律研究、社会基层法律服务的平台，有效地推进了各项改革建设工作，走出了一条具有政法类高职教育特色的新路，学院呈现出良好的发展态势。

在探索办学体制建设方面，学院紧紧抓住“一立足三服务”和助力“北京服务”的基本要求，着力推进“校政企行”战略合作联盟建设，实施产学研深度合作战略与特品专业建设工程，与行业企业联合研究调整优化专业结构，共同围绕专业的建设方向、定位、人才培养等实施深度开发设计，有效推进了“四同”建设。目前，校企合作单位已有200余家，其中深度合作单位近100家。探索建立与法检、市民政、市区司法及社工委联合培养书记员、退役士兵、集佳知识产权订单培养、伟之杰高级安保培训等多形式、多特色的合作模式，初步形成了具有较强适应力和竞争力的办学新模式。同时，还积极开展多层次、宽领域的国际交流与合作，开办了国际商务法律、安全保卫、老年服务与管理等专业，还招有外国留学生，初步搭建起国内外高职教育特色交融的学习就业平台。

---

**记者：**社会经济发展方式的转变，必然给高等职业教育带来深刻的变革需求，请您谈谈学院在教育教学改革、人才培养方面如何适应这种变化中的需求？

---

**张景荪：**社会转型、经济转轨、文明发展，对于人们的求学、择业乃至一生的工作和生活会带来深刻的影响。作为与经济社会发展最为紧密、与行业企业相当贴近、与社会就业高度相关的高等职业教育，必须主动改革适应这种变化。

在教育教学建设改革方面：一是深化解读高职教育是从职业出发、以学习者为中心、在行动中学习的教育这一先进理念，大量推进教育教学改革实施工程，以工学结合为切入点，与行业企业合作深化完善专业人才培养模式及方案，先后探索打造出以“法律基本知识＋司法秘书实务＋庭审速录技能”为培养内涵的“三合一、三联动”，以“实训、实境、实战”为培养途径的“三实递进、双结合”等一批特色专业人才培养模式，深入推进市级分级制改革试点项目，其中法律文秘和安全保卫专业人才培养模式获北京市优秀教学成果二等奖。现各专业均已建构起具有政法特色的“共建—融入—真实”人才培养模式的总体框架。二是坚持以工作过程系统化为导向，深化了面向各专业的主要职业岗位群的任务和工作过程的调研分析，引入国家、行业企业标准共同开发专业课程和教学资源，推行“双证书”制度；围绕课程标准与职业标准、学历与职业培训衔接要求，进一步加强对重点专业及相关专业群内的课程体系进行重新建构，形成了一批体现工学“深度融合”的优质核心课程和精品课程。三是以学生职业能力为目标，以“校内模拟、校外实战”系统设计为基点，着力破解政法类高职实践教学难的问题，整体推进了“真实庭审模拟化、工作流程仿真化、工作项目虚拟化”的校内实践教学环境建设，大力推进现场式、案例式、项目式、仿真式等任务驱动、项目导向、教学做一体的教学模式改革，并建立起适应学生职业能力测评需要的“一静四动”等多元考核评价方法。近年来，学校教学与应用法律研究等项目多次获奖，科研工作居同类院校前列。

在人才培养方面：学院坚持以育人为根本，突出“立德明法、重能强技”的人才培养特色，积极构建学生“三意识、四能力”职业素养的教育养成平台、职业技能与社会实践联动培养平台、校企共融校园文化活动平台等，初步形成了具有政法特色的学生职业素养教育培养体系，人才培养质量逐步提高。近年来，毕业生双证书获取率由40％多提高到70％以上，其中部分重点专业达到100％，先后在国际、国家和市级以上职业技能、文体等竞赛中获得130多个奖项，有620余名学生获得国家奖学金和国家励志奖学金；毕业生就业率平均达到99％以上，签约升学率2012年达到95％以上，就业质量逐年提高。

---

**记者：** 正如您所说，高职教育与经济社会发展最为紧密、与行业企业相当贴近，请您谈谈如何增强提高服务政法、服务社会的能力和水平？

---

**张景荪：** 学院坚持传承行业办学优势，努力拓展服务功能，不断提升服务水平，初步形成学院、系处、专业三级联动、多种类型的服务格局。一是积极承办北京市委政法委党校领导干部和高层次人才教育培训工作，积极推进培训工作的三次战略转移，探索创新“三训合一”、导师制高级研修、境外跟班式等多种培训模式，累计举办各类培训及出国团组210多个班次(团组)，培训8 100余人次。二是

创造条件承办"首都政法综治网",在全国同类网站中综合排名及信息报送处于领先地位。三是积极面向行业企业和社会基层开展司法干警、法律实务人才、少数地区民族干部、安保人才等培训,累计达 2 万多人次。四是围绕立法、司法实践等大力开展应用法律研究。50 余人次直接参与了国家和地方的立法草案审议、重点课题的研究咨询。组织开展对特殊人群的法律服务、社区法律服务、法律援助等政府购买服务项目 20 余项,为平安北京建设提供了有力的人力、智力和信息服务。五是开展多领域社会服务活动,先后参加了奥运会、国庆 60 周年、中网公开赛、党的十八大等重大安保活动和志愿服务工作,连续 4 年参加全国人大会务服务,学院的社会声誉和行业影响力大幅度提升。

---

**记者:** 转型与发展必然触及管理体制、人事分配等敏感元素,请您谈谈学院推进内部管理体制机制改革方面的一些举措?

---

**张景荪:** 不断提升学院治校理教的能力、建立完善的科学管理运行的制度机制可以说是新转型学校的弱项短板,学院这几年始终将管理体制机制建设作为推动学院科学发展的重要战略性问题紧抓不放。在这方面,学院重点抓了五项工作:一是坚持抓好制度建设,先后推出校企合作、精品课堂建设、教育教学动态管理运行考核监控、适于职业院校干部人事管理考核等一批内部管理制度。二是以折子工程、工作项目化管理为抓手,积极推进管理运行流程、模式、体系等建设,先后推出数据平台状态分析研判、三元互动平台等教学管理;准军事化、学生职业素养证书、班级导师制等学生管理;KPI 绩效考核、文体活动协会化、一站式服务等党政后勤服务多种管理模式,不断提升管理水平。三是积极推进院系两级管理体制改革,加强系部基础性建设,继续全面实施教职工全员聘用制、教师六等级岗位聘任管理、合同制人员岗位管理、部门综合动态绩效考核机制等,不断推进以贡献为导向的内部人事管理及收入分配制度改革。四是进一步加强教代会、团委等群团与老干部工作力度,不断拓展联系倾听师生建议意见、拓展师生民主参与、管理、监督等渠道与领域,加快了党务公开、校务公开工作进程,固化了教代会代表例会、巡视及每年为师生办 10 件实事等工作机制。五是不断改善办学条件,学院办学经费由 4 500 多万元增至 1.3 亿元左右,校内实训场所由 36 个增至 63 个等。师资队伍结构更趋合理,双师素质教师比例提升了 20 个百分点。新校区明年将投入使用。

---

**记者:** 从成人高校到普通高职院校,从普通高职到示范校,学校用 6 年的时间完成了办学的跨越。站在新起点上,请您谈谈今后 5 年的发展思路和发展目标?

---

**张景荪：**建设北京地区领先、国内一流的高水平有特色的政法类高职院校是我们的发展目标。这一发展目标将分两步实现：

第一步，经过2至3年的努力，到“十二五”期末，重点实现四个战略性目标：一是以政法行业为依托，以知名企业为伴侣，以校政军企行合作为基础，拓展办学功能，打造出4至5个特品专业，人才培养水平明显增强；二是构建服务政法、服务社会的新模式新格局，初步形成5至6个服务政法与社会的特色品牌项目，全面提升专业服务社会的话语权、影响力，服务能力明显增强；三是以大学生职业素养证书为抓手，围绕“立德明法、重能强技”和“三意识、四能力”要求，形成具有政法特色的学生职业素养教育培养的模式体系，行业企业及社会认可度高，学生的职业道德、职业技能和就业创业能力明显增强；四是深化以“双师型”教师队伍为特点的人事管理制度建设，培育能教、会战双师型教学团队和能打硬仗的管理服务团队，高职教育教学能力明显增强。取得一批新的标志性成果，形成一批特色鲜明的专业、团队、毕业生、社会服务品牌，成为在国内同类高职院校中领先、行业有影响力的高水平高职院校。

第二步，再经过2至3年的努力，围绕推进现代高职教育体系建设的总体部署与要求，初步建构起具有政法类高职院校特点的制度模式体系框架，学院办学活力明显增强，办学整体水平再上新台阶，成为北京地区领先、国内一流的高水平有特色的政法类高职院校。

## 微语录（张景荪）

关于创新发展：高职教育既有“教育”的一般性，又有“职业”的特殊性。探索谋划学院的创新发展，既要坚持从教育的一般规律研究探索如何办学，更要立意于高职教育的逻辑起点是职业这一重要命题，从行业职业需求出发来谋划推进学院的创新发展，要树立从职业出发、以学生为中心、在行动中学习的教育思想。

关于办学理念：坚持以服务为宗旨，以就业为导向，牢牢把握助力“北京服务”这一主题，重点在探索以政法系统为依托，以知名企业为伴侣的办学制度；以特品专业建设为龙头，深化以工学结合为核心的人才培养和职业教育学历与职业资格衔接等制度。

关于人才培养：坚持以能力为核心，强化学生职业素质培养。

关于教师队伍：建立以能教、会战的“双师型”教师队伍为特点的干部人事管理等制度，不断提升学院治校理教能力与水平。

## 微访谈

记者：对您做人处世影响最大的一句话是？

张景荪：经得起磨难，耐得住寂寞。

记者：对您启发最大的一句教育名言是？

张景荪：施爱于学生。

记者：您最崇敬的教育大家是？

张景荪：陶行知。

记者：您认为什么样的老师是好老师？

张景荪：永远在追求培养出值得自己崇拜的学生。

记者：您经常（想）说的一句话是？

张景荪：五要：想干事、能干事、会干事、干成事、干好事。

# 推进生态文明教育的全民化

## ——访北京林业大学党委书记吴斌

◎铁　铮

吴斌，陕西旬邑人。北京林业大学党委书记、国家林业局生态文明研究中心主任，教授，博士生导师。曾任系团总支书记、学校国际合作处处长。后任林业部国际合作司司长助理、副司长，造林司副司长（正司级）。曾获国家科技进步二等奖2项，省部级科技进步一等奖2项、三等奖1项。发表论文40多篇，主编《绿色校园建设读本》等多部书籍。

生态文明是继农业文明和工业文明之后的一种新的文明形态。目前，我国正处于工业文明向生态文明过渡的时期，加强全民特别是大学生的生态文明教育至关重要。为此，记者日前采访了北京林业大学党委书记、国家林业局生态文明研究中心主任吴斌。

**记者：** 生态文明建设是涉及整个社会文明形态深刻变革的系统工程，作为高校的管理者，您觉得在生态文明建设中，教育应如何发挥其作用？

**吴斌：** 生态文明的内涵非常丰富，建设生态文明，不仅仅是生态修复与重建、节约资源和环境治理，更是一种理念的革新和发展思路的转变，是涉及整个社会文明形态的深刻变革。因此，需要对实现生态文明、建设美丽中国，进行社会化的全方位动员，引导全民共同参与和持续努力。

我们知道，教育始终是提升人类文明进步的关键动力和传播文明的有效途径。从历史发展的纵向维度和世界范围的横向比较来看，都凸显出教育对于生态

本文刊发于《北京教育》高教版2013年第9期

文明发展所具有的引领示范作用。全球可持续发展的纲领性文件《21世纪议程》强调,“教育是推进可持续发展的关键”,并把教育作为“人类最好的希望和寻求达到可持续发展最有效的途径”。因此,从意识、知识、态度与价值观、行为等层面开展生态文明教育,有利于最大限度地推动生态价值观念形成社会共识,有利于正确引导全社会成员有序参与生态文明建设,有利于适应可持续发展的生产、生活和消费方式的全面转型。

---

**记者:** 请问,您觉得全民生态文明教育应重点抓好哪些问题?

---

**吴斌:** 正如马克思所说,“问题就是时代的声音”。生态文明教育必须以面临的问题为导向,进行全面系统的设计和推进。在生态文明教育中,要抓住三个关键问题。

一是生态文明教育的重点和目标。培养具有生态文明意识的公民,是生态文明教育的根本和首要任务。围绕此目标,应立足生产、生活、消费方式的转变,突出生态文明教育的重点,提高教育的实效性。生态文明教育重在提高全民族的生态文明素质。要将规范约束和倡导引领相结合,在强化生态文明制度建设的同时,将生态文明观念内化到民众生活之中,使生态文明成为全民自觉的行动。例如,在倡导可持续的生活消费方式方面,应通过教育,在全社会树立反对奢侈消费、反对劣质消费、反对浪费型消费的节约意识,抑制“异化消费”和过量消费,鼓励消费生态产品、绿色产品,实现消费水平提高与物耗降低、污染减少,物质生活改善与资源节约利用的有机统一。

二是生态文明教育的方式方法。生态文明教育面向社会公众,教育对象具有显著的层次性和不同特点。因此要分类实施,教育方式因人而宜,多途径并举,采取多样化的手段。从学校、社区、工厂、军营、政府机构、企业、城市、乡村、媒体的实际发展需求出发,通过树立典型示范、推动绿色创建、编写实用读本、主题宣传实践、合理化建议等多种形式,广泛动员全社会参与节能减排,引导绿色低碳文明行为,将生态文明理念真正落实到对每个人的行为自律约束上,形成完整的绿色行为规范,真正做到人人都是生态文明建设者、参与者。要主动适应公民环境意识崛起这一现实,以有针对性的生态文明教育,促进公众有序参与生态文明建设。

三是要发挥政策导向作用,建立生态文明教育的保障机制。《国家中长期教育改革和发展规划纲要(2010—2020年)》明确提出“重视可持续发展教育”。这标志着生态文明和可持续发展教育已被正式纳入国家层面公共教育政策。近年来,国家发改委、环保部、国家林业局、团中央等部门会同教育部,通过推动绿色学校创建、国家生态文明教育示范基地建设等方式，促进生态文明教育长效化发展。建议进一步聚合国家各相关部门的政策资源优势，充分发挥政策导向作用，将全民生态文明教育纳入各级政府生态文明建设总体规划之中，完善政策和资金投入体系，推进生态文明教育制度化建设。通过启动生态环境教育、森林体验、低碳社区等试点，提高生态文明教育的生动性。要重视社会团体、各类NGO（非营利性组织）、教学科研机构、媒体的绿色教育传播作用，推动生态文明教育向多方主体参与、多种资源整合、多种要素发挥作用的格局发展，有效结合政府部门推动和公众参与的共同力量。

---

**记者：**正如您所说，学校教育是生态文明教育的主渠道，那么如何在学校教育中有效推进生态文明教育呢？

---

**吴斌：**生态文明教育要实现从城市到农村、从学校到企业、从政府到社区的教育全覆盖。但各级各类学校教育仍是生态文明教育的主渠道、主阵地。必须依托学校教育，从娃娃抓起，构建从小学到大学的学校生态文明教育格局，从而引领和示范社会践行生态文明理念。为此，我们可以从以下三个方面着力。

一是突出实践性，加强师生生态文明行为的养成教育。师生既是生态文明教育的主要对象，也是生态文明建设的重要推动者。要立足小学、中学、大学的不同层次特点，强化学校教育为生态文明建设服务的方向，用社会、经济、环境与文化可持续发展的科学知识，充实各级各类教育课程内容，将生态文明建设内容纳入日常道德教育之中，注重培养具有可持续发展需要的科学知识、学习能力、价值观念与生活方式的新一代公民。学校教育重在养成教育。学校的生态文明教育要遵循青少年学生身心发展的认知规律，坚持学校教育与社会教育、理论教育与实践教育有机结合，注重发挥绿色生态文化的熏染感知，通过丰富的绿色课程教育内容的知识内化、生态环保实践行为的外化和日常行为规范的固化，推动师生生态文明行为的全方位养成。在校内要积极鼓励、支持和引导学生成立和运作生态环保社团，加强学校绿色教育课外实践活动。

二是注重引领示范，推进学校生态文明教育走向公众、走向实践。学校教育具有文化传承创新功能，这是学校履行社会责任的重要体现。各级学校特别是大学，要充分发挥示范效应，通过传播绿色知识、推广绿色理念和研发成果，吸引社会关心绿色、热爱绿色，让绿色成为社会发展的主旋律。要摒弃现实存在的学校教育“小众化”发展、自说自话的风气，构建起学校与政府、企业、社区、媒体有机互动的生态文明教育合作伙伴关系。要充分发挥学校的优势，通过与政府和民间团体合作，加强社区共建，以绿色校园建设辐射带动“绿色社区”“绿色企业”“绿色城市”的建设；推动学生志愿者的生态环保实践活动进社区、进工厂，力争做到教育一名学生，影响一个家庭，受益一方社区。

三是主动融入国际合作框架，加强学校生态文明教育的国际合作交流。近年来，众多国际组织积极推动绿色可持续学校教育实践。联合国教科文组织领导下的“可持续发展教育十年计划”、联合国大学系统、联合国“学术影响力”计划以及联合国环境规划署的“环境教育和培训”等项目，已经成为世界范围内学校生态文明教育合作的重要平台。尽管我国各类学校通过多种渠道积极开展国际合作，但目前仍是短板。例如，全世界 321 所大学签署加入的《塔罗里可持续教育发展宣言》，我国大学参与其中的不足 10 所；再如《联合国可持续发展大会高等教育机构可持续发展实践行动宣言》，已有 30 多个国家近百所高等学校参与签署了宣言，我国只有 3 所大学。这提醒我们要以更加开放包容的姿态，充分借鉴国际上学校可持续发展教育的先进经验，推动其实践的本土化，促进学校生态文明教育的均衡化发展。

总的来说，我国人口众多且处于高速转型发展期。在这样的国情下开展生态文明建设，是涉及整个社会文明形态深刻变革的系统工程。要建立起一整套制度体系并进行系统规划和全方位落实。其核心内容是通过生产、生活、消费方式的转变，来促进人与自然、社会的协调发展。在这个过程中，公众参与至关重要。因此，面向全社会开展生态文明教育势在必行。

# 凝练大学精神　办人民满意的高等教育
## ——访中国青年政治学院党委副书记、常务副院长王新清

◎王　娟

王新清，河南新野人，法学博士、教授。曾任中国人民大学党委副书记、纪委书记，现任中国青年政治学院常务副校长(法人代表)、党委副书记。兼任教育部法学教学指导委员会委员，中国刑事诉讼法学研究会常务理事，中国人民大学法学院教授、博士生导师。享受国务院特殊津贴。主要研究方向是刑事诉讼法学、律师学，撰写著作30余部，发表论文70余篇。曾获“宝钢教育奖”“北京市青年优秀教师”“北京市优秀党务工作者”等光荣称号。

**记者：**党的十八大报告指出，要努力办好人民满意的教育。您怎么理解“人民满意的教育”？

**王新清：**“办好人民满意的教育”是十六大以来，党和政府对教育事业发展提出的目标要求。党的十七大、十八大报告又两次强调了这一目标要求。《国家中长期教育改革和发展规划纲要(2010—2020年)》在指导思想中，明确指出要优先发展教育，完善中国特色社会主义现代教育体系，办好人民满意的教育，建设人力资源强国。

我认为，人民满意的教育是“符合人民意愿，满足人民需求”的教育。从逻辑上讲，它应该包括五个方面：第一，适龄的青少年都能够公平、顺利地进入学校接受教育；第二，学生都能够在学校愉快、健康地成长；第三，教育能够为国家、社会

本文刊发于《北京教育》高教版2013年第11期

发展提供所需要的人才；第四，受过学校教育的人，都能够在社会上找到合适的工作，人尽其才；第五，从学校毕业了的人，有机会和条件接受终身教育。人民满意的教育是个要求很高的教育，我们需要经过长时间的努力才能达到。办人民满意的教育需要全社会共同努力，单靠学校是不够的。从学校来说，办人民满意的教育，首先要让学生、家长和用人单位满意。

---

**记者：** 党的十八大报告提出，要加强教师队伍建设；习近平同志在今年教师节向全国教师致慰问信时也强调要加强教师队伍建设。您从教 20 余年，请您谈谈如何做一名让学生满意的教师？

---

**王新清：** 1988 年，我从中国人民大学毕业留校任教，教龄已有 25 年。总结这么多年的教学经验，我有四点体会：讲授知识要丰富；教学方法要灵活；心里要永远装着学生；既要授业、解惑，也要“传道”。

讲授知识要丰富，包括“新”“全”“理论和实践相联系”和“在讲授知识的同时要传授分析方法”四个方面。教师既要掌握近期本学科最新的研究成果，又要掌握教学大纲要求讲授的本课程完整的知识体系。每一门课程都不是孤立的，必须找到它在整个知识体系中的位置，与其他课程建立有机联系。

恰当的或者说好的教学方法就是灵活的教学方法，它可以做到“因课施教”“因材施教”和“因时施教”。具体而言，就是根据课程内容，不同的教学对象选择不同的教学方法，在课堂上根据学生的反应，适时采取能够提高学生注意力和学习热情的讲授方法。

教师是一个高尚的职业，只有心里永远装着学生，才能赢得人们的尊敬。教师应该经常思考这样一个问题：这门课对学生今后的工作、职业有什么帮助？为了使他们能够顺利运用所学知识解决工作中的问题，这门课应该怎么讲？总之，教师要通过认真讲授知识为学生今后的发展助一臂之力。

随着现代教育分工的细化，“传道”似乎成了德育工作者的事情，专业课教师似乎不过问德育的事，这是完全错误的。从培养社会主义事业合格建设者和可靠接班人的高度看，每一位教师都要既教书又育人，要授业、解惑，更要“传道”，这既是人民的期望，也是党和国家的要求，每位教师都要身体力行。

---

**记者：** 每年新生入校，您都会给他们讲大学之道，谈谈大学、大学生和大学生活。在您看来，何为大学？大学为什么需要精神？大学应该具备怎样的精神？

---

**王新清：** 高等教育在人类历史上存在有几千年了。但是，现代大学制度，仅有

千年左右的历史。意大利的巴勒莫大学、博罗尼亚大学是人们公认的现代大学的起源。巴黎大学、牛津大学、哈佛大学等国外的名校创立时有两个特点：一是民间举办；二是政府对学者比较宽容。学者们衣食无忧，想的都是和人类发展密切相关的大问题。所以说，大学之所以称为"大学"，是因为思想之大。

现代社会，时代的浮躁情绪蔓延，功利化色彩严重，精神追求缺失，精神引领乏力。人必须有精神，大学在发挥精神追求、精神引领的社会责任中不能缺位。大学不仅要传授知识，更要培育精神。大学精神是社会精神的最高境界，是引领社会精神的重要动力，也会影响学生的一生。大学精神要服务于办人民满意大学、办人民满意教育的大局。大学精神也会帮助学生更好地适应大学生活，确立人生目标，塑造完美人格。现阶段更需要提倡塑造、培育和弘扬大学精神。

西方的大学精神主要有四种：独立自主、思想自由、民主意识、质疑批判。这些都是指在科学研究、探索新知方面不受条条框框约束，营建良好的学术氛围，而不是在社会生活中的行为不受法律和道德约束。

大学在发展，大学精神也应不断发展。在新的历史时期，不管什么样的大学，其精神不应离开以下三点内容：一是追求真理。大学虽然是个弹丸之地，但大学的研究无所不包。大学之大在于思想之大。如果不追求真理，大学就没有存在的价值。二是人文关怀。人文关怀指的是关注人的生存与发展，就是关心人、爱护人、尊重人。大学如果仅仅追求真理而忽略人文关怀，也很难促进社会发展和人类进步。三是促进和谐。社会具有多样性，如何不发生文明的冲突，如何让不同地域、不同文化的人们和谐相处，需要有一批思想家、学者设计一系列的政治制度、社会制度来促进人类的和谐。和谐是和而不同，既能保持多元化，又能保持这个社会和和美美地向着一定的目标前进，正如费孝通所说的"美美与共"之佳境。

大学除了上述精神外，还要秉承一种精神，即责任和使命。我们是劳动人民供养的，大学不直接创造拿金钱衡量的物质价值，所以我们必须具备一种道德，就是为人类谋幸福，这便是我们的责任和使命，是大学的基本道德。大学还要为国家的富强作贡献，为一个国家或地区人民的幸福生活作贡献。

---

**记者：**中国青年政治学院（以下简称中青院）的精神是什么？具体表现在哪些方面？

---

**王新清：**大学不在于大小，关键在于"精"，在于有好教师、好学生，有一个好的大学精神，这样才能出成果、出成绩，才能为世人所认可。中青院的精神表现在三个方面：第一，精英意识、家国情怀。学校在中央团校的基础上建立，从革命时代

延续的精神浸润着后辈学子。理想信念教育和责任意识培养,一直是中青学子的必修课。第二,脚踏实地,能吃苦肯干事。中青学子不仅有“书生意气、指点江山、激扬文字”的激情,而且更懂得脚踏实地、埋头苦干。第三,朝气中闪现锐气。多年的校园文化实践,使学校形成了独具特色的“思辩文化”[1],让中青学子充满锐气,提升了学生的核心竞争力。

---

**记者:**《国家中长期教育改革和发展规划纲要(2010—2020年)》中对高等教育提出“优化办学结构办出特色”的要求。作为团中央直属高校,中青院在办学实践中如何确定和强化自己的特色?

---

**王新清:** 作为共青团中央直属院校,“青年”和“政治”是党中央赋予这所学校的天然特色和光荣使命。从学校的历史传承、专家评估和社会评价来看,“青年”和“政治”是学校的显著特色,体现在课程设置、科学研究和校园文化传统上。

中青院设有青少年工作系、青少年研究院。学校的思想政治教育等专业,在坚持教育部关于本科专业教学计划原则意见的基础上,突出青年特色,开设有青少年研究相关课程近20门。广大教师基于主流的社会科学理论和方法,以“青年”为研究对象,开展青年研究、青年工作研究、青年组织研究,取得了一批丰硕成果。积极探索具有学科交叉性、互补性和融合性的新兴学科。“政治”特色的内涵并非局限于教育部学科专业目录上确定的一级学科门类“政治学”及其下设专业。在我们看来,与国家建设、社会发展、公共管理相关的法学、社会学、新闻学等专业,都有很强的政治内涵。

历经65年的改革发展和历史传承,中青院逐渐形成了“实事求是,朝气蓬勃”的文化积淀和“春风化雨,润物无声”的育人传统。在校园文化建设方面,学校围绕“青年”和“政治”这一内核,立足学校的文化历史底蕴,深刻挖掘和凝练“团校传统、中青精神”,积极推行价值管理,大力倡导和谐文化,引导师生员工的态度和行为,促进学校愿景目标的实现。

---

**记者:** 为了实现“政治素质高、理论基础扎实、实践能力强、富有社会责任感”的人才培养目标,学校做了哪些尝试和努力?

---

**王新清:** 学校坚持人才培养的中心地位,结合时代发展、社会变革和共青团事业发展对高素质人才的要求,把握高等教育发展的新趋势,针对大学生群体的新

[1] 编者注:此处的思辩文化强调的是演讲、辩论与思想交流。

变化和新需求，不断充实和完善富有成效的、有特色的人才培养模式。开展富有特色的思想政治教育，持续推进思想政治理论课改革，高度重视党建在学生思想政治教育中的作用，坚持以党建带团建促班建，坚持理论学习与社团活动、社会实践相结合，将政治素质培养贯穿于学生的学习、活动和实践的全过程。开展以文化素质教育改革为主体的通识教育改革，推进以专业核心课程建设为基础的专业教育改革，坚持以师生共读专业经典著作为主的读书活动，辅之以学校和各个专业共同开设的品牌系列讲座，打牢学生的理论基础。坚持把实习实践作为有学分的必修教学环节，以校内外实习实践基地建设为基础，以课程并行实习、社会实践、毕业实习为载体，以社会服务为抓手，督导师生深入社会，了解国情、社情和民意，寻找科研课题，学以致用，不断提升社会实践能力。坚持开展形势政策教育和职业生涯规划辅导等专业性教育，支持形式多样的志愿服务、公益活动和法律援助等活动，强化学生的责任意识和担当精神。相互支撑的四个方面有效保证了人才培养目标的实现。

坚持把实践作为人才培养的重要途径，重视培养学生的理论应用能力、创新精神和社会责任感，是学校人才培养和实践教学的一大亮点。学校通过课程、项目、实践基地、品牌化实践活动和专业化实习实践，构建了比较完备的实践育人体系。思想政治理论课和专业课程的并行实践、“智慧星火—中青学子学术支持计划”、教师和学生的暑期社会实践活动、KAB大学生创业教育、大学生创新创业训练计划项目等都是有实效、有影响的实践品牌，学校建立了近百个实践基地，培育了西部志愿者协会、西部之窗协会等优秀学生实践社团。

---

**记者：**2012年7月，教育部、团中央签署协议共建中青院，这为学校的发展带来了哪些新的机遇？

---

**王新清：**共建，不仅是一个难得的历史性机遇，更是一个重要的转折性起点。

第一，共建给中青院的发展创造了新机遇，搭建了新平台。一方面，通过共建，学校作为团中央直属的唯一一所普通高等院校的行业性院校属性得到了教育部的认可，在国家高等教育布局和共青团系统中的特殊地位得到了广泛认同，自身的学科优势和办学特色得到了进一步加强；另一方面，通过共建，学校将在人才培养、教学科研、学科建设、师资队伍建设、校园建设等方面，获得来自教育部和团中央的更多直接指导与实质支持，拥有更多争取资源、整合力量、参与合作、扩大交流的机会，这无疑为学校破解深层难题、拓展发展空间、突破体制机制壁垒、提升综合办学能力提供了可能。

第二，共建给中青院的发展树立了新标准，提出了新要求。共建的长远目标是建设“有特色、高水平”的大学。向着这个目标迈进，办学理念要更加清晰，学科建设要形成更合理的结构布局，教学工作和人才培养要体现更高的水平和质量；科研工作要更好地服务党和国家的重大需求，服务经济社会发展和共青团事业，形成突出的特色优势；校园文化要具有更加凝练的价值内核、更加稳定的精神传承、更加鲜明的中青特色。

## 微访谈

记者：您的兴趣爱好是？您的业余生活如何安排？

王新清：我的兴趣爱好是登山、散步和读历史、地理书籍，尤其喜欢唐诗宋词。周末和节假日如果没有科研任务，就会读自己喜欢的书籍。每天坚持散步 50 分钟。

记者：您了解教师、学生生活和困惑的渠道与方式是什么？

王新清：渠道和方式多种多样，师生可随时通过面谈、本人手机、办公电话的方式与我交流。我也经常通过学校官方微博、网络信息平台、教学信息月报等方式了解大家的意见和建议。

记者：您最崇拜的教育大家是？

王新清：吴玉章。

记者：对您启发最大的一句教育名言是？

王新清：“我并无过人的特长，只是忠诚老实，不自欺欺人，想做一个‘以身作则’来教育人的平常人。”—吴玉章

记者：您心目中最理想的校长是什么样的？

王新清：是有学者气质、政治家风度、平民情怀的教育家。

# 高层次人才要引得进、用得好、留得住

## ——首都经济贸易大学校长王稼琼谈高层次人才引进工作

◎ 衣大鹏

王稼琼，1964 年生，山西大同人。经济学博士、教授、博士生导师。主要研究方向为产业发展战略、产业组织理论、运输经济与政策分析和区域经济分析。历任北京交通大学校长办公室主任、经济管理学院院长、副校长，北京物资学院院长等，现任首都经济贸易大学校长。兼任中国市场学会副会长、中国工业经济学会副会长、教育部经济学类专业教学指导委员会副主任委员、北京市高校管理研究会理事长、中国高等教育学会高等财经教育分会副理事长等职务。

"筑巢引凤，广纳贤才"是高校发展进程中的一项重要工作，近年来，首都经济贸易大学人才引进及培养工作成效明显，短短两年该校在海外招聘网上综合评价名列前茅。日前，校长王稼琼接受了记者专访，在一个半小时的采访中，王稼琼围绕学校人才队伍建设总体思路，指出了高层次人才引进对学校发展的重要支撑作用，介绍了学校围绕高层次人才引进工作的开展情况，阐释了学校在引进人才、用好人才、留住人才方面的顶层设计。

**记者：**"人力资源是第一资源"，是立校、强校之本。对于首都经济贸易大学来说，人才队伍建设的思路是怎样的？

**王稼琼：**学校自提出"人才强校"战略以来，围绕全面提高高教质量，对人才队

本文刊发于《北京教育》高教版 2014 年第 3 期

伍建设坚持内培与外引“两手抓、两手都要硬”的原则，对内通过推行“驼峰计划”、经贸学者计划、绿洲计划等一揽子人才计划，全面加强对师资队伍的培养；对外从特聘教授、双轨制人才、全球海选院长三个层次引进高层次人才，大力推进人才队伍建设。

通过人才引进推动人才队伍建设是学校发展的必然选择，也是所有高校发展的共识。这些年学校坚持“多元化、多渠道”人才引进的思路，包括多方位、多层次、多用工形式、多评价体系的复合型人才引进与培养机制，力争实现教师队伍存量、增量的双增长、双提升，建设一支师德高尚、业务精湛、结构合理、充满活力的高素质、专业化、国际化人才队伍。

**记者：**高层次人才是人才引进工作的重中之重，也是高校间人才竞争最激烈的一环，首经贸对高层次人才的衡量标准是什么？

**王稼琼：**人才引进工作中竞争最激烈、最关键的确实是高层次人才引进，这也是为什么每年各大国际学术会议成为各级政府、高校等招聘高层次人才舞台的根本原因。

作为北京市属大学，学校的重要使命之一就是服务首都经济，对此学校在高层次人才引进工作中，从“知人善用”出发，致力于引进“顶天立地”的人才。一能“顶天”，即掌握学术前沿动态，熟悉国际教学科研范式，具有国际视野；二能“立地”，即充分了解国情，科研和教学能够更好地服务祖国的经济社会发展，能与国内的教师队伍用“共同的方法”谈“共同的发展话题”，更接地气；三要具有敬业精神，能践行作为教师的职业责任，并对工作抱有充分的热忱。

**记者：**学校的高层次人才引进工作是如何开展的？

**王稼琼：**学校应用经济学、统计学在教育部的第三次学科评估中，均取得了在财经类高校中排名第五的好成绩，但评估过程中，我们也发现了学校国际化科研成果不足等问题，为此学校建立了“柔性引进机制”，以“不求所有、但求所用”新的用人理念和多元化的方式引进高层次人才，具体从引进特聘教授、双轨制人才、全球海选院长三个层次推动构筑高层次人才高地。

一是推进特聘教授队伍建设。学校立足国际、国内领先的理念，依托“千人计划”“长江学者计划”“海聚工程计划”“特聘教授”等人才项目，加大学科带头人的引进，以聘任人员在岗不一定在编的方式，围绕应用经济学、工商管理学等优势学科引进了李奇、范剑青、姚奇伟、逄锦聚、娄成武等国内外顶尖专家学者。创新的人才机制、体制在凝练学科方向、引进海内外人才、学术规范方面起到了重要的作用，同时为学校带来了良好的声誉，短短两年学校在海外招聘网上的综合评价已经名列前茅。

二是加大双轨制人才引进。众所周知，以留学人才为主体的海外人才是我国高层次人才队伍的重要来源，基于对兄弟院校国际人才引进经验和教训的总结，学校推出了具有首经贸特色的“双轨制”，在传统教学单位之外，成立了国际经济管理学院，引进了 20 多位具有国际著名高校博士学位的双轨制教师，通过国际人才引进带动师资队伍的数量和结构优化。双轨制引进的教师一年内就发表 7 篇国际 A 刊、5 篇国际 B 刊、7 篇国际 C 刊学术论文，对提升学校知名度起到了重要作用。同时，双轨制教师还承担了经济学、金融、劳经等重点发展学院实验班的教学任务，既让教师深入了解学校的教学需求和学生情况，又为实验班的教学提供了支持。

三是实施全球海选院长制度。对于学院和专业的发展，带头人的作用是十分重要的，学校面向全球“海选”院长，实施以领军人才为主导的人才群发展战略。学校先后聘请了喻中、刘冠军等一批学科带头人担任实职院长，同时在会计学院等尝试聘任具有国际化视野并了解国情的学者担任学术院长。实职院长总领学院总体工作，学术院长关注学科发展方向，两者都对学院和专业发展起到引领、把关、开拓资源的重要作用。

---

**记者：**在引进的高层次人才中，是否会出现水土不服、留不住或者用不好的问题，学校是如何通过顶层设计来预防或解决这些问题的？

---

**王稼琼：**学校对高层次人才工作进行顶层设计，瞄准国家和北京市经济社会发展需求，瞄准重点学科建设及人才培养需要，为引进的人才提供施展才华的广阔平台，在精神和物质上满足他们的需求，营造“干实事”的氛围，充分发挥高层次人才对学校教学、科研、育人等工作的支撑作用，树立他们在学校成就个人梦想的信心和决心。

引进的高层次人才“水土不服”反映到具体工作中是不“接地气”，不能结合国情、校情工作。为避免这一现象，学校没有将高层次人才按照常规化管理分配科研和教学任务，而是专门减轻了高层次人才第一年的教学任务，利用一年的缓冲期关注国情、校情和相关学科的发展，充分发挥其科研优势，让他们继续保持国际视野而“顶天”，并能充分了解国情、校情而“立地”，从而能为首都资源环境、产业形态、人口与民生等重大课题提供智力支持。

高层次人才引进之后，关键是能否留得住。学校用求贤若渴之心对待高层次人才。在精神层面，学校对人才给予尊重、关心和爱护，聘请的特聘教授随时可以与校领导沟通工作情况，引导他们将个人发展融入学校事业发展之中。在物质层面，学校利用北京市各项资金支持，统筹安排，保证高层次人才待遇与国际接轨；学校通过长城学者评选、首经贸特大城市经济社会发展研究院等为高层次人才发展搭建平台；学校还支持引进的人才参加各种国际高水平会议以及海外进修，满足他们国际化研究的需求。

学校的发展离不开人才的支撑，近几年学校的人才队伍建设工作在学校的发展中起到重要作用。下一步，学校在人才队伍建设中将继续探索。在此，我们也向全世界的人才发出邀请：欢迎加入首都经济贸易大学。

# 人才强校　为发展蓄势揽才

## ——北京印刷学院校长王永生谈人才队伍建设

◎ 李艺英　张晓新　卜　珺

王永生，1963 年生，吉林人，理学博士，教授，博士生导师，享受国务院政府特殊津贴。历任北方交通大学物理系主任、校研究生院常务副院长、北京交通大学副校长等职务。2011 年 7 月任北京印刷学院校长。兼任中国发光学会常务理事、副理事长，中国材料学会青年委员会理事等，《现代显示技术》《发光学报》等学术期刊编委。先后承担了国家“973 计划”“863 计划”、国家自然科学基金重点及面上项目等，在 SCI、EI 发表研究论文 200 余篇，获发明专利 10 余项。

5 月，高校人才大战如火如荼：700 多万名毕业生忙于就业、招生部门尽展招数吸引学子目光、人事部门开始新一轮的揽才行动……在这场没有硝烟的大战中，始建于 1958 年，1978 年独立建校的北京印刷学院，作为全国唯一一所以印刷包装、出版传播、设计艺术、文化产业为特色的传媒类大学，学校积极利用国家新闻出版总署印刷出版高级人才培养基地、国家绿色印刷包装产业协同创新基地、国家新媒体产业基地之动漫创作及人才培训中心、北京出版产业与文化研究基地等的优势，在引进人才方面抢得先机，不断传来利好消息。是什么因素使得这所地处大兴的行业高校具有了独具特色的竞争优势，学校各项事业获得持续、稳定的发展，为此，记者日前采访了该校校长王永生。

**记者：**“十二五”期间，学校确立了“创建国际知名、有特色、高水平传媒类大

本文刊发于《北京教育》高教版 2014 年第 6 期

学，实现由教学型大学向教学研究型大学转变”的奋斗目标，您觉得实现这一目标的关键何在？

**王永生：**作为一个大学人，这几年感觉最深刻的一点就是：变化扑面而来。中国高等教育由规模发展走向以质量提升为标志的内涵发展，教育领域的综合改革全面展开，学校所属的新闻出版行业面临的转型升级与技术变革，北京世界城市的定位与首都经济社会发展等给学校人才培养、科学研究与社会服务带来挑战的同时也带来机遇。为了应对系列变化，学校确立了“到2015年，把学校建成新闻传播学、设计学等一级学科，数字出版、数字媒体、绿色印刷包装等研究领域的综合实力全国领先，工、文、艺、管等多学科协调发展，国际知名、有特色、高水平的传媒类大学，加快实现从教学型向教学研究型大学转变”的总体目标。

为实现这一发展目标，近几年来，学校坚持特色发展，以特色学科建设提升核心竞争力，初步形成了传媒科技、传媒文化、传媒艺术、传媒管理四大特色学科专业群，招生专业达26个。在科研工作方面，学校实施科技创新驱动工程，强化政产学研用结合，成立了北京绿色印刷包装产业技术研究院、北京印刷学院大学科技园、北京印刷学院文化产业安全研究院、北京印刷学院青岛研究院，发起成立了北京绿色印刷产业技术创新联盟、共建京南大学科技园等。在对外合作方面，学校先后与美国、俄罗斯、英国等14个国家的56所著名大学、科研机构建立了校际合作与交流关系。

在师资队伍建设方面，学校深谙“人才最贵”之道，坚持以人为本，实施人才强校战略，通过人才的培养、引进与支持等一系列措施，建设与学校事业发展相匹配的学历、年龄、职称结构不断优化的人才队伍；形成了以两院院士为核心的科技创新顶尖人才团队，以新闻出版行业领军人才、中国出版政府奖、毕昇印刷杰出成就奖获得者为核心的行业领军人才团队，以全国优秀教师、北京市人才强教计划高层次人才为核心的教学科研团队……可以说，“人才强校”工程是学校各项工作的重中之重，师资队伍建设是实现学校发展目标的关键所在。

**记者：**正如您所说，“人才强校”工程是学校工作的重中之重，可人才问题往往是地方高校发展的瓶颈，学校在实施人才强校战略、突破发展瓶颈方面的思考是什么？

**王永生：**作为一所地方高校，与教育部部属高校相比，办学思想相对陈旧、发展理念相对保守、发展信心相对不足，这是制约学校发展的一个重要内因，是建设高水平大学的内在障碍。要突破这个障碍，使学校获得长足发展，一是要形成共识，增强改革勇气。经过56年的建设和发展，学校取得了显著的办学成绩，但在特色发展、创新发展、跨越发展等方面还有很大的提升空间，在学科布局、科技创新、规范管理、高端人才培养，特别是紧跟行业技术创新和服务首都经济社会发展方面，学校还有很多需要努力的地方。经过反复讨论论证，全校上下形成了“依托行业、内涵发展、坚持特色、开放办学、提高质量”的办学基本共识。二是要加强顶层设计。在学校转型的关键阶段，必须加强总体规划和全面统筹，有力推进重点领域和关键环节的各项改革。落实好顶层设计，对于学校来说，必须坚持以学科建设为龙头，走“小精尖”的发展路径。三是要把握改革重点。要加强学科布局调整和传统专业的升级改造，加快人才培养模式、课程内容以及教学方法的综合改革，加快现代大学制度建设等。

当然，突破这些发展障碍最关键的因素是人，最重要的发展力量还是师资队伍整体水平的提升。虽然经过近几年的着力打造，学校师资整体水平上升较快，但目前师资队伍的数量、质量和层次都与学校在行业中所处的地位及发展需求存在较大差距。因此，学校当前的任务是如何在短期内使学校的师资队伍有快速的数量增长和质量提高，在长期内形成一种引进和培养相互并助的机制。为此，学校出台了“十二五”师资队伍建设规划，明确了师资队伍建设的主要任务与措施，形成了学校师资队伍建设的基本思路：

第一，以学科建设为核心，凝练学科方向，分层次实施岗位责任制度，在“十二五”重点建设的学科或领域，涌现一批具有较高研究水平和有较大学术影响力的代表性人物；第二，以培养和引进重点建设学科的领军人才为重点，促进高层次人才队伍建设；第三，以重点建设学科、重点实验室和重大科研项目为依托，以高层次人才为核心，积极推进团队建设；第四，以人才强教工作为契机，进一步完善优秀人才培养和支持体系，全面提升骨干教师队伍的学术竞争力和整体素质；第五，以深化人事管理和分配制度改革为动力，进一步完善人才分类管理和绩效考核机制，建立由品德、能力和业绩等要素构成的以推动学科建设为核心的考评体系，探索建立科学规范、符合现代大学体制的用人制度和师资管理体系；第六，构建起尊重和依靠人才、倡导团队合作精神、鼓励创新和争创领先水平的积极健康的人才生态和大学文化氛围。

---

**记者**：地方高校引才难，引进高层次人才更难，请问学校在突破高层次人才短缺这一问题上，有何举措？

---

**王永生**：为突破高层次人才短缺这一瓶颈，学校解放思想，转变观念，大胆提

出了“柔性引进”人才的概念，积极探索“不求所有，但求所用；不求所在，但求所为”的用人思路。

“柔性引进”人才，是指在不改变人才国籍、户籍和身份，不改变人事关系的前提下，以提供智力服务为核心，不受工作地域、时间、方式限制，充分体现个人意愿和单位用人自主权的一种人才智力引进方式。譬如，学校二级学院院长基本采用双聘方式，学校请校外知名专家学者作为院长，同时配备校内教师担任执行院长。学校 6 个二级学院，4 个聘请了校外院长。“十二五”期间，学校柔性引进了两院院士万立骏、邹竞、何新贵，国家“千人计划”入选者崔铮、危岩，“长江学者”特聘教授杨义先、孙逢春、梅雪松，全国政协委员、原中国出版集团总裁聂震宁，中国新闻出版研究院院长郝振省，原清华大学美术学院副院长何洁，北京交通大学中国产业安全研究中心主任李孟刚等高层次领军人才来校担任实质性职务。通过项目资助等方式，培育了一批在国内外学术界有一定影响力的学科或学术带头人，培养了一批基础理论和专业知识扎实、教学科研能力强、富有创新协作精神的中青年骨干教师。

在高层次人才后备队伍建设方面，学校通过联合培养博士研究生导师和博士后合作导师等方式，使之成为学校培养高层次拔尖创新人才的重要渠道。对有潜质的优秀人才及时列入重点培养对象，制定个性化的培养方案，提供学术交流、挂职锻炼、项目合作等条件，压担子，派任务，加强实践锻炼，使其健康快速成长。

此外，学校进一步拓展与地方政府、兄弟院校、行业企业合作交流，聘请知名学者、企业家 40 余名担任学校兼职教授、硕士生导师。这些引进人才充分利用其学术影响力，在各自岗位上想办法，大大提升了学校的办学水平和科研能力。为提升学校核心竞争力，学校还面向社会公开招聘学科建设、科学研究、教学管理等岗位处级干部，以高层次专业管理人才引领管理人员整体素质提升。

---

**记者：**“柔性引进”人才确实能在短期内解决学校顶尖人才不足、创新能力不强的问题，但有些单位在引进外来人才的同时却冷落了本地的“和尚”，请问学校在本校人才挖潜与培养方面有何举措？

---

**王永生：**在积极引进人才的同时，学校高度重视现有人才的培养与提高，积极促进新老人才的交流融合，共同成长。学校历来重视教职工的教育培训工作，大力推进师资队伍素质提升计划，作为配套政策，学校出台了《北京印刷学院教职工在职进修培训管理办法》，构建了涵盖学历学位进修、国内外访问学者、教学能力培训、博士后研究、岗位培训等多形式、全方位的培训教育体系，提高经费报销比

例，制定减免工作量办法，通过宽松的政策导向，鼓励教师积极参加各类进修培训。积极拓展教师海外交流、学术休假等新的培训培养方式，以完善的教育培训体系保障师资队伍整体素质的提升。

2012 年 5 月，学校印发了《北京印刷学院校级科研、教学团队选拔与培养办法》，加大校内团队的选拔支持力度，两年来，共选拔科研团队 7 个，资助经费为 165 万元；教学团队 14 个，资助经费总计达到 210 万元。2013 年 5 月，学校出台了《北京印刷学院北印学者选拔与培养办法》《北京印刷学院北印英才选拔与培养办法》，以项目资助方式，加强学科带头人和骨干教师的培养。目前，学校已经完成了首批"北印学者"和"北印英才"的遴选工作，共有 3 人入选"北印学者"、16 人入选"北印英才"资助计划，资助经费总计达到 300 万元。2013 年 8 月，学校博士后科研工作站成功获批。学校以博士后工作为抓手，对外建立了与清华大学联合培养博士后的合作关系，对内把青年教师的招聘和联合培养博士后的招收有机结合起来，制定了相关的管理办法，从制度上解决了考核和引进青年人才与培养和选拔优秀青年人才的关系问题。

**记者：**学校如何支持各类人才各得其所，用当其时，各展所长？

**王永生：**今后一个时期，学校将进一步转变观念，牢固树立"人才资源是第一资源""人人都可以成才""以人为本"的科学人才观；创新人才管理机制，完善以竞争、择优为导向的选拔培养机制，处理好引进和培养之间的关系，在竞争中发现人才、在培养中使用人才、在实践中造就人才；以岗位聘任为基础，以考核奖励为导向，以业绩贡献为主要衡量标准，进一步激活用人机制；建立岗位能上能下、待遇能高能低、人员能进能出的竞争激励机制，强化以能力、业绩为导向的评价考核机制。按照"简便、易行、有效"的原则，建立一套有利于尊重和保护创新思想，符合不同类型、不同层次人才特点的考核评估体系。例如，学校的专业构成是工科、文科和艺术各占 1/3，在引进师资时，对于艺术专业我们就不搞一刀切强制要求博士学历；同时，艺术类专业教师在职称评审条件上，也和其他专业有所区别。这样，学校通过调整评价标准和评价体系，让不同类别、不同年龄层次的教师都有施展才华的机会。为了适应学校、教师发展的需要，学校将职称评审改为每年一评。在突破教授总量掣肘的方面，学校出台了"校聘教授"的政策，45 岁以下具有博士学位、有稳定的科研任务、并具有高水平科研成果的优秀青年教师，可破格提拔成为"校聘教授"，享受相应岗位工资和业绩工资待遇。该计划实施两年来，已有 4 人评上"校聘教授"。学校教授总量从 50 人增长到 62 人，学校现有教职工 750 余人，其中专任教师480余人，硕博比例达到83%，高级职称教师比例达到53%。

人才使用，创新观念体制是核心，优化环境是关键。“十二五”期间，学校将加快国家绿色印刷包装产业协同创新基地、国家新闻出版总署印刷出版高级人才培养基地、北京绿色印刷包装产业技术研究院、北京印刷学院文化产业安全研究院、北京印刷学院青岛研究院、院士工作站、特聘教授工作站、博士后科研工作站等建设的速度，营造人尽其才、才尽其用的工作环境及重才惜才、爱才护才的人文环境，增强学校吸引人才的磁力，搭建学校使用人才的舞台，凝练学校爱才、惜才、用才理念，切实解决人才“不够用”“不适用”问题，用好用活人才，推动各类人才脱颖而出，施展才华抱负，以适应学校的转型、跨越和发展。

## 微访谈

记者：您了解教师、学生生活和困惑的渠道、方式是？

王永生：在校园里四处走走，常观察多体验。

记者：对您启发最大的一句教育名言是？

王永生：钱学森曾经说过，科学和艺术，两者若不结合，终不能成大器。

记者：您认为什么样的教师是好教师？

王永生：用心对待学生和教育事业的教师是好教师。

记者：您心目中最理想的校长是什么样的？

王永生：为学校确定科学的、切实可行的方向，并努力实践。

记者：您经常说的一句话是？

王永生：在力所能及的时候，尽我们最大努力多做一点点，事业就会有进步。

# 抓好党建是学校科学发展的动力

## ——访北京联合大学党委书记徐永利

◎ 李艺英

徐永利，北京联合大学党委书记、研究员，北京市政治文明建设研究中心主任，北京市政协委员，北京市法学会第七届理事会常务副会长，长期从事高等教育和党政管理工作。著有《科学发展观与首都教育发展战略》《教育发展与管理研究》，近年发表了《趣在求是 学以致用——对高等教育理念创新的思考》《高校要主动提高驾驭市场能力》《大学的实干是办学为民》等20多篇论文。

日前，北京市委教育工委公布第七次北京市党的建设和思想政治工作先进普通高等学校获奖名单，北京联合大学喜获"党建先进校"提名奖。据悉，入校考察组对北京联合大学党建和思想政治工作的考察评语中指出：学校党委认真贯彻落实党的十八大和市委精神，以改革创新精神推动学校党建和思想政治工作，有效提升了工作的制度化、规范化和科学化水平，取得了明显成效；学校党建和思想政治工作体现出三个突出特点：一是团结有力的领导班子；二是凝心聚力促发展的强大能量；三是蓬勃发展的良好态势。为此，记者采访了该校党委书记徐永利。

**记者：**祝贺学校获得"北京市党建和思想政治工作先进高等学校"提名奖，作为党委书记，您对获奖有何感想？

**徐永利：**这次获得先进校提名奖，印证了学校党建和思想政治工作是学校科

本文刊发于《北京教育》高教版2014年第7—8期

学发展的动力，肯定了全校党员和师生员工协力共进、辛勤工作的成绩。最近三年是学校统筹全局、凝心聚力，推动全面发展的三年；是学校集中精力、攻坚克难，优化发展的三年；也是学校转型升级、提升质量，坚持可持续发展的三年。三年来，校党委直面学校的改革发展中历史与现实的多重困境，毫不动摇坚守“不信联大提不高，不信联大没有高质量”的发展信念和“围绕发展抓党建、抓好党建促发展、检验党建看发展”的战略思路，坚持把握发展大势，抢抓机遇，推动学校由规模大校向质量强校、由教学为主向教学科研并举转变；坚持趣在求是、学以致用，以提升质量为核心，实施“学术立校、人才强校、开放兴校”三大战略；坚持深化改革，统筹全校资源，善待学生、厚待教工，稳步推进高水平有特色应用型大学建设，学校人才培养质量、综合办学实力、社会声誉、对首都的服务力和贡献度都有显著提升。

---

**记者：** 学校获得“党建先进校”提名奖与党员领导干部的素质密切相关，作为党委书记，您最深刻的体会是什么？

---

**徐永利：** 事业发展的关键在于党、在于人，具体到学校事业的发展，关键在于各级党组织和广大党员干部的凝聚力和战斗力的发挥。尤其是各级领导干部有没有好的精神状态、过硬的本领、良好的作风，直接关系到发展的速度、质量和水平。“党建先进校”提名奖的获得，这三年多来各项成绩的取得，我认为都源于一个“实”字，重在实干，从学校领导班子抓起、做起，把求真务实的精神贯穿到每项工作中是一切成绩取得的根本所在。作为学校党委书记，我有三点体会：一是作为领导干部，要联系群众、取信于民，在察实情上下功夫；二是作为领导干部，要立言立行、真抓实干，在出实招上下功夫；三是作为领导干部，要善始善终、善做善成，在办实事上下功夫。

习近平总书记讲：“勿忘昨天的苦难辉煌，无愧今天的使命担当，不负明天的伟大梦想。”这是党对党员领导干部新时期的基本要求，广大党员干部必须深刻把握、忠实践行。对于联合大学来说，党员领导干部的努力程度和工作状态，直接关系着我们今天使命的担当、直接关系着学校明天的发展，“党建先进校”提名奖是对我们过去几年努力程度和工作状态的一种肯定，也给我们提出了新的期望。发展的力量蕴含在广大的师生之间，在新的起点上，我们将继续紧紧依靠广大师生员工，发挥集体的智慧和力量，共同办好适应首都经济社会发展的人民满意的教育，不负我们共同的“联大梦”。

---

**记者：** 您认为学校党建和思想政治工作的主要特色体现在哪些方面？

---

**徐永利：**近年来，学校聚焦特色、创新发展，积极探索党建工作新思路和新途径，主要形成了两大特色：

一是坚持理想信念，用创新理论武装头脑。面对多校区办学和几经整合的实际，学校党委坚持把建设学习型党组织放在第一位，依靠科学理论武装，增强党员领导干部服务群众的意识、素养和本领，增强工作的科学性、预见性、主动性，力争使校院的决策体现时代性、符合规律性、富于创造性，切实解决本领不足、本领恐慌、本领落后的问题。

近年来，学校党委印发了《中共北京联合大学委员会关于推进学习型党组织建设的指导意见》《中共北京联合大学委员会关于推进学习型党组织建设的规划方案》和《北京联合大学党委中心组学习制度》，保证学习制度化、规范化、长效化。党委理论中心组坚持“趣在求是，学以致用”，着力抓好预备性学习、探究式观察实践和学习成果转化三个环节，从党的指导思想、理论热点、高等教育理论、学校发展规划和廉政理论等方面强化学习内容，坚持马克思主义理想信念和创新理论武装头脑。三年多来，集中扩大学习 41 次，12,000 余人次参加学习，校领导联系工作实际，在《人民日报》等媒体发表文章 30 多篇，将学习的成果有效转化为谋划工作的思路、促进工作的措施、领导工作的本领。校党委依靠科学理论武装，依靠党性修养锤炼，依靠严格纪律约束，规范党员干部言行，凝聚全校师生员工，实现了“形散神聚”：“同一个联大、同一个梦想”，并深入人心。

二是关注师生，服务发展，汇聚事业发展正能量。校党委坚持以人为本，善待学生、厚待教工，培育联大精神，凝聚实现“联大梦”的强大合力。

善待学生，增强归属感。协调公交公司开通 3 条学生班车；实施学习效能和德育效应提升计划，启用学生服务大厅，加强学生学业、发展辅导和就业指导；加大学生学习、生活和文体活动的投入力度，打造“青春联大”学生发展平台，实施暖心工程，助力学生成长成才。

厚待教工，持续实施健康幸福工程。坚持校院两级领导班子经常谈心制度；对患大病的教职工，校领导都要亲自或派人探望；坚持校领导每周接待日制度；坚持党员领导干部与党外代表人士联系交友制度；改善教授工作环境；完善校园生活设施；建设健康食堂，获评北京高校食堂工作先进集体；建立教职工爱心互助基金，资助家庭经济困难职工 772 人次，累计 231 万元；成立教师发展中心、干部培训学校、后勤员工培训学校，强化专业化培训。

增强文化自信，建立校史馆，加强“激扬联大”主题文化建设，在全校开展“我的梦 · 联大梦 · 中国梦”宣讲活动；获首都文明单位、首都劳动奖状等荣誉；中国校友网中国大学排行榜排名近年来共上升 85 个位次。

**记者：**您认为学校党建和思想政治工作的经验有哪些？

**徐永利：**三年多来，学校党建和思想政治工作取得了明显效果。通过全面总结，我们有如下经验和体会：加强党建和思想政治工作，实现建设高水平有特色首都人民满意的应用型大学，要做到“五个必须坚持”：一是必须坚持强化理念创新，提出“趣在求实、学以致用”“人才强校、实干兴校”“善待学生、厚待教工”等符合学校办学实际的教育理念，引领科学发展；二是必须坚持实施人才强校，提高教师队伍素质和水平，坚持研究学生特点，确保人人尽展其才、人人皆可成才，助力优化发展；三是必须坚持突出办学优势，围绕首都经济社会发展需要和“三个北京”建设，力争打造鲜明的“首都特色”，推动特色发展；四是必须坚持深化体制改革，正确处理局部利益与整体利益、短期利益与长远利益、内涵发展和外延扩张之间的关系，促进集约发展；五是必须坚持共享发展成果，善待学生、厚待教工，实现和谐发展。

这“五个必须坚持”是对我们过去几年工作经验的总结，也为进一步加强和改进学校党建与思想政治工作奠定了良好的思想基础。

**记者：**您对学校今后的党建和思想政治工作有何设想？

**徐永利：**高校党建和思想政治工作是长期的系统工程，需要不断的探索和创新。我们将以此次参评党建先进校工作为契机，全面审视学校党建和思想政治工作，着力在加强党建和思想政治工作的制度化、规范化、科学化建设上下功夫，着力在发挥党建和思想政治工作的优势和功能上用力气，夯实工作基础，建立长效机制，进一步激发全校师生爱校荣校的热情，进一步凝聚全校师生的智慧和力量，为推动学校党建和思想政治工作迈上新台阶，为实现联大梦、中国梦而努力奋斗！

# 深化改革　特色取胜

## ——访北京语言大学校长崔希亮

◎ 王黎黎

崔希亮，吉林省怀德县人。北京大学文学博士学位、加拿大麦克马斯特大学人文科学名誉博士、韩国启明大学艺术系名誉博士。北京语言大学校长，教授、博士生导师，兼任北京市语言学会会长、世界汉语教学学会副会长、中华炎黄文化研究会副会长等。先后获得北京市高校优秀青年骨干教师称号，入选教育部新世纪优秀人才计划，国务院特殊津贴获得者。著有《汉语熟语与中国人文世界》《语言理解与认知》《语言学概论》《汉语作为第二语言的习得与认知研究》(合著)等18部专著，发表论文60余篇。

北京语言大学是国内唯一一所以对来华留学生进行汉语教育、中华文化教育为主要任务的国际型大学。在中华文化走向世界的背景下，北京语言大学如何深化改革，突显服务国家外交大局，培养中华文化对外传播的使者？记者就这一主题采访了北京语言大学(以下简称北语)校长崔希亮。

---

**记者**：在十八届三中全会《中共中央关于全面深化改革若干重大问题的决定》中，明确提出“扩大对外文化交流，推动中华文化走向世界”。在中华文化走出去的历史新时期，北语的办学目标是什么？

---

**崔希亮**：学校秉承“德行言语，敦睦天下”的校训，半个多世纪以来，已逐步发展成为一所以语言教学与研究为主要特色和优势，相关学科协调发展的多科性国际型大学。学校的办学目标体现于三个层面：宏观层面是以德行和言语来敦睦天

本文刊发于《北京教育》高教版2014年第9期

下，就是说以北语人辛勤的耕耘，促进世界和平，这也是学校的历史使命和社会责任；中观层面是培养国际化复合型人才，学校现有的26个本科专业、28个硕士专业、15个博士专业均遵循中外学生融通教育理念，在教学体系、课程设置、培养方式等全过程贯穿对学生国际视野、多元文化、多种技能的培育；微观层面是通过学校进行的一系列改革，来服务于教学质量科研水平的提升，这些改革包括近两年来陆续开展的大部制改革和学部制改革。

学校的中长期发展目标是建立现代大学制度，建设“世界一流语言大学”。学校不仅是外语类高校也是以语言教学和研究为主的人文社科大学，语言教学与研究是学校的特色，更是其优势，学校将通过长期、艰巨的努力，逐步实现在3个层面的办学目标，把北语建设成为“世界一流的语言大学”。成为“世界一流语言大学”的路径在于，从道和术两个方向进行努力，既开展基础理论研究又进行应用研究，集中优势师资力量，在语言学领域成为卓尔不群的特色型大学。

---

**记者：** 深化管理体制改革，是党的十八大明确提出的重要任务。同时，国内外高等教育形势正在发生深刻而急剧的变化。政势国情都要求高校进一步深化内部管理体制改革。北语是如何推进学校行政机关、教科研单位管理体制改革的？

---

**崔希亮：** 2013年，学校完成了管理体制改革，即大部制改革，旨在实现减员增效。学校将机关原有的20多个部处合并为16个，业务上有联系的单位合署办公，从而节约人力物力、提高办事效率。我们提出了建设服务型机关的理念，即“服务学生、服务教师、服务一线、服务校友”。如果说教学、科研、管理、后勤是学校运转的四个轮子，那么哪个轮子不转，学校都会运转不畅。学校还将建立各种制度，保障改革理念一以贯之，严格规范地加以推进。

学校的学术体制改革即学部制改革，正在进行。学部制改革以尊重教育规律、尊重学术自由、探索教授治学为指导，以理顺学科与办学实体之间的关系，充分发挥学科建设在学校整体建设中的龙头作用为目标，按照学科门类，将相同或相近的学科组建为一个学部。学部由几个学院合并而成，突出院系的主体地位。学部负责组织院系，配备教学人员，规划学科方向，找准学术发展的着力点，促进院系的自身建设与发展；院系负责专业的建设，制定完善的课程体系，推进教学与社会需求的契合。目前，学校已经成立了汉语国际教育学部，还将成立外语学部、人文社会科学学部。学部制改革就是要真正实现学术权力下放，加强学术委员会的决策力，鼓励学术创新，促进学术发展和人才培养。学校的重大决策将由学术委员会和教代会来决定。学校强调体制先行，机制后行。体制意味着机构如何调整，机制意味着制度如何建设，并最终形成现代大学制度。

**记者：** 北语素有“小联合国”之称，学校是如何将来自世界各地、具有不同文化背景的学生融入这个大家庭的？在探索特色化人才培养的道路上有什么新举措？

**崔希亮：** 学校建校 50 多年来，留学生数量从成立之初的 11 名非洲学生发展至现在每年都有来自韩国、日本、美国、欧盟、非洲等百余个国家和地区的上万名留学生。“多元文化，共生共存”是学校校园文化的精髓。

学校人才培养的目标是培养国际公民，具体来说就是培养国际化复合型人才。国际公民超越了狭隘的民族主义，具有天下情怀。国际化人才不仅要有全球视野、国际胸怀，还要有在国际组织工作的经验；复合型人才从语言角度来讲，除了掌握母语和英语，还应懂得另一种外语，如国际通用的西班牙语、日语、法语、阿拉伯语等，复合型人才不仅具有多语言能力还要有过硬的专业基础。学校国际化复合型人才的培养模式成效显著，从外交部到跨国公司，用人单位普遍反映学校学生不仅外语好，而且善于处理国际事务，这得益于中外融合的校园氛围。而这种独特的校园氛围，不仅在于学生来源的国际化，而且在于师资力量的国际化。

学校积极探索中外学生融合的有效途径，包括同堂上课，共同参加社会实践，举办各国艺术节，开展语伴文化等。学校鼓励中外学生参与各类竞赛，吸收留学生融入学生社团，由来自美国、英国、智利、韩国等 10 多个国家 200 多名中外学生组成的中外学生艺术团，是中外学生共同参与、共同排练、共同表演的艺术社团，他们屡次在文艺演出中获得好评。此外，学校教师大多具有海外学习、任教的经历，长期濡染于多元文化之中，具有开阔的视野、丰富的文化经验。学校十分重视国际化管理，中外学生归口学生处共同管理，中外学生同等对待、一视同仁，这也促进了中外学生的深层次融合。

中外融合的校园环境和文化氛围具有天然的国际性和开放性，将来自不同语言背景、文化背景、宗教背景和生活习惯的学生聚集在一起，共同生活、相互学习。无论来自哪个国家和民族，来自哪种文化和宗教信仰背景，在学校校园里都能感受到共生共存的惬意。

**记者：** 在汉语走出去的新形势下，学校怎样探索有自身特色的学科建设道路？

**崔希亮：** 学校在学科建设上充分发挥特色优势，走精品化道路。学科发展坚持“长高不长胖”的理念：一是错位发展，别人有的学科，我们不一定有；但别人没有的学科，我们可能大力发展。二是找空发展，别人都有的学科但发展较薄弱之处，我们可以着力建设。三是特色发展，不盲目跟风，立足学校实际和特色，建设最好的学科。

学校是全国第一批设立对外汉语本科专业的4所院校之一，是全国最早设有对外汉语教学专业方向的博士点院校之一。随着汉语国际教育教学科研体系逐步建立，目前已形成一个强大的汉语国际教育专业学科群，学科群具有面向国际、层次完备、多元支撑的特色。学校有50多年语言教学的传统，"第二语言教学"或"第二语言习得"教学与研究，居于国内领先地位，长期引领该学科发展方向。学校不仅坚持基础性学术研究的推进，而且致力于学术成果的推广。北语人努力将理论研究应用到教学实践中去，将科研成果引入课堂，并向世界推广，充分发挥北语的学术引领作用和辐射作用。

中国语言文学和外国语言文学这两个学科已成为北语的特色学科，在国内各高校中跻身前列。其中，方言研究在国内名列前茅，曹志耘教授带领团队经过7年的实地调研和科学研究，编撰完成三卷本的《汉语方言地图集》，填补了国内这一领域的空白。第二语言教学的语法研究和汉字研究实力雄厚，拥有一大批老中青学者，研究成绩斐然。汉语史研究和理论语言学研究也有较强的实力。日语、阿拉伯语、西班牙语、法语、德语、意大利语等专业建设处在上升期，学校将继续加大力量做好。其中，阿拉伯语专业发展势头迅猛，建立了阿拉伯研究中心，旨在加强中国的区域和国别研究，为国家制定发展战略、政策措施提供智力支持、决策咨询、理论探讨和实践分析。此外，信息科学、商科、新闻学、艺术学等门类也在朝着特色发展之路不断前行。在未来的一段时间内，理论语言学、认知语言学、地理语言学、脑科学和语言康复、心理语言学等领域的研究，将培养出一批达到国内甚至世界顶级水平的学者，他们将引领学校学科建设的全面发展。

---

**记者：**在当前中华文化走出去的国家战略中，学校面临哪些机遇，有什么具体举措来继续保持核心地位、谋求自身发展？在推进协同创新方面学校又采取了哪些具体措施？

---

**崔希亮：**面对机遇与挑战，学校以汉语国际教育和弘扬中华文化为立足点，充分发挥汉语国际教育专业学科群、"语言学及应用语言学"国家重点学科优势，积极研究探索，创新体制机制，整合教学、科研等各方面资源，为汉语国际教育"出理论、出标准、出模式、出教材、出人才、出技术"，继续发挥引领和示范作用。

在协同创新方面，学校本着"国家急需、世界一流、制度先进、贡献突出"的要求，立足本校优势，联合多家单位，成立了孔子学院可持续发展协同创新中心和中国周边语言文化协同创新中心。通过体制机制的创新，将各方已有的技术研发、语言研究、文化传播等独特优势资源进行创造性组合，以获得最大的聚合效应。

近年来，汉语教学成为传播中华文化的急先锋，孔子学院的作用愈加明显。截至2014年3月，全球120个国家和地区已建立440所孔子学院，在646所中小学建立了孔子课堂。孔子学院可持续发展协同创新中心致力于研究如何促进孔子学院可持续发展，让中华文化真正走出去这一重大课题。我国周边共有21个国家，跨境语言达30多种。我们面临着各类语言政策、语言资源、信息管理错综复杂的情况。可以说，我国周边安宁与威胁并存，无论是从外交、经贸发展上还是安全需求上；无论是为了睦邻还是戍边，国家周边环境的安宁急需我们有所作为。因此，中国周边语言文化协同创新中心以语言文化为依托，以建设成为国家战略智库、提升国家语言文化软实力为核心目标，重点进行国别语言研究、跨境语言研究以及中国周边语言数据库和中国周边语言安全智库的建设。

---

**记者：**未来，学校还将在哪些领域承担其服务社会、服务国家的责任？

---

**崔希亮：**学校已经为世界上172个国家和地区培养了近15万名懂汉语、熟悉中华文化的外国留学生。埃塞俄比亚总统穆拉图就在这里学了汉语。校友中先后有17位曾担任过驻华大使，有30余位现任驻华使馆的公使或参赞，还有的在所在国政府担任重要职务，或者成为国际大企业精英、汉学家和学者等。这些文化交流的使者为扩大中华文化的国际影响力，增进中外文化交流与沟通作出了贡献。

学校承办了16所孔子学院。学院注重质量建设，坚持走内涵式发展的道路，得到了当地教育机构和孔子学院总部的高度评价，多所孔子学院获得全球“先进孔子学院”称号，多人获得了“孔子学院年度先进个人”，学校也多次获得了“先进中方合作院校”的称号。每年，学校派出100多名教师去往世界各地从事汉语教学工作，或是帮助当地大学建立中文系。50年来，学校已向海外派遣汉语教师千余人次。他们的足迹遍布世界五大洲，他们中的许多人以精湛的业务知识、高尚的职业道德、忘我的工作热情，向世界人民展示了中国教师形象。

学校还积极整合国际国内优质资源，为社会提供智力支持，担负起国家赋予我们的责任与使命。我们的中国——东盟语言文化中心“充分发挥学校丰富的留学生”资源、丰厚的汉语研究底蕴等优势，展示和推广东盟国家丰富多彩的语言、文化和艺术，支持东盟国家在华人员学习中国语言文化，并为在华东盟留学生举办更多交流活动。目前，学校已与世界50多个国家的300多所大学及其他机构建立了合作交流关系，形成了全方位、多领域、深层次、富有成效的国际教育格局，通过学生交换学习，培养文化使者，进行公民外交。

## 微访谈

记者：您最大的兴趣爱好？

崔希亮：书法。

记者：您心目中理想的校长是什么样的？

崔希亮：有见识、有胆识、有胸怀，既是学者又是教育家。

记者：您经常阅读的一本书是？

崔希亮：林语堂《吾国吾民》。

记者：对您做人处世影响最大的一句话是？

崔希亮：老老实实做人，踏踏实实做事。

记者：您最崇敬的教育大家是？

崔希亮：蔡元培。

记者：您了解师生意见和建议的渠道和方法？

崔希亮：有传统的师生面谈、座谈会、调查问卷；也有微信、电子邮件。

记者：您认为什么样的教师是好教师？

崔希亮：有大爱，有学问，语言表达能力强，有亲和力，有情趣。

记者：您心目中的好学生的标准是？

崔希亮：善于独立思考，有创造性思维。

# 深化改革　依法治校
# 加快世界一流电影学院建设步伐
## ——北京电影学院党委书记侯光明谈深化综合改革

◎ 高国庆　郑伟丽

侯光明，汉族，中共党员，管理学博士，教授，博士生导师。曾任中国驻日本国大使馆一秘，北京理工大学副校长、副书记，现任北京电影学院党委书记。曾获“全国新长征突击手”、国防科工委“511”高级管理人才、首都“五一劳动奖章”、“北京高校模范工会主席”等荣誉。荣获国家国防科学技术进步奖、北京市科技进步奖等多项奖励。2004年享受国务院政府特殊津贴。长期从事系统科学、组织科学、创新方法研究，出版《中国研究型大学：理论探索与发展创新》《人力资源管理》等专著或教材20部，主持国家自然科学基金等科研项目30余项，发表学术论文100余篇并多次获奖，其中数篇被SCI、EI等检索。

深化教育领域综合改革是党中央作出的重大决策，以改革促发展，中国教育又站在了新的历史起点上，而随着我国教育改革进入深水区、攻坚期，各高校面对的局面更加复杂——涉及面更广、关联度更高，问题越来越复杂，亟待破解深层次矛盾的难度也越来越大。在深化综合改革方面，部分艺术院校努力走在高校前列。北京电影学院（以下简称北电）是我国唯一一所电影专业院校，就该校的思路和做法，记者采访了该校党委书记侯光明。

**记者：**改革需要破釜沉舟的勇气和愚公移山的毅力，我们想了解一下是什么样的动力在支持北电大刀阔斧地探索改革之路？

本文刊发于《北京教育》高教版2014年第11期

**侯光明：**改革是时代发展的要求，更是北电发展的必由之路。深化教育领域综合改革是党的十八大作出的重大决策，十八届三中全会通过的《中共中央关于全面深化改革若干重大问题的决定》又作了进一步的全面部署，将深化教育领域综合改革置于社会事业改革问题之首，突出体现了党中央对于教育的高度重视，也充分表明深化教育改革的紧迫性。

从行业观察，电影业正处于大变动、大改革时期，中国从电影大国向电影强国的历史性跨越正在逐步实现，而处于电影教育引领地位的北电有责任为实现这一跨越输送更符合行业改革要求的人才，而要完成这一目标，需要推进教育综合改革。

从自身思考，发端于"左翼电影"的北电历来就有敢为人先、锐意进取的传统。建校初期，我们改革创新，吸收旧中国电影的教育资源，学习苏联办电影大学的经验，奠定了学校发展的根本；改革开放后，我们改革创新，睁眼看世界，走出去、请进来，向欧美国家学习，电影学院开始走向世界；进入新世纪，尤其是十七届六中全会以来的新的历史阶段，我们最根本的还是要靠改革创新谋发展，一些深层次、高难度问题都有赖在改革创新中逐步得到解决。

当前，学校正处于"第三次创业期"：第一次创业期是建校，从石老娘胡同到学校初见规模；第二次创业是从临时办学状态的朱辛庄校区到现在的蓟门校区；第三次创业应该是建设通州新校区、智慧校园，并顺势而为，建设功能区、辐射区，以及随之而来的学科专业、师资队伍建设、学校管理等方面的新改革、新调整。随着工作的深入，很多问题将不断浮出水面，这就要求我们不断改革创新、敢闯新路，用改革的办法来解决发展的问题。

**记者：**您认为电影学院深化改革的基本思路是？

**侯光明：**深化教育领域综合改革，重点在深化，关键在综合。要用系统思维、全局意识和全球视野认识改革，用普遍联系的观点设计改革，用统筹兼顾的办法推进改革，进一步增强改革的系统性、整体性、协同性，要把教育改革不断引向深入。所以在改革之初，必须厘清改革的思路，以学校为例，在改革之初，我们首先明确了总体原则：

一是加强顶层设计。在建设世界一流电影学院、努力服务北京文化中心建设和国家电影强国建设的征程中，学校凝练了"盖大楼、育大师、著大作、拍大片、养大气"的"五大"办学思路，深入实施学科专业拓展与质量提升战略、人才强校与机制创新战略、研创提升与产学研一体化战略、加强外联和国际化战略、校区拓展战略及实施党建思想政治工作和大学文化建设五年规划的"5＋1"战略。这次深化综合改革，成立了学校深化改革领导小组，按照“5＋1”战略制定了学校深化综合改革思路和“5＋1”战略深化实施方案，并通过党代会等形式广泛征求意见后公布施行。各二级单位依据以上两个方案，制定创新发展方案，从而形成了学校深化综合改革思路——“5＋1”战略深入实施方案——二级单位创新发展方案构成的三级综合改革方案。各方案均制定短、中、长期目标，并列出时间表，可量化，可监督执行。校党委常委会定期听取“5＋1”战略各方案实施情况，二级单位创新发展方案实施情况由学校督办室进行督办。

二是突出阶段性任务。深化综合改革分为两个阶段：2014 到 2017 年为攻坚克难阶段，主要解决校区偏小、硬件不足、学科建设滞后、研创能力不强、教学质量有待提高等制约发展的瓶颈性问题；2017 到 2020 年为优化提升阶段，是在巩固扩大前一阶段发展成果基础上，全面提升办学水平，实现建成世界一流电影学院的发展目标，为服务北京文化中心、国际交往中心建设，为服务电影强国建设作出应有贡献。

---

**记者：**据我们了解，北电在冲击世界一流，结合深化改革，您能谈谈学校为完成这一目标采取了哪些措施?

---

**侯光明：**就目前而言，学校各项工作主要围绕“5＋1”战略进行，具体包括：

一是实施学科专业拓展和质量提升战略，深化教育教学体制改革。重点建设一级学科戏剧与影视学，研究建设艺术学理论、美术学两个新增一级学科；大力推进电影制作、管理学、动画学和表演学四个二级学科建设；创造条件提高毕业联合作业水平；努力建设全英文授课课程；召开研究生教育发展大会，成立研究生院；加强新建学院建设，建设具有理工特色的视听传媒学院和数字媒体学院；建立博士后流动站；研究启动北京未来媒体学院建设等。

二是实施研创提升与产学研用一体化战略，深化科研管理体制改革。以“2011 计划”为统领，构建“四院一中心”的牵引格局；推进北电青年电影制片厂改革、启动智慧校园建设、实施“电影新人成才计划——研究生长片毕业作业”等；办好金鸡百花电影节、北京国际电影节短片学院奖和“注目未来”展映单元，积极参与承办北京国际电影节主竞赛单元等；整合校内各类奖项，发挥集合优势，提升国际学生影视作品展的品牌效应；高举新学院派大旗，以“两引双为”为目标，以理论构建为先导，以青年电影制片厂和师生校友力量为依托，积极开展电影艺术创新，努力创作一批文化性、思想性、艺术性和商业性相统一的作品。

三是实施人才强校与机制创新战略，深化人力资源管理体制改革。提高增量，做到“院系有长城、学校有长江”；盘活存量，采取有效措施提升教职工队伍整体水平；持续改善待遇，努力实现教职工收入和学校事业发展同步增长。

四是加强外联和国际化战略，实现从开放式办学向国际化办学方向的转变。充分发挥“三家共建”的政策平台和“2011 计划”协同创新中心的协同优势，实现政产学研用的全方位合作；探索学校理事会参与决策和管理的机制，进一步发挥理事会和校友会的作用；进一步扩大外国留学生规模；探索与国际高水平电影院校的学生互换、学分互认、联合培养、学位互受联授；实现在校生 10%以上有出国学习半年到一年的机会。

五是实施校区拓展战略，推进资源配置机制改革。建设核心区、功能区、辐射区。核心区包括蓟门校区、通州校区；功能区包括北电现代创意媒体学院等；辐射区包括学校培训中心项目、创作基地等。在学校与二级院系的关系上，学校本着在统一规划、分别管理的基础上，激发各二级院系的办学活力。

六是进一步实施党建思政和大学文化建设发展规划，保障综合改革顺利推进。巩固近年来建立的党委全委会、党代会代表常任制、党代会提案制、教代会代表常任制、校领导班子 AB 角制度、党支部书记例会、教学工作例会等制度；巩固参加北京市第七次党建先进校评选的成果，继续深化以文化建设引领大学建设、艺术观引领育人工作的特色工作；完善督办制度，建设群众路线教育实践活动的长效机制。

在深化行政管理体制改革方面，以制定《北京电影学院章程》为统领，把“党委负责、校长治校、教授治学、民主管理”制度化、法制化，把近年来形成的体制机制纳入其中固化，把学校简称、院系简称、部门简称、校庆日、校旗、校徽等确定下来，并以此为依据，完成学校和二级单位的制度的“停、并、改、建”工作，提升依法治校水平。

---

**记者**：听您的介绍，北电在深化改革方面确实做了很多有益的探索，您认为，还需注意哪些问题？

---

**侯光明**：改革如逆水行舟，不进则退。邓小平曾告诫我们：“胆子要大，步子要稳，走一走，看一看”“关键是要善于总结经验，哪一步走得不妥当，就赶快改”，这些话对于今天我们全面深化改革具有很强的指导意义。在深化综合改革的过程中，学校党委要求要有“四个意识”：

一是要有一流意识。坚持树立“跳出电影学院看电影学院，跳出北京看电影学院，跳出中国看电影学院”，把学校和本单位发展放在全世界的参照系中。

二是要有责任意识。校党委提出：“要求学生先做到的，教师先做到；要求教师做到的，干部先做到；要求干部做到的，校领导先做到；要求校领导做到的，主要领导先做到。”校领导对待每件工作争分夺秒、一抓到底，必要时一竿子插到底，破解工作难题。学校把能不能推动改革发展作为好班子和好干部的衡量标准，并把落实综合改革的情况纳入年度中层领导班子和领导干部考核。

三是要有机遇意识。机遇是客观的，抓机遇是主观的，抓机遇的本事就是抓改革发展的本事。错过一次机遇，就会失去一个时代；抓住一次机遇，就会赢得一次跨越。在高校改革发展中，快人一步，抢占先机，步步主动；慢人一拍，亦步亦趋，则处处被动。实践证明，对于工作的具体方案和改革发展决策，特别是机遇性决策、超前性决策，认准就干，看准就改，在实践中逐步统一认识。

四是要有创新意识。坚持“四个不动摇”，即“坚持改革不动摇、坚持解放思想不动摇、坚持发展思路不动摇、坚持‘学院梦’不动摇”。号召广大党员干部敢于担当，做落实各项改革措施的表率和示范；全体教职员工建言献策，做改革的执行者和推动者。

最后还需注意的问题就是改革是为了什么，我们不是为改革而改革，学校改革，归根结底，一是促进学校事业发展，二是服务师生员工发展。在北电的规划中，随着学校的发展和办学实力的增强，无论是可见的待遇，还是不可见的发展机会，学校都会在尽可能的范围内，释放改革红利，让全校教职工共享发展成果。在学校改革过程中，我们将把群众路线贯穿始终，真正做到“学术创作的事儿，多听教授的”“上课的事儿，多听教师和学生的”“学校发展的大事，多听教职工的”，民主管理，依法办学，调动一切积极因素推动发展。

## 微语录（侯光明）

※ 泡菜的味道取决于泡菜坛子的味道，同理，学生的风格取决于学校的风格，从电影学院走出的学生必定带着电影学院的气质。

※ 中国真正懂电影的人集中在电影学院，电影学院的真正财富是教师和学生。

※ 我们要永远牢记教学第一的思想，充分发挥电影学院的教学特色和优势，任何时候任何情况下都不能放松人才培养这根弦。

※ 我们有责任继承先辈的精神，走出一条中国特色、电影学院特点的电影教育体系发展之路。

※ 关注支持母校发展是校友们的真挚感情，关心支援校友进步是母校义不容辞的义务。

※ 人民是文艺工作者的母亲。人民是文艺工作者的服务对象。电影学院从事电影教育，不论在教学上还是在管理上，首要的是树立人民的观点。

## 微访谈

记者：您的兴趣爱好是？

侯光明：读书、古筝、乒乓球等。

记者：您了解教师、学生生活和困惑的渠道和方式是？

侯光明：党代会提案、教代会提案、师生调研、个别谈话、微博、微信、电子信箱等。

记者：对您做人处世影响最大的一句话是？

侯光明：海纳百川有容乃大，山高万仞无欲则刚。

记者：对您启发最大的一句教育名言是？

侯光明：知识改变命运，教育成就未来。

记者：您最崇敬的教育大家是？

侯光明：蔡元培、徐特立。

记者：您心目中好学生的标准是？

侯光明：有梦想、有责任、有爱心。

记者：您认为什么样的教师是好教师？

侯光明：爱教育、爱学生、肯奉献、有情怀。

记者：您经常说的一句话是？

侯光明：对人要宽容，对事要严谨，对工作要有激情，对生活要有热情。

# 坚持依法治校　推进整体改革
# 实现大学内涵式发展
## ——北京科技大学校长张欣欣访谈实录

◎ 都基辉　李　洁　胡智林

张欣欣，汉族，中共党员。工学博士，教授。1978 年，就读北京钢铁学院，分别获得工学学士和硕士学位；1988 年，就读法国洛林理工大学机电高等工程师学校，1992 年获得法国工学博士学位。1993 年年底回国，历任北京科技大学热能工程系系主任、机械工程学院院长、副校长，现任北京科技大学校长。主要从事热物理性质与热物理测试、流动与传热传质和工业节能减排等方面的学术研究工作。兼任国务院学位委员会委员、教育部能源动力学科教学指导委员会副主任；科技部“863 计划”“节能与储能”主题专家；中国金属学会副理事长、中国工程热物理学会常务理事。

《国家中长期教育改革和发展规划纲要(2010—2020 年)》提出:“到 2020 年，高等教育结构更加合理，特色更加鲜明，建成一批国际知名、有特色、高水平的高等学校”“教育要发展，根本靠改革”“大力推进依法治校”。党的十八大，特别是党的十八届三中、四中全会以来，在全面深化改革和全面推进依法治国的重大战略背景下，高校如何贯彻落实党和国家的方针政策，推进依法治校，实现创新发展？推进依法治校有哪些具体的抓手？怎样看待高校推进改革与依法治校之间的关系？带着这些疑问，记者专程采访了北京科技大学校长张欣欣。

本文刊发于《北京教育》高教版 2015 年第 3 期

**记者：请您谈谈对依法治校的认识，以及高校应当如何推进依法治校？**

**张欣欣：**依法治校是全面落实依法治国要求的具体体现。依法治校这一理念，经历了一个从提出到逐步发展完善的过程，高校也在具体的实践和探索中不断深化认识。

“依法治校”的提法源自“依法治教”，最早可以追溯到1993年发布的《中国教育改革和发展纲要》：“加快教育法制建设，逐步走上依法治教的轨道”。进入21世纪，教育部于2003年发布《关于加强依法治校工作的若干意见》，明确了“依法治校”的基本内涵、工作目标和具体措施。2010年，全国教育工作会议召开，颁布的《国家中长期教育改革和发展规划纲要（2010　2020年）》（以下简称《纲要》）成为当前指导全国教育改革发展的纲领性文件，其中明确提出“大力推进依法治校”，并作为一节加以论述。此后，教育部又陆续发布了多部规章和文件落实《纲要》精神，比较具有代表性的，有《全面推进依法治校实施纲要》（教政法〔2012〕9号）、《高等学校章程制定暂行办法》（教育部令第31号）等。回顾历史，依法治校工作的推动历经十余年，高校也在贯彻国家政策精神的基础上不断探索改革，进而深化理解和认识。

对于依法治校的认识和理解，可以从三个维度入手。首先，在高校外部关系层面，是高校顺应校政分开、管办分离趋势，构建学校、政府、社会新型关系的客观需要。其次，在高校内部治理层面，是建立现代大学制度、实现高校治理法治化、科学化的内在要求。最后，在高校办学主体层面，是维护学校、教师、学生等各方合法权益，提高教育质量的重要保障。

从学校多年的工作实践来看，高校推进依法治校，主要可以从以下四个方面来开展工作。

一是建立健全以章程为统领的现代大学制度体系。党的十八届四中全会指出：“法律是治国之重器，良法是善治之前提。”推进依法治校，既要依靠国家关于教育的法，也要依靠学校自己的“法”。学校自己的“法”，就是以章程为统领现代大学制度体系。当前，包括北京科技大学在内的很多高校都在制定大学章程。制定大学章程的过程实际上就是高校“立法”的过程。高校要充分把握这一重要契机，发挥好章程制定在依法治校工作中的引领和推动作用。

二是优化完善治理结构，实现科学决策、民主管理、社会参与。实现依法治校，有了学校自己的“法”还远远不够，关键在于让现代大学制度体系实施运作起来。这就要求高校应根据自身制度体系不断完善治理结构、全面履行各项职能，包括发挥党委领导下校长负责制的优越性，清晰划分行政权力与学术权力界限，健全教职工代表大会、学生代表大会等民主管理和监督机制，探索扩大社会力量在参与学校管理和决策监督等方面的作用，等等。

三是落实师生主体地位，形成化解矛盾纠纷的有效途径。依法治校真正发挥实效，需要师生发自内心的拥护。高校只有充分落实“以人为本”的办学理念，反映师生意志、保障师生权益，依法组织和实施办学活动，才能使制度体系得到师生的认同和遵守。特别是要完善依法师生权利救济制度和纠纷解决机制，有问题申诉渠道、有纠纷解决途径，保证处理程序公开公正。

四是开展法制宣传教育，营造校园懂法、守法的良好氛围。高校可以将开展法制宣传教育与培育和践行社会主义核心价值观充分结合起来，教育教师依法从教，深化和改善学生法制教育，使师生成为依法治校的忠实崇尚者和自觉遵守者。特别值得强调的是，尤其要做好学校党员领导干部法治意识和能力的培养，使依法治校成为行动自觉，从而营造起自由平等公正法治的育人环境和校园风气。

---

**记者：**刚才在介绍高校推进依法治校的几个途径里，您首先提到的是建设现代大学制度。您能否更详细地介绍一下贵校建设现代大学制度工作的思考与实践？

---

**张欣欣：**关于现代大学制度的理解，目前大家相对公认的观点，就是在遵循高等教育规律的基础上，高校通过完善治理结构，合理配置内部的各种权力关系，构建起的能够保障各项办学职能依法运行并且促进自身可持续发展的制度体系。这一制度体系既包括国家法律体系中相关的法律法规，也包括大学章程和学校内部为规范工作流程、运行机制等而制定的各项规章制度。建设现代大学制度的终极目标，是实现大学治理现代化，从而建成一批高水平大学和世界一流大学。

当前，党和国家提出了实现“两个一百年”的奋斗目标，提出要实现中华民族伟大复兴的中国梦。具体落实到高教领域，就是要实现由高等教育大国向强国的转变。在这样的时代背景下，建设中国特色现代大学制度就成为高校承载历史使命的必然选择。结合北京科技大学的工作经验，建设现代大学制度应该重点做好以下三方面的工作。

首先，要树立起强烈的法制意识。政贵有恒，治须有长。要把学校发展建设的成效巩固下去、好的经验坚持下去，关键是建章立制，在体制机制上动脑筋、做文章。这就要求高校领导在思想上必须确立法制观念。一是自觉遵守制度，把权力关进制度约束之中。从制度层面将行政权力同学术权力界限划清，明确学校与基层院系、教学科研单位之间的关系。二是从机制上约束，变“人治”为“法治”。为此，北京科技大学专门设立了法律事务中心，在学校出台新的管理政策、签订涉外合同、实施改革方案时，都进行充分的评估和论证，既严格对照国家的有关法律法规，也认真遵守校内的制度规定，确保各项举措的合法性。

其次，要扎实推进制度建设，保证质量。建设现代大学制度是一项系统工程，如同打组合拳。而大学章程作为制度体系的统领，则是这套组合拳的第一招和最佳用力点。依章建制，良法先行。制定大学章程就是做好整个大学制度体系的顶层设计。因此，高校制定章程务求谨慎，要最大限度内凝聚共识，确立并维护章程在学校制度体系的最高地位。不过，只有章程对于建设现代大学制度还远远不够。在章程制定完成并经过教育主管行政部门核准后，高校还应根据章程确立的原则和精神，开展制度的“立、改、废、释”，逐步构建起与章程配套且完整的现代大学制度体系。北京科技大学在推进现代大学制度建设的进程中，成立了专门的章程制定落实办公室，在章程报送核准后，继续制定了明确的路线图和任务书，稳步推进制度清理，正逐步构建起科学、稳固、充满活力的内部制度体系。

最后，要实现制度执行到位、实施有效。令在必信，法在必行。现代大学制度的生命力在于最终的实施。一是做好宣传解释。高校应该加强宣传解释力度，对于与师生利益相关的政策和制度，要解释清楚制定的初衷和具体操作方式，提高制度的公信力和群众的认可度。二是确保规范执行。对于学校的各级领导干部、职能部门、教学科研单位、直属机构等，都要在学校制度体系的约束下开展工作，确保制度执行高效严明，不搞变通，不打折扣。三是强化约束监督。加强党内监督、民主监督、舆论监督和社会监督的机制建设。近年来，北京科技大学大力推进信息公开工作，让制度在师生和社会的关注下执行，取得了很好的实施效果。

---

**记者：**从您的介绍来看，大学章程的制定对于推进依法治校具有重要的意义。请您简要介绍一下《北京科技大学章程》制定的情况以及特色之处？

---

**张欣欣：**学校高度重视大学章程的制定工作，从最初启动到目前报送核准历时两年。早在2011年学校制定“十二五”发展规划时，就严格贯彻落实《纲要》精神，明确提出要在“十二五”期间完成大学章程的制定工作。2012年11月，学校发布《关于印发〈北京科技大学章程制定实施方案〉的通知》，确立了章程制定的指导思想、组织领导、步骤安排和具体的路线图、时间表，成立了由校领导和相关部门负责同志组成的章程建设领导小组，抽调相关人员组建章程制定落实办公室，正式启动工作。

学校将章程制定划分为研究起草、专项推进、意见征询、审议审定四个主要阶段。期间，学校坚持以“高水平大学要有高水平章程”为目标，始终遵循“科学规范、传承创新、集思广益、务实管用”的原则，稳步推进各项工作。在前期研究相关法律法规、梳理学校制度建设成果并且明确未来改革方向的基础上，参照部分世界一流大学章程和国内已核准高校章程，学校于 2014 年年初形成章程草案。由此，章程制定工作进入攻坚阶段。学校对章程草案中涉及到的重大问题进行细致研究、形成共识并逐一解决，又通过座谈会、书面反馈等多种方式，面向政府相关部门、校内各组织、师生员工、校友等广泛征求意见百余条。经过反复、细致、深入的修改，章程草案内容表述更加准确、行文逻辑更加顺畅、办学自主权更加清晰，不断趋于成熟。《北京科技大学章程》经由学校教代会讨论，校长办公会、党委常委会审议通过和党委常委会审定，于2014 年 11 月最终成型并已报送教育部核准。

目前，报送教育部的《北京科技大学章程(核准稿)》总计 74 条，由序言和九章共十部分组成。九章内容分别为：总则，办学功能与形式，教职工与学生，管理体制与组织机构，教学科研机构与附属机构，经费、资产、后勤，学校与社会，学校标识，附则。

作为学校历史上首次制定章程，这项工作尽管存在这样那样的不足，但仍然具有里程碑式的意义，对学校来说是非同寻常的大事。学校在章程制定过程中非常注重挖掘内涵、凝练传统、促进改革，努力彰显出“北科特质”。一是将特色办学理念和经验加以制度性固化。例如：章程载明学校历史“可追溯至中国近代史上第一个矿冶学科”，明确了“求实鼎新”的校训精神和“学风严谨、崇尚实践”的优良传统，以及学校的钢铁行业背景、办学定位与发展愿景、人才培养特色等。二是将学校办学自主权加以制度性明确。对外，明确学校与举办者、与社会的关系；对内，梳理完善内部治理结构，坚持党委领导下的校长负责制，坚持教授治学、赋予学术组织相关学术权力，推进民主管理、保障师生权益，鼓励社会参与。三是为学校未来推进依法治校和实施整体改革奠定制度基础。章程注重把握好理想与现实、守成与创新之间的辩证关系，既考虑到与已有制度的对接、充分确立章程在学校制度体系中的龙头地位，又对未来推进改革提供依据、留出空间，体现出必要的导向性。

---

**记者：**您刚才提到，大学章程将学校的办学自主权加以制度性明确。您如何看待办学自主权与依法治校两者之间的关系？

---

**张欣欣：**落实和扩大学校办学自主权、大力推进依法治校，是《纲要》中提到的

两项重要任务。制定大学章程如同一条纽带，使这两项工作得以直接联系起来。

对于落实办学自主权、推进依法治校，其中既包括政府、教育行政管理部门的责任，例如推进政校分开、管办分离、减少和规范对学校的行政审批事项、加强教育立法、依法行政等，也包括高校自身需要开展的各项工作和注意的事项。这里主要谈谈从高校的视角来看，应该如何处理好办学自主权与依法治校之间的关系。

一方面，是高校应该充分利用好现有的自主权。对于大学享有的自主权，《中华人民共和国高等教育法》有明确的规定，《纲要》又作了重申，是“七个自主”。从目前的情况看，高校办学自主权必将逐步扩大，由政府下放给学校，这是一个大的趋势。但下放的过程一定是相对平稳和缓慢的。对于高校，当前考虑的首要任务，不应该是如何“要权”，而是应该考虑清楚自己究竟有哪些权，怎样用好这些自主权。我看到有一部分高校搞改革，考虑的不是如何练好内功，而多是搞些外延式的扩张。这样就背离了高校内涵式发展的道路，即使争取到了更多的办学自主权，也驾驭不了，后果是不堪设想的。

另一方面，是高校要通过依法治校提高办学水平和质量，对所享有的自主权做好保障。自主与约束是高校办学的一对辩证统一关系。从世界一流大学的建设经验来看，建立现代大学制度、实施依法治校，对于提高办学水平和质量是非常重要的一个途径。高校推进依法治校，相当于有了“自律”的约束机制，也就会对应该如何“自主”形成更加清晰的认识。因此可以说，实施依法治校既是高校现有办学自主权的充分保障，也是为未来扩大和运用好办学自主权的制度基础。

---

**记者：**党的十八届三中全会提出要深化教育领域综合改革，当前各高校也在不断推出改革举措。您认为高校应如何处理依法治校与深化改革两者之间的关系？

---

**张欣欣：**党的十八届三中全会，作出了全面深化改革的重大战略部署，将深化教育领域综合改革作为一项重要任务来抓。而十八届四中全会，又为高校送来了“法治”这一理论与实践的双重法宝。从2014年开始，包括北京科技大学在内的很多高校都在开始谋划改革举措、推进依法治校。可以这样认为，党和国家为新形势下高校抓住机遇、赶超世界一流、实现跨越式发展，提供了强大的理论和政策支持。

从高校的视角来看，依法治校与深化改革两者不是孤立的。首先，二者统一于高校实现建设高等教育强国的梦想之中。国运兴衰，系于教育。教育是民族振兴、社会进步的基石，而高等教育承载着培养高级专业人才、促进社会主义现代化建设的重大任务。办有特色、高水平、人民满意的大学，既是高校自身发展的美好愿景，也是实现高等教育强国梦、实现“两个一百年”目标的内生动力之一。为实现这一目标，依法治校与深化改革如同车之两轮、鸟之两翼，两者协调促进。

其次，深化改革是依法治校和大学建设的推进器。当前，我国的高等教育正处在转型期。高校深化内部改革，既是完善内部治理体系的有效途径，也是适应外部社会发展环境的明智之举。只有通过深化改革，高校才能坚决破除原有各方面体制机制的弊端，为依法治校营造公平公正的环境，以最为快速和有效的方式开拓未来发展的广阔前景。

再次，依法治校是深化改革和大学发展的安全阀。“法者，治之端也。”以法为据，建设以大学章程为统领的现代大学制度体系，使依法治国的重大战略和中国特色社会主义法治体系在学校落脚生根，为高校推进改革、实现可持续发展上了“双保险”。实施依法治校，无疑成为高校由“管理”向“治理”转变，实现运行“升级版”的最佳选择。

《纲要》指出：“提高质量是高等教育发展的核心任务。”因此，无论采取怎样的方式，高校都应以提高质量为目标，走内涵式发展的必由之路。学校也将与全国的高校一道，坚持依法治校，深化内部改革，共同努力奋斗。

## 微访谈

记者：您的兴趣爱好是？您的业余生活如何安排？

张欣欣：看电影，读书，散步。

记者：对您做人处世影响最大的一句话是？

张欣欣：知足常乐。

记者：您认为成功的奥妙是什么？

张欣欣：勤奋。

记者：对您启发最大的一句教育名言是？

张欣欣：做人，做事，做学问。

记者：您心目中好学生的标准是？

张欣欣：勤奋好学，具有批评精神。

记者：您心目中最理想的校园是什么样的？

张欣欣：宁静，有文化。

# 高校党委要当好教育综合改革的“定盘星”
## ——中国石油大学(北京)党委书记蒋庆哲谈深化教育综合改革

◎ 李丽平　刘志庆

蒋庆哲，山东鱼台人，中共党员，教授。1978年考入华东石油学院炼制系化学专业学习，工学博士。曾先后担任中国石油大学(北京)团委书记、学工部部长、化工学部主任、党委副书记，2005年6月起任中国石油大学(北京)党委书记，长期从事炼油化工工艺优化、清洁燃料技术的研究，在国内外学术期刊上发表论文90余篇，获得授权发明专利3项，出版专著3部。

党的十八届三中全会对进一步深化高等教育领域综合改革提出了明确要求。如何把蓝图步步变为现实，增进大学办学定位对国家和区域经济社会发展需求的适应度，加强领导精力、师资力量、资源配置等对人才培养的保障度，提升办学质量与效益对现代化建设的贡献度，提高广大学生、家长、社会对人才培养质量的满意度，是摆在高校面前的一道必答题。作为新中国第一所石油高等院校及全国石油石化学科领域的领军高校，中国石油大学(北京)将如何破解深化高等教育综合改革这道难题，确保改革顺利推进、取得实效、实现目标？记者日前专访了学校党委书记蒋庆哲教授。

---

**记者：** 中国石油大学(北京)是一所石油石化学科优势突出的行业性高校，学校当前以及今后一个时期的发展路线图是怎样的？下一步深化教育综合改革又将如何“排兵布阵”？

---

本文刊发于《北京教育》高教版2015年第4期

**蒋庆哲：**大学的发展，与时代同步，与国家发展要求同频，同时更有自身的发展规律和前进节奏。教育综合改革要在“四个比度”上契合国家、社会、人民群众特别是学生的需求，即办学定位对国家和区域经济社会发展需求的适应度；领导精力、师资力量、资源配置等对人才培养的保障度；办学质量和效益对现代化建设的贡献度；学生、家长、社会对人才培养质量的满意度。不断改革现实中存在的诸多“不相适应”，是高校的使命，是学校的中心工作。

进入21世纪以来，学校紧紧围绕“建设石油石化学科领域世界一流研究型大学”的奋斗目标，精心谋划和推动教育教学改革，在人才培养、科学研究、社会服务和文化传承创新等方面形成了鲜明的特色，为学校发展注入了持续的活力和动力。

当前，我国正处在加快转变经济发展方式、推动产业转型升级的关键时期，迫切需要依靠创新驱动为未来发展开辟新空间；与此同时，重视能源安全、资源节约和环境保护，已成为全社会的共识，新能源、非常规能源、可替代能源和清洁能源研究越来越受到重视。可以说，当前和未来一个时期，是学校重要的发展机遇期，是能否实现创新超越、再上台阶的关键阶段。

2011年末，学校召开了第十次党代会，进一步明确了发展目标，提出要坚持内涵发展、创新发展、开放发展、和谐发展，到2020年，把学校建成以工为主、多学科协调发展、石油石化学科领域世界一流的研究型大学，成为世界石油石化学科领域高层次人才汇聚、优秀人才培养和高水平科学研究的重要基地，成为学术交流和文化传承创新的重要基地，成为中国石油石化工业留学生教育和人才培训的重要基地。

要实现以上目标，深化改革是必由之路。学校于2014年全面启动了教育教学综合改革，以立德树人为根本，以提高质量为核心，以制约学校发展和师生发展的问题为导向，以体制机制改革为着力点，针对学校发展道路上的“路障”下功夫、动真格，深化学校内部管理制度、人事管理制度、教学管理制度、学术管理制度等方面的改革，把提高教育教学质量真正落到实处。

具体来说，主要包括以下几个方面：

在人事管理制度改革方面，始终把建设一流师资队伍作为创建石油石化学科领域世界一流研究型大学的主攻方向，以多元的用人机制、灵活的用人制度为核心，进一步完善人才发展体系建设；完善并推进师资队伍的岗位分类管理改革，建立健全分类考核评价标准和晋升制度，探索和实施师资队伍的遴选、培养、流动和退出机制；加快推进薪酬制度改革，完善收入分配机制；推进管理队伍的职员制改革，逐步建设一支教育管理专家队伍和一支素质精良、业务精湛、较为稳定的教育行政管理人才队伍。

在人才培养机制改革方面，始终把人才培养作为学校的根本使命，让人才培养成为教师的首要职责；进一步深化本科人才培养模式改革，建设与学校发展目标定位相适应的研究生培养架构，构建拔尖创新人才和卓越工程技术人才的培养体系，强化人才培养特色，确保人才培养质量，不断增强所培养人才的竞争力。

在科研体制改革方面，面向国家重大需求，加快构建以石油石化为特色的学科布局体系；拓宽学科领域、促进学科交叉，加强非常规油气资源、新能源、海洋油气资源与油气工程等新兴交叉学科的建设；深化学术考核评价体系改革，建立健全各学院（部）、研究院的综合指标考核体系。

在现代大学制度建设方面，结合学校章程的制定，积极探索行政权力与学术权力的协调机制，充分发挥学术委员会在人才培养、学科建设、学术评价中的作用；要进一步深化校内管理体制改革，明确学校、学院（部）、研究院的责权利关系，理顺管理与服务部门的组织架构，推进管理重心下移，构建适应学校发展的现代大学制度。

在党建与校园文化建设工作方面，把“立德树人”作为人才培养的根本任务，着力培育和践行社会主义核心价值观；大力加强党的思想建设和组织建设，不断提高干部队伍的整体素质和能力水平；进一步弘扬学校“实事求是，艰苦奋斗”的校风和“厚积薄发，开物成务”的校训，加强师德师风和职业道德教育，努力营造风清气正的办学环境，建设内涵丰富、特色鲜明的文化环境。

---

**记者：**如您所说，学校2014年已全面启动了教育教学综合改革，为什么如此突出“教学改革”？相关工作进展如何？

---

**蒋庆哲：**大学的第一要义是培养人才，根本任务是立德树人。可以说，人才培养质量是大学办学水平最核心的竞争力指标，是学校实力的综合体现。一个大学生走出校门后，是否拥有了正确的世界观、人生观、价值观，是否形成了健全的人格、良好的品格，是否具备了承担社会责任、工作责任、家庭责任的本领，与大学教育质量密切相关。

我认为，大学的教育教学不仅仅是一项具体工作、具体任务，更肩负着神圣的使命，承载着社会期盼、大学的价值追求和精神理想。我们培养的学生不应该只是能够完成作业、通过考试、找到工作，更重要的是，我们要培养全面发展的人，特别是要赋予学生宽广的视野、纯洁的心灵、优雅的气质、高贵的品格。

学校一直以来坚持“质量立校、人才强校、特色兴校”，把提升质量、培育特色的理念贯穿于人才培养的全过程，较好地满足了学生成长成才的实际需要，为国家经济建设特别是石油石化行业培养了大批优秀专门人才，彰显了学校的历史使命与责任担当。同时，我们也清醒地认识到，学校在创新人才培养方面，与建设高水平大学的目标要求，与广大师生员工的期盼还有一定差距，教学的中心地位还需进一步巩固，对教学的投入还需进一步增强。为此，我们从着力提高学生的专业水平、创新能力、实践本领和道德素养入手，在“学”与“教”方面提出了一系列改革措施，党委出台了《关于全面提高本科教育质量的若干意见》和《关于深化研究生教育综合改革的若干意见》，目前正在有序推进。

培养模式上，学校将在继续深化“创新计划实验班”“卓越工程师教育培养计划”、辅修双学位制、大类培养等改革的同时，进一步完善学分制、转专业制和导师制，探索在教师指导下学生自主选专业、选课程等自主学习模式。课程体系上，开展本硕博贯通的课程体系改革试点，开展本硕博一体化建设，高年级本科生可以选修硕士生课程。教学模式上，开展人才培养特区的试点工作，不断提高小班教学课程的比例，提高全英文授课课程的数量和质量，逐步实现试点专业或学科的全英文授课，强化启发式教学、研讨式教学，增强课程的兴趣度、挑战度和师生的互动性。科研创新能力培养方面，支持本科生参与科研活动，早进课题组、早进实验室、早进团队，加大各级科研重点实验室和校级实验平台向本科生开放的力度。研究生培养方面，着力建设与学校发展目标定位相适应的研究生培养架构，强化并完善拔尖创新型学术人才、高层次应用型专业型人才和多样式的国际型人才的研究生培养体系。国际化人才培养方面，不断提升人才培养的国际化程度，探索并试点海外研修计划，积极探索国际合作培养与联合授予学位的方式，并在石油石化等主干专业和学科开展试点工作。经费投入和分配上，不断加大人才培养的投入力度，探索并建立科学合理的教学资源分配机制，人才培养经费的分配方式逐步转变为与人才培养的工作当量和人才培养质量挂钩的模式。这就需要我们在体制机制上设计有利于学生成长成才的路径。

对于学生发展，我们要勇于探索搭建人才成长的“快车道”。形象地说，就是让好学生可以快跑，本科生可以提前选修研究生的课程。有了“快车道”还不够，还要有“慢车道”和“缓冲带”，让部分学生，如希望在上学期间出去创业的学生，可以在“慢车道”上略作休息，创业一段时间后还可以再回来学习。

教师是人才培养的另一个重要因素。今后，要进一步完善教学质量责任制，加强教风学风建设，完善教学考核与激励制度。在职称评定和岗位聘任中，加大对教师本科教学质量的考核比重，在教师工作量中明确对教师参加本科教学建设与改革工作量的基本要求。

2015 年伊始，学校出台了《中国石油大学（北京）关于提高本科教育质量的十项措施》，激励院部和广大教师全方位投入本科教学，被师生们称为“本科教学十条”。“本科教学十条”以学生为中心，着力强化课堂教学、课程优化、培养体系建设等本科教育的重要环节。其中，将“每年独立为本科生讲授一门课程，或授课时数不少于 32 学时”作为教授、副教授岗位考核合格的必要条件，晋升教学岗教授必须是校级品牌课教师，每年以教学效果为主要依据评选十名“教学效果卓越奖”教师，院部收入（不含学校下拨的行政经费）中用于本科教学的经费不得少于20％，建立大学四年以及毕业后学生学习状况全过程跟踪评价体系等一系列措施且都以前所未有的“硬度”“力度”和“强度”跟进，体现了学校要啃下不断提升教学质量，满足学生成长成才需求这块“硬骨头”的强大决心。

同时，学校进一步完善了人才发展体系建设。探索师资队伍岗位的分类管理，积极推进聘用制改革。增量教师采用“2＋4”聘期考核方式，部分岗位采用非事业编制人员聘用方式。突出岗位职责导向，健全绩效评价机制，逐步实现聘任条件与聘期考核紧密衔接，探索建立“非升即走”“非升即转”的考核聘用机制，促进学校人力资源的科学配置、高效使用和有序流动。完善薪酬分配体系，建立以激励为导向、与人员分类管理、多元化合同管理相适应的薪酬分配体系，将薪酬水平与工作业绩、考核结果相结合，推进绩效工资改革，全面激发队伍活力。

---

**记者：**建设中国特色现代大学制度，更好地实现科学管理和依法治理，既是教育综合改革的重要内容，也是改革顺利进行的制度保障。对此，学校将着重在哪些方面开展工作？

---

**蒋庆哲：**高校要实现自主管理的良性运转，必须不断完善内部治理结构，真正建立自我定位、自我发展、自我约束的中国特色的现代大学制度。

一是要执行好党委领导下的校长负责制。党委领导下的校长负责制是党对高校领导的根本制度，是高校坚持社会主义办学方向的重要保证。在运行中，党委要发挥好学校改革发展稳定中的领导核心作用，重在谋划和决策。党建工作的科学化水平是党委作用发挥的重要保证，要以基层党组织建设为抓手，不断加强党建工作，进一步发挥基层党组织在教书育人、教风学风、学生成长等方面的表率作用。干部队伍是治校理教队伍的重要组成，要进一步深化干部选拔任用制度改革，坚持干部任期制度，加大干部的交流任职力度，探索建立干部分流机制，优化干部队伍的年龄结构，建设高素质党务干部队伍。

二是依法治校。推进依法治校，对高校而言，其中一个重要抓手就是大学章程。大学章程是现代大学制度的集中体现，是规范高校办学自主权的“笼子”。2014年学校党委审议通过了《中国石油大学（北京）章程》，并报教育部核准。学校将依据核准后的大学章程逐步梳理校内各项规章制度，不断规范行政决策与议事程序，积极推进依法自主办学的落实。

三是教授治学。2014年我们印发了《中国石油大学（北京）学术委员会章程》，进一步规范了学术委员会的职责、组成和运行规则，尊重并支持学术委员会独立行使职权，建立科学的学术决策机制，确保学术权力与行政权力的分离，充分发挥学术委员会在人才培养、学科建设、学术评价中的作用。

四是民主管理。要健全党内民主决策和监督机制、党员利益诉求机制、积极推进党务公开，保证党员的知情权、参与权和监督权；发挥教代会、工会监督作用；积极推进校务公开、信息公开，保证教职工对学校事务的知情权、参与权和监督权。在党风廉政建设方面，要加大监督监察力度，将公开作为最好的监督方式。

---

**记者：**本次高等教育综合改革针对的是诸多“根深蒂固”的“老大难”问题。要破解这些难题，啃下这些“硬骨头”，您认为学校党委应该着力在哪些方面发挥领导核心作用？

---

**蒋庆哲：**党委是学校的领导核心，要抓大事，谋全局；抓班子，带队伍；抓改革，促发展；抓稳定，促和谐。学校党委的领导核心作用突出表现在对学校办学定位、发展思路、发展规划的把握上，一切工作要紧紧围绕服务大局和促进学校事业科学发展的主题来开展，要围绕立德树人的根本任务来推进，要围绕培养什么样的人、如何培养人的根本问题来展开。

学校事业发展的成就是在党的领导下不断取得的，加强党的建设工作，是推动学校改革发展稳定的根本保证。抓党建就是抓发展，抓发展必须抓党建。正如你所言，教育综合改革既是深层次的变革，更体现综合性的特征，涉及的诸多方面都是多年未决的“老大难”“硬骨头”。党委要做改革的“定盘星”，要凝聚力量，广泛动员，确保改革沿着正确的方向、正确的道路顺利推进。

首要是转变发展观念，理念先行，统一认识。科学的理念决定着谋略和政策的制定，决定着改革通向正确的方向，产生最强大的推动力。什么是好的大学？如何评判教师是否合格、是否优秀？这些问题要讨论透彻、认识清楚。学校第十次党代会提出的办学理念，这是改革的思想基础，只有成为广大师生的共识，才能内化到改革的具体行动中。

核心是把握问题导向。改革由问题倒逼产生，又在不断解决问题中得以深化推进。要明确哪些是学校科学发展的阻力和障碍，哪些是师生员工关心的热点、难点问题，解决这些问题，既是实行改革的必要性体现，也是改革能够顺利推行并取得成效的根本保证和必要前提。

基础是赢得群众支持。自上而下的改革一定要有强大的群众基础，改革一定要契合群众的关注，回应群众的关切，做到“上下联动、全员参与”，充分调动广大教师、管理服务人员和全体学生主动参与教育教学综合改革的积极性和创造性，使他们真正成为教育教学综合改革的动力和源泉。

重点是推动协同办学。要集聚各种资源支持学校办学，特别是建立和完善政产学研联合培养人才的机制，充分利用社会资源，与地方政府、科研院所、行业企业等强强联合、优势互补。2014年，教育部与中国石油天然气集团公司、中国石油化工集团公司、中国海洋石油总公司、神华集团有限责任公司、陕西延长石油（集团）有限责任公司等五大能源企业集团公司正式签署共建中国石油大学协议，下一步要落实好协议，进一步深化政产学研合作办学。

关键是动员师生迎难而上。教育教学中的问题，固然有其难攻、难破的客观原因和现实阻碍，但决不能因此而畏缩不前。办法总比问题多，只要找准原因，就能破解问题。要进一步调动教师、管理人员、服务人员积极性，增强使命感、责任感，齐心协力促进教育教学质量的提高。

## 微访谈

记者：您的兴趣爱好是？您的业余生活如何安排？

蒋庆哲：观看体育比赛，读书。

记者：您了解教师、学生生活和困惑的渠道和方式是？

蒋庆哲：每天中午与学生和教师一起在食堂就餐。

记者：对您做人处世影响最大的一句话是？

蒋庆哲：己所不欲，勿施于人。

记者：在您的办学理念形成过程中，对您影响最深的几本书？

蒋庆哲：《论语》《源创新》等。

记者：对您启发最大的一句教育名言是？

蒋庆哲：因材施教，有教无类。

记者：您最崇敬的教育大家是？

蒋庆哲：孔子。

记者：您心目中好学生的标准是？

蒋庆哲：阳光、进取、勤奋。

记者：您认为什么样的教师是好教师？

蒋庆哲：为人师表，治学严谨。

记者：您经常说的一句话是？

蒋庆哲：别抱怨。

# 强化内涵建设　推动转型发展

## ——北京信息科技大学校长柳贡慧访谈录

◎ 赵爱玲　杨　静

柳贡慧，1963年10月出生，博士，教授，博士生导师。曾任中国石油大学(北京)党委副书记、副校长，北京联合大学校长，现任北京信息科技大学校长。兼任《石油科技》(英文版)、《石油学报》等编委；主要研究领域为井下过程控制、气体循环钻井、井下信号采集与处理等，气体循环钻井技术发明者。发表相关学术论文50余篇。

当前，深化高等教育综合改革的一项重要任务就是通过转变发展方式，着力解决高等教育的规模、结构、质量、效益不够协调的问题，促进高等教育更好地适应经济社会发展的需要。北京信息科技大学作为一所新合并的市属大学，如何在清晰把握发展挑战与机遇的基础上，稳步推进学校从教学型大学向教学研究型大学转变，深入推进学校的综合改革？记者就此专访了学校校长柳贡慧。

---

**记者：**当今国际和国内高等教育发展迅速，北京信息科技大学作为一所新合并的市属高校，面临着怎样的形势与外部发展条件？

---

**柳贡慧：**世界高等教育近几十年来发生了巨大变化。这种变化主要有三个突出特点：一是高等教育从精英教育转向大众教育。截至2011年，欧美国家的高等教育毛入学率达到77%，中东欧和拉美加勒比海地区超过40%，中亚阿拉伯地区和太平洋地区的高等教育毛入学率也超过20%，中国在2014年接近34.5%。二是教育国际化趋势不可逆转。教育国际化程度已经成为衡量一所高校发展程度

---

本文刊发于《北京教育》高教版2015年第6期

的重要指标，一所高校的教育国际化程度，不仅仅是有多少教师在国外接受过教育，有多少学生来自于其他国家和地区，更重要的是其教师，或者员工在国际教育组织机构的活跃程度。在这个指标上，中国高校落后于欧美国家高校，甚至落后于印度高校。三是人才培养导向越来越以市场需求和就业为主。高校早已走出象牙塔，越来越强调与社会、企业的合作。

随着中国经济的崛起，中国高等教育规模也迅速扩大，从全国高等教育发展来看，截至 2014 年 7 月，我国拥有高校数量为 2 542 所，包括 2 246 所普通高校（含 444 所民办高校）和 296 所成人高校，各类高等教育招生的总数为 780 多万。本科教育中，从大学排行榜来看，北京信息科技大学处在 350 位左右，居全国本科高校的中游水平。排在学校之后的基本属于“新建本科高校”，也就是改革开放之后建立的或者新升入本科层次的高校，这也和学校的办学历史吻合。整体来看，历经 20 世纪 90 年代末的高校调整合并、扩招及 21 世纪初的“升格”浪潮之后，我国高等教育树个牌子就能招生、起个名字就能征地的“大发展”时代已经过去，而是渐趋平稳发展。这也决定了今后高校的发展必须更加重视内涵建设，更加注重核心竞争力的提升、生源质量的提高和就业市场的拓展。

作为首都和国家的政治、文化、科技创新中心与国际交往中心，北京地区共有各类高校 86 所，部属高校 37 所，市属高校本科层次 23 所，高职、高专层次 26 所。这样一个整体格局，从发展程度上可以分成三个梯队，清华大学、北京大学为第一梯队；其余的“985 工程”“211 工程”高校为第二梯队；北京市属高校为第三梯队。第三梯队中又可以划分为三个层次：一是北京工业大学、首都师范大学、首都经贸大学、首都医科大学等（拥有博士授予权，大学排行榜前 150 名）；二是北京工商大学、北京建筑大学、北方工业大学、北京信息科技大学等（无博士授予权，大学排行榜 350 名以前）；三是高职院校。艺术类院校，这里不作比较，因为这些院校不仅仅是全国一流，某些方面甚至是世界一流。

---

**记者：**如上所述，北京信息科技大学在中国、北京所处的位置决定了其发展的机遇与挑战并存，学校是如何抓住机遇、迎接挑战的？

---

**柳贡慧：**当前，我国正处在加快转变经济发展方式、推动产业转型升级的关键时期。为经济转型升级提供高层次人才和高水平科研的支撑，是大学最重要的历史使命和战略任务。加快建设高水平大学、加快经济转型升级，这两个“加快”必须是同步的、是互为支撑的、是相互促进的，这是由经济社会发展的规律所决定的。

北京信息科技大学是由原北京机械工业学院和北京信息工程学院合并组建，以工、管为主体，理、经、文、法多学科协调发展，以培养高素质应用型人才为主、北京市重点支持建设的全日制普通高校。学校秉承“勤以为学，信以立身”的校训，明确发展目标和办学定位，传承办学优势与特色，紧紧依靠广大师生员工，抓建设、促改革、谋发展，内涵建设与外延发展等各项事业取得显著成效。面向未来，学校正朝着“在电子信息、现代制造与光机电一体化、知识管理与技术经济等领域的优势与特色更加突出，综合办学实力稳居北京市属高校前列，并早日达到国内同类高校的一流水平”的目标迈进。

2014 年 4 月召开的学校第二次党代会进一步明确了学校中长期发展目标，即从教学型大学向教学研究型大学转变，办学实力稳居北京市属高校前列，达到全国同类高校一流水平。这一发展方向在当前高等教育发展环境下无疑是客观的，但我们必须以客观数据分析描述学校现状、清晰定位，来明确当下的发展举措和路径。我们设想的基本发展进程是：第一步用 3 至 5 年的时间，争取发展为市属高校第二层次的排头兵，进而进入市属高校第一层次；第二步再用 5 至 10 年左右的时间，争取达到市属高校第一层次的中游水平。

---

**记者**：*您认为当前学校发展主要存在哪些瓶颈，将如何突破？*

---

**柳贡慧**：从当前的发展环境来看，制约学校加快发展、实现转型的有有形的与无形的两大瓶颈：有形瓶颈主要表现为办学层次不高，办学资源不足，生均行政用房、教学用房、占地面积和宿舍严重不足。无形瓶颈主要表现为：一是办学理念不够明晰。为什么要办这所大学，把这所大学办成什么样的大学，怎样办这所大学，在全国和首都高等教育格局中，我们究竟处于什么样的位置等，都还需要进一步地明晰。二是大学文化不成熟。从改革开放算起，学校只有 30 多年的历史，即使算上解放前也不过 80 年，又历经多次合并调整，大学文化积淀不深。这两个发展瓶颈也相应地决定了学校在相当长的时间内，要实现办学层次的超越困难很大，从一所硕士学位授予权的高校跃升到博士学位授予权的高校，短时间内希望不太大。但我们可以在本层次中做得更好。我们要正确认识学校所处的发展阶段和发展程度，明确发展目标和发展定位，找准发展中存在的困难和瓶颈，制定科学的政策制度，提出切实可行的发展措施，调动师生员工的积极性，解放和提高教师和学生的“生产力”。

一个成熟的大学文化要有理念及价值观、制度与政策、具体策略和措施三个层次。校园文化建设要有抓手，我们将继续致力于勤信文化建设，主要通过制度建设来保证文化建设，引导师生自觉践行社会主义核心价值观，弘扬勤信精神，营造民主、法治、公平、和谐的校园环境氛围，为各类学生提供优质教育，为师生员工创造和谐生活，为社会大众奉献出色服务。

---

**记者：**下一步，将采取哪些具体措施来推动学校由教学型向教学研究型大学的转型发展呢？

---

**柳贡慧：**一是改革内部治理结构。要实现工作重心下移，管理权力下移。学校将人权、财权、物权下放，给学院更多的办学自主权。2015 年，学校将选择光电学院、通信学院、计算机学院、政教学院作为改革试点。要完善服务支撑、实行目标管理。在这方面学校的任务是为学院发展提供完善的服务，同时对学院及学校各部门实行目标管理，对实现或超额实现目标的要有奖励措施。要加强过程监控、探索绩效考评。高校不能片面看重经济效益，但必须强调社会效益。所以放权不是放任，学院的自主权必须在规范的范围内适用，不能滥用，学校将加强监控、调节，要把绩效引入管理。

二是推动提升人才培养质量。第一，要提高生源质量。生源质量在很大程度上是高校人才培养质量的保障，也是学校社会声誉的体现。学校将继续扩大"一本"招生比例，从源头上提高生源质量。2014 年，学校在全国 29 个省(自治区、直辖市)招生 2 730 人，一本线(含)以上的 1 821 人，占全体新生比例的 66.7%；2012 年起在京外扩大"一本"招生，目前已至 21 个省实现"一本"招生，文理科全部专业进入一批招生的省份由 2013 年的 2 个省增加到 7 个省，理科全部专业进入一批招生的省份由 2013 年的 5 个省增加到 10 个省。第二，要突出专业建设特色和水平。专业建设的水平决定着人才培养的质量和办学水平。学校将进一步整合资源，优化结构，积极引入行业认证和社会评价标准，推动专业评估，突出专业建设品牌与特色，探索建立专业预警与退出机制，目前已完成机械设计制造及其自动化、车辆工程、测控技术与仪器、自动化、通信工程、电子信息工程和计算机科学等 7 个专业的校内评估工作，其中，测控技术与仪器专业已通过教育部专业认证。第三，要在着力提升学生继续学习能力上下功夫。大学应该教给学生什么？学生毕业时应该拥有什么？我想，不应该仅仅在于他们学习了多少知识，而在于他们在大学期间养成的人生观、价值观，获得的专业认知视野和继续学习的能力。要利用北京地区优质高等教育资源集中的优势，进一步推行学生短期访学计划；要在应届毕业生中继续免费举办"考研"辅导班，提升"考研率"；要进一步提升国际化水平，从 2015 年开始，学校每年将拿出 200 万元资助优秀学生海外留学，进行短期海外学习;要在有条件的学院实行大类招生,制定新的转专业管理办法,对部分课程实行考教分离,更好地激发学生的学习积极性和自主性;改革实验教学模式,探索建立"三模拟"实验教学方式,即模拟工厂、模拟企业、模拟公司,让实验教学的内容及方式与社会实际更好接轨等。第四,要着力提升学生就业质量,改善学生就业情况。学生就业不能光拿就业率说事,更要看就业质量如何。就业率高不代表就业质量好。学校将根据不同学生群体来确定人才培养模式,进一步调整优化专业布局,统筹谋划就业,全面提升学生就业竞争力和就业质量。

三是大力加强学科建设和科学研究。加强学科建设和科学研究是提升高校综合实力的主要途径,也是推动学校向教学研究型大学转型的重要条件和基础。学校的科研基础比较扎实。但是截至目前,学科特色不是非常清晰,还没有能达到国家级水准的学科,学校还没有国家级的科研平台,没有博士点。这些制约了高水平团队建设和高层次人才的引进,也制约了我们人才培养层次的提升。这些都是我们要努力的方向。要进一步凝练学科方向,突出学科特色。当前至未来,学校将重点建设机械工程、计算机、光电、管理科学与工程、控制工程、通信工程等6个引领学科,并会在6个引领学科中重点选择支持几个学科快速发展。要进一步整合学校科研优势领域,特别是要在军工科研领域加大整合力量。学校已经成立了国防科技研究院,统筹学校的军工科研,形成整体优势和特色。要支持有积极性、有条件的学科和单位加快发展,在科研平台层次建设上力争有突破,争取建设成国家级重点实验室或工程技术中心。要加快科技成果转化平台和产业技术研究院的建设,推动学校科学研究成果向现实生产力转化。

四是加强人才队伍建设。人才强校是学校发展的基本战略。"十二五"规划期间,学校新增"双聘"院士1名、"长城学者"计划入选2名、北京市教学名师4名、国家"百千万"人才工程1名、北京市海外高层次人才1人、教育部科技创新团队1个、市级及以上教学团队或科技创新团队8个。学校未来发展的好坏,关键就看学校现在对30岁～40岁的年轻人如何培养。"十三五"期间,每个学院、每个学科都要制定青年人才培养计划;校内教学、科研立项向青年教师倾斜,为青年教师创造更多的学习、进修、提升机会,畅通破格晋升职称渠道等。

五是进一步提升社会服务能力。学校未来发展必须紧紧围绕找准并契合北京城市发展切入点问题展开。第一,学校将建设智慧城市发展中心,以满足社会发展对智慧城市建设、管理、运营所需的人才、科研、咨询、服务等方面的需求;第二,将与中关村科技园合作,申请科委支持建立页岩气信息服务平台建设;第三,将与昌平区、国奥集团合作成立智慧城市产业中心,寻求政府、企业、高校合作的新模式、新突破;第四,将与北戴河新区合作,借京津冀一体化发展的东风,将学校的区位、学科、科研、人才等优势与北戴河新区的独特资源、投资环境、产业规划密切结合，寻找新的发展增长点。

## 微访谈

记者：您的兴趣爱好是？您的业余生活如何安排？

柳贡慧：没有什么特别爱好，几乎没有什么业余时间，8小时之外的时间都用来指导研究生和开展学术工作了。

记者：您了解教师、学生生活和困惑的渠道和方式是？

柳贡慧：基层调研；很多时候是非正式场合，利用一些机会与教师、学生交流；还有一些信息来源渠道是其他领导或职能部门的负责同志。

记者：对您为人处世影响最大的一句话是？

柳贡慧：诚信、孝顺。

记者：您心目中好学生的标准是？

柳贡慧：诚信、感恩、勇敢、创新意识强。

记者：您认为什么样的教师是好教师？

柳贡慧：关心学生，热爱事业，行为世范。

记者：您经常说的一句话是？

柳贡慧：开短会，做实事。

# 让法治成为办学治校的基本方式

## ——北京交通大学校长宁滨谈依法治校

◎ 张立学　张安梅

宁滨，1959 年 5 月生，北京交通大学校长，教授、博士生导师，享受国务院政府特殊津贴。第十二届詹天佑铁道科学技术奖大奖获得者、国家“百千万人才”工程入选者。IEEE Fellow、国际铁路信号工程师协会(IRSE)及英国工程技术学会(IET)Fellow，担任 IEEE 智能交通系统学会铁路委员会主席和中国城市轨道交通协会副会长。获国家发明专利授权 6 项、发表论文 80 余篇、出版专著 2 部，“基于通信的城轨列车运行控制系统关键技术及其应用”获 2012 年国家科技进步二等奖(排名第 1)。

**记者：**请您谈谈对依法治校的理解，从目前来看，您认为高校依法治校应该从哪些方面推进?

**宁滨：**党的十八届四中全会明确提出依法治国的战略目标，强调将法治作为治国理政的基本方略。就个人理解而言，我认为依法治校是指高校在内部管理和教育教学活动中要遵守国家法律法规，要把法治理念和法治方式作为大学内部事务处理的主要依据，使法治精神彰显于高校办学的方方面面，让法治成为高校办学治校的基本方式。全面推进依法治校既是依法治国系统工程的重要组成部分，是高等教育发展规律的内在要求，也是高校各项事业可持续发展的必要保障。

从国内外高等教育发展实践来看，现代大学制度的一个重要标志是不断扩大办学自主权，用法治的科学化、理性化和有序化取代人治的随意性、不规范性和不

本文刊发于《北京教育》高教版 2015 年第 10 期

稳定性，逐步理顺内部治理结构，推进大学治理现代化进程。依法治校作为建设民主管理、科学决策、学术自由的现代大学制度的基本方式，是高等教育内在规律和时代发展的必然趋势。从现实需要来看，一方面，随着我国高等教育的快速发展，高校内部管理工作越来越复杂，不同群体之间的纠纷越来越突出，迫切需要运用法治思维和方式协调利益关系，有效预防和处理矛盾；另一方面，由于受到历史和各种现实因素的制约，内部管理制度不健全、法治意识和能力不足的情况在高校都有不同程度的体现，影响和制约着高校科学有序发展。

依法治校是一项综合性、复杂性、长期性的系统工程，需要全方位、多层次、多领域持续推进，也需要高校、政府部门和社会大众的共同配合。以北京交通大学为例，我们认为，深入推进依法治校，积极推进现代大学制度建设，要结合形势发展和学校特点，找准着力点和突破口，重点做好以下四个方面的工作：

一是以大学章程为核心加强学校制度体系建设，依法制定实施符合学校实际和具有自身特色的大学章程，形成规范、系统、健全的制度体系，确保高校各项办学活动有法可依、有章可循。

二是坚持党的领导，坚持社会主义办学方向，认真落实党委领导下的校长负责制，运用法治思维和法治方式依民主决策、科学管理、依法办事，不断完善现代大学内部治理结构。

三是充分尊重师生主体地位，充分发挥校内各群体民主监督和参与学校管理的作用，坚持以公平、公正、公开的原则听取师生合理诉求、保障师生合法权益。

四是广泛开展普法宣传教育，提高干部教师依法治校的意识和能力，深入开展学生法治教育，引导养成人人学法、懂法、守法、用法的理念与习惯，营造浓厚的法治文化氛围。

---

**记者：**以大学章程为核心的制度体系是依法治校的基础和依据，您能否介绍一下北京交通大学在这方面的特色和做法？

---

**宁滨：**良法是善治的前提。大学章程之于大学，如同宪法之于国家，是指导和规范高校办学的“根本大法”，也是推进依法治校和现代大学制度建设的前提和基础。从世界一流大学发展的历史与规律来看，大学章程在现代大学制度建设中具有重要作用。

大学章程彰显大学精神、承载大学使命。北京交通大学作为一所行业特色鲜明的百年老校，在长期的办学实践中形成了自己的办学理念、特色和经验。我们希望通过章程的制定、发布和实施，完善“党委领导、校长负责、教授治学、民主管理”的内部治理结构，推动学校治理体系现代化，全面推进学校特色鲜明世界一流大学建设。为此，学校于2013年10月启动章程制定工作，经过调研起草、征求意见、修订完善、审议审定等主要阶段，历时一年多，经由学校教代会、校长办公会、党委全委会审定并报教育部核准，已于2015年6月正式发布、生效。

《北京交通大学章程》作为学校办学历史上的首部章程，既汇聚了学校一百多年的办学经验，又集中了广大师生校友的智慧，概括起来具有以下三个特点：

第一，坚持继承与创新结合。学校在章程制定过程中注重把握好守成与创新、理想与现实的关系。学校既注重挖掘历史传统，系统深入总结学校一百多年的办学经验，又坚持以深化综合改革、增强学校办学自主权为导向，把章程作为学校推进综合改革的纲领性文件，为全面深化综合改革提供法治前提和制度依据。学校既考虑现实，注意与现有制度相衔接，巩固好的办学经验和做法，又考虑长远，为学校未来改革发展留出足够的空间。

第二，坚持约束与自由统一。通过制定章程，一方面，明确了政府、学校和社会在学校治理中的职责及权利义务关系，促进管、办分离，保障高校依法自主办学，努力使大学这一特殊的公共教育机构回归学术本位；另一方面，将学校办学自主权加以制度性明确，确定了学校内部治理结构和组织框架，有助于保障师生员工权益，形成学术自由、管理科学、民主法治的文化氛围，保障依章程自主办学。例如：我们将办学中必须坚持的重要体制机制专设一章，命名为“管理体制和组织机构”，集中明确并细化了学校党委、行政、学术以及民主管理等权力体系的基本职责和运行方式，通过制度安排，着力形成自我管理和自我约束的运行机制。

第三，坚持规范与特色并重。章程制定实施的过程是一个从经验传统到法治的过程，必须重程序、守规矩。学校在章程制定程序上，严格按照教育部31号令相关要求推进；在内容上，认真贯彻落实《中华人民共和国教育法》《中华人民共和国高等教育法》等法律法规和相关文件要求，力求做到每一条款都有法律或政策依据。同时，章程的制定要力戒“千校一面”，学校在一百多年的办学历程中，形成了自己的办学特色。所以，章程在阐述办学历史，明确办学层次、办学规模、学科门类等方面均突出了学校特色，如概括了“保持交通特色，以服务国民经济、社会发展和引领科技进步为己任”的办学理念，明确了“建成特色鲜明世界一流大学”的办学目标等。

在章程制定的同时，学校已经启动了以章程为核心的配套制度体系建设工作，开始对学校既有规章制度进行梳理，制定出了“立改废释”清单，逐步构建起以章程为核心的制度体系，依法治校、照章治理的长效机制正在形成。

**记者：**党委领导下的校长负责制是中国特色大学制度和高校治理结构的核心内容，您认为应该如何完善党委领导下的校长负责制和内部治理结构？

**宁滨：**党委领导下的校长负责制是我国公办大学领导体制长期探索和发展的历史选择，符合我国国情和高等教育发展规律，是中国特色现代大学制度的核心内容，必须毫不动摇地坚持。重点是做好以下三个方面工作：

第一，要明确党委和校长的职责。党委是学校的领导核心，把握学校发展方向，决定学校重大问题，监督重大决议执行，支持校长依法独立负责地行使职权，保证各项任务完成。校长是学校的法定代表人，在党委的领导下，行使高等教育法等规定的各项职权，全面负责教学、科研、行政管理工作。近年来，学校在党委的领导和支持下，校长主持制定并领导实施了《北京交通大学"十二五"事业规划》，学校在人才培养、学科建设、师资队伍、科学研究、社会服务等方面都上了一个新台阶，为学校特色鲜明世界一流大学建设奠定了坚实的基础，这应该说是我们很好地贯彻落实党委领导下的校长负责制的结果。

第二，要规范党委与行政议事决策制度。高校要进一步加强以民主集中制为核心的制度体系建设，着力处理好民主与集中、党委与行政、书记与校长、正职与副职、集体与个人五个方面的关系，坚持用制度管人、管权、管事，将权力关进制度的笼子。近年来，学校不断完善党委常委会、校长办公会的决策程序和议事规则，实行党委常委会、校长办公会重要议题计划。制定重要会议、重大事项决策程序等有关规定，出台精简规范会议活动的措施，制定了《中共北京交通大学委员会常务委员会会议制度实施办法（试行）》《北京交通大学关于党政领导班子落实"三重一大"决策制度的实施办法》等规范性文件制度，不断提高党委和行政科学决策、民主决策、依法决策的水平。

第三，要完善党政协调运行机制。党委领导下的校长负责制作为一个不可分割的有机整体，必须建立健全党委统一领导、党政分工合作、协调运行的工作机制。学校在这方面有良好的传统，历届班子都注重党政沟通协调，做到"一年两务虚，两周一议事"，即每年寒暑假各召开一次班子务虚会，围绕全年重点工作和重点专题进行研讨。每两周的周一上午召开班子碰头会，决定两周的学校工作安排。党政专题会议就重要问题充分酝酿研究，为常委会和校长办公会决策作好准备。在日常工作中，特别是重要事项决策过程中，班子成员牢固树立常委意识，大事多沟通、工作多商量，党政团结协调，形成了全校工作"一盘棋"合力。

**记者**：大学的主体是教师和学生，您认为在依法治校过程中如何使师生的主体地位得到充分体现？

**宁滨**：师生是高校真正的主人，是学校各项事业发展的力量源泉。我们建设法治高校，要树立以人为本的理念，为切实坚持师生的主体地位，把维护保障广大师生员工的合法权益作为落实依法治校的重要环节。在办学实践中，学校在法律制度范围内促进师生有序参与学校治理，加强民主协商和信息公开工作力度，充分尊重和保护教师学生依法享有的知情权、参与权、表达权和监督权。

一是不断加强信息公开和民主监督。我们认真落实党务、校务公开民主管理制度，及时听取师生合理诉求，在为师生排忧解难、化解矛盾方面取得了良好的实效。学校努力推进信息公开常态化，制定完善《北京交通大学校务公开指南》《北京交通大学信息公开保密审查规范及流程》《北京交通大学依申请信息公开方式与程序》等，凡是涉及学校改革发展稳定的重大举措和师生切身利益的重大事项，包括干部选拔任用、职称评审、岗位聘任、学术评价以及各类评优、评先活动等，均在一定范围内多种方式征求意见建议。例如：2014 年，学校通过信息公开专题网站对 740 项信息及时公开，提高过程、结果各环节公开透明度，广泛接受师生员工民主监督。同时，学校不断畅通拓宽师生意见沟通渠道，通过设立校领导接待日、书记校长信箱、教职工网络互动交流平台，以及校领导联系基层、年度实践调研等制度，了解师生思想动态和工作学习生活情况，及时回应师生重大关切，引导和支持师生理性表达诉求、依法维护权益，更好地激发师生参与学校建设发展的积极性、主动性和创造性。

二是促进学术权力与行政权力的相对分离、协调配合。学术自由是大学发展的核心价值，保障学术自由是落实师生主体地位、确保学校办学自主权的重要内容，也是依法治校的必然要求。学校在健全学术评价体系实践中，注重充分发挥学术委员会作为最高学术机构的作用，使其统筹行使学校学术事务的审议、评价和咨询等职权。发挥教师学者在学术政策规范完善、学术评价处理、专业设置等方面的发言权和主导权，把处理学术事务的权力交到更富胜任力的专业教师手中，减少行政权力的不当介入和干预。近年来，学校学术秩序的逐步完善也推动学校的学术氛围更加活跃，学术活动和学术创新成果更加丰富。

三是充分保障师生的合法权益。自觉尊重并维护师生的权利、权益是依法治校的基本要求。在保障学生基本权益方面，学校严格依法实行“阳光招生”，加强自主招生管理，确保招生选拔机制的公平公正、规范透明；加强专业设置、课程安排、教学评价等教育教学过程管理，完善学生综合素质培养与评价体系；建立健全学生学籍学历管理制度，完善校院系各级学生评优、评先的程序规范；坚持资助与教育并重，加强家庭经济困难学生帮扶工作，切实做到条件公开、程序合理，充分保证学生在获取入学资格、使用教育资源、获得教育评价和各类奖励资助方面受到平等对待。

在保障教师依法享有的权利、权益方面，学校不断细化落实教师聘任、职务评聘、进修培训和奖惩考核等方面的制度规范，以 2014 年学校人才工作会召开为契机，全面修订完善评聘工作文件，并将信息知情权落实到每位教师；学校还通过开发人事管理信息系统、编印《人事工作教职工办事指南》等，提升人事服务效率和质量。学校进一步畅通教师参与学校民主管理的渠道，充分发挥学校教职工代表大会和工会在维护教职工利益方面的重要作用，加强二级党组织、工会建设。近年来，围绕教师特别是青年教师关心的职业发展、待遇提升、子女入学等现实问题，通过切实维权、真情关爱不断加大工作力度，采取了一系列接地气、见实效的措施，使学校发展的成果尽量惠及每个人，不断夯实依法治校的群众基础。

---

**记者：**依法治校离不开高校各主体法治精神和法治意识的培育，您觉得应该从哪些方面培育学校法治文化氛围？

---

**宁滨：**法治意识和法治精神是依法治校的内生动力。法律只有被师生员工理解和掌握，才能成为维护自身权益和推进大学治理规范化、法制化、现代化的有力武器。为使法治理念、法治精神深入人心，必须要大力加强校园法治文化建设，让学法、尊法、守法、用法成为全体师生员工的理念追求和自觉行动。为此，学校结合教师、学生和管理服务人员等不同群体的需要和特点，综合打造理念引导、知识普及和能力培养“三位一体”的法治文化体系，不断增强法治文化的影响力、感染力和渗透力。

第一，学校领导干部带头学法、模范守法，不断提升运用法治思维和法治方式处理学校事务的能力。学校明确将法治教育列为干部日常教育必修内容，把宪法和法律知识纳入校院两级中心组学习计划，通过教育培训和实践养成全面提高领导干部法律素质，促使法治思维和方式成为办学治校的惯性思维和工作方式。结合群众路线教育实践活动开展，学校在管理人员中广泛开展法治教育。要求行政人员牢牢树立依法办事、公正平等的理念，既不能搞特殊，也不能有歧视，在日常工作中严格依法管理、按章办事，尊重维护师生合法权益，将法治精神真正落实到学校管理服务实践之中。

第二，坚持依法执教和师德建设相结合，推动提高教师依法治教的意识和能力。一方面，教师的一切教育教学行为要在法律法规允许的范围内进行，明确课堂教学不是孤立的知识传授活动，要严守法律规范和教学纪律，做践行法律的典范，要做学生的引路人，影响学生法律意识的形成。为此，学校在教师入职教育、在岗培训、日常学习等环节进一步强化法治教育，改变过去注重业务素质提升、轻视法律法规学习的状况。另一方面，学校出台了《关于加强教师师德建设的意见》及配套文件，明确将师德作为教师考核评价、晋升晋级和评优奖励的首要标准，严格执行“一票否决制”，严守高校师德“红七条”高压底线；学校还广泛开展了“寻找最美交大人”、师德标兵、“三育人”先进个人等评选活动，发挥先进典型辐射激励作用，引导教师不断提升精神境界，通过大力加强师德师风建设，为依法执教提供深厚的道德底蕴。

第三，面向全校学生加强法治教育，让法治理念和法律意识真正入脑入心。学校探索创新大学法律基础课的授课方式，准确把握法治教育的重点内容并根据时代发展和学生需求及时更新、与时俱进，采取更加直观、形象、生动的教学方式增强课堂法治教育实效。广泛开展各类社会实践和主题教育活动，让学生通过亲身体验和实际参与增强对法律学习的感性认知和实践运用，充分发挥法治教育第二课堂实践育人功能。学校还广泛利用校内媒体和环境设施等载体，经常、直观、形象化地进行法治教育正面宣讲传播，把法治文化作为学校文化建设的重要内容，推进校园法治文化建设走向常态、走向纵深。

## 微访谈

记者：您的兴趣爱好是？您的业余生活如何安排？

宁滨：读书，散步。

记者：您的座右铭是什么？

宁滨：淡泊明志，宁静致远。

记者：您认为好学生的标准是？

宁滨：勤奋，进取。

记者：您认为什么样的教师是好教师？

宁滨：爱心与敬业。

记者：您心目中一位好的大学校长应具备哪些素质？

宁滨：胸怀、眼光、责任、体魄。

记者：您最崇敬的教育家是？

宁滨：叶企孙。

# 新常态寻找新机遇　新平台谋求新发展
## ——北京印刷学院党委书记刘超美访谈

◎李艺英　翟　迪　张晓新

刘超美，汉族，北京通州人，研究生学历，高级政工师。1958年8月生，1976年2月应征入伍，1977年12月加入中国共产党。曾任西藏军区通信总站无线营技术员、西藏军区卫星地面站工程师。1987年10月转业到北京印刷学院工作至今，历任党委组织部副部长、部长、党委副书记。2013年9月任北京印刷学院党委书记。

毕昇的雕像静静地矗立在北京印刷学院的校园内，凝望着匆匆走过的师生员工。这位印刷业的“鼻祖”，一直以期盼的目光注视着北京印刷学院的发展与变化。五十八年来，无数北印学子从这所全国印刷行业唯一的专业高校走出，他们像一颗颗“珍珠”一样，扎根于行业内的多个领域，将学校的办学思路和育人理念不断传播并发扬光大。

**记者：**“十二五”期间，北印确定了“质量立校、人才强校、创新驱动、党建创新”的发展战略，确立了“创建国际知名、有特色、高水平传媒类高校”的奋斗目标，您认为“十二五”期间学校发展取得的显著成绩有哪些？

**刘超美：**“十二五”期间，北京印刷学院把握国家建设新闻出版强国的机遇，提升学校服务社会、行业的贡献力，积极融入“三个北京”、中国特色世界城市和中关村国家自主创新示范区建设中，坚持“质量立校、人才强校、创新驱动、党建创新”

本文刊发于《北京教育》高教版2016年第7—8期

的发展战略，取得了可喜的成绩。学校获得国家级教学成果奖二等奖，获得国家级实验教学示范中心和国家级校外人才培养基地；一本招生专业扩大到16个省市；“十二五”末期在校研究生规模近千人，较2010年增长近96.7%，学校获批北京高校产学研联合研究生培养基地；在原有4个二级学科硕士学位授权点的基础上，建成7个一级学科硕士学位授权点，二级学科授权点19个，新增新闻与传播等3个硕士专业学位授权点。2012年，在国家组织的学科评估中，设计学、新闻传播学、美术学分别取得并列第8名、第9名、第11名的好成绩。科研经费达到3.18亿元；获批北京绿色印刷包装产业技术研究院、绿色印刷与出版技术北京市高校协同创新中心等高层次科研条件平台；新建省部级重点实验室或工程中心5个；绿色印刷与出版技术国际科技合作基地被认定为国家级示范基地；获批国家级、省总局级科研项目100余项，实施产业化项目5项；获省级政府奖11项；成功对接国家数字复合出版系统工程、数字版权保护技术研发工程；主导成立了全国印刷电子产业联盟等，引入国家新闻出版广电总局质检中心绿色印刷检测实验室等3个国家级公共技术服务平台，中国版权协会版权研究中心挂靠学校，受国家新闻出版广电总局委托，连续三年成功撰写《实施绿色印刷成果报告》；专任教师中具有硕士及以上学位的教师占近90%，其中具有博士学位教师的比例近40%；具有高级专业技术职务的教师比例达51%。柔性引进两院院士、千人计划、长江学者等20多位高层次人才；获批博士后科研工作站，目前在站博士后达到34人。新增校园建筑面积10万平方米。学校实施“党建创新”工程，党建项目获得市级以上表彰30余项。

---

**记者**：“十三五”时期，学校将如何落实党的十八届五中全会提出的“五大发展理念”，进一步做好人才培养工作？

---

**刘超美**：“十三五”时期，学校仍处于快速发展和转型的关键时期，国家经济发展新常态、北京功能定位调整、京津冀协同发展、传统行业转型升级和跨界发展、高等教育发展等诸多重大变化和重要影响因素，给学校发展既带来了难得的发展机遇，也提出了新的要求，需要清醒认识和准确把握。学校将重点做好以下四方面工作：一是把握高等教育发展变革趋势，树立人才培养新理念；二是适应国家经济建设和社会发展需要，全面深化综合改革；三是服务北京“四个中心”建设和京津冀协同发展，抢抓发展机遇；四是聚焦行业产业转型升级与跨界融合发展，发挥重要支撑和引领作用。我重点围绕“学习贯彻五大发展理念，做好学校人才培养工作”谈谈个人的想法。五大发展理念是党的十八届五中全会提出的很多重要思

想中最引人注目的一个理论观点，是党的十八大以后治国理政新理念、新思想、新战略的重要组成部分。五大发展理念不仅是我们全面建成小康社会决胜阶段的理论和实践指南，也将在很长时期内成为中国发展的理论指导和实践指南。那么，对高等教育来讲，特别是具有行业特色的高校应如何贯彻实施好五大发展理念？

五大发展理念是一个有机的整体。创新是引领发展的第一动力。从教育领域来讲，创新不仅是第一动力，而且也是教育的本质所在，我们培养的学生必须具有创新的素质和能力。协调发展是国家经济社会发展的内在要求。对于教育来讲，协调同样是内在要求，如国民教育体系的协调问题、东中西部教育发展的协调问题等。绿色发展在五大发展理念中主要是生态、资源、环境、人与自然的和谐与协调发展问题。对于教育来讲，绿色的含义可能会更广泛一些，如教育理念、教育手段方法、科学研究、教育环境等都存在绿色发展的问题。开放是国家经济社会发展的必由之路，也是基本国策。从改革开放之初，小平同志提出“三个面向”，就是用最大的开放理念来引导现代教育的发展。“一带一路”战略的实施，对教育的开放提出了一些新的、甚至是全新的课题。共享就是要解决社会公平正义问题。教育的一个重要特征，就是教育公平问题，这次对《中华人民共和国教育法》的修订，最引人注目的就是将教育公平以法律的形式加以明确，这是对教育认识的一个极大的飞跃。

就学校人才培养服务的领域—新闻出版等文化创意产业来讲，在五大发展理念的指导下，下一步也将获得新的发展。一是创新发展会进一步加快。党的十八届三中全会强调文化体制改革的中心环节是激发全民族的文化创造活力，要求出版单位推出更多的优秀出版读物，满足人民群众日益增长的物质文化需求。新闻出版业目前比较流行的理念是 IP 理念（全称为 Intellectual Property Right）。所谓 IP，就是一种无形的财产权，也称“智力成果权”，指的是通过智力劳动所获得的成果，并且由智力劳动者对成果依法享有的专有权利。这种权利包括人身权利和财产权利，也称之为精神权利和经济权利。在创意产业领域，IP 更多是指改编权，以及由此带来的产业开发价值。在互联网思维的视阈下，IP 可以催生出巨大的“长尾效应”，不断延展产业链条的价值，如湖南出版集团“十三五”规划的第一项就是以 IP 为中心的内容开发，就是不仅要做书，还要做电视剧、电影、网剧、游戏等，通过一种产品多种开发、多次获利。二是出版业将出现“挺拔主业、逐步多元”的发展格局。《国家新闻出版广电总局“十三五”发展规划纲要》明确指出：“促进文化与信息、科技、旅游、体育、金融产业的和谐发展……”这就需要做好协调。例如：江西出版集团一方面坚持不懈地挺拔出版主业，促进出版产业转型升级；另一方面坚定不移地推进多元投资，抓好文化传媒、文化金融、文化科技等新兴业态，努力培育新的经济增长点。最近，他们投资26亿元人民币控股一家数字技术公司做网络传播，效果非常好。三是绿色出版将得到有效推进。据说，以色列人会在给小孩制作书的原料中加入蜂蜜，并让小孩舔食，他们的孩子很小就知道书是可爱的、是甜美的，他们的出版是绿色的。现在我们国家也在大力推动绿色印刷出版，幼儿园、中小学生的课本也将做到绿色环保。目前，学校在研制绿色油墨方面也获得很好成效，教师的科研成果也获得多项产业化。四是出版"走出去"的力度会加大。关于出版"走出去"，中央领导高度重视，特别是"一带一路"战略的实施，为出版"走出去"提供了前所未有的机遇。五是公共文化服务体系的构建会得到进一步加快。

---

**记者：**五大发展理念指导下的新闻出版等文化创意产业的人才需求和培养会是怎样的？

---

**刘超美：**我想，有了教育和行业发展的趋势，人才培养问题也就顺理成章地呈现出来。"十三五"时期，学校将进一步做好以下五类社会急需人才的培养：一是内容创意人才。这是我们人才培养的主要内容，因为随着创新发展、协调发展、绿色发展、开放发展、共享发展，这些方面主要内容的创意，需要有专门人才来做。二是传播创意人才。目前，各个单位都有微信公众号、官方微博，都需要通过互联网、大数据了解受众对出版物的喜好程度，需要通过新媒体手段将出版的读物推荐出去，所以传播创意人才是社会急需人才。随着传播外延的不断扩大，我们今后要着力培养新技术、新媒体、互联网、大数据等各门类新型人才。三是数字出版人才。数字出版需要多方专业人员的共同协作，要求编辑人员必须是具备多方面知识和技能的复合型人才。目前，社会对该领域的高层次人才已经出现批量化的需要，培养一批既熟悉专业出版知识，又掌握现代数字出版技术和善于经营管理的复合型出版人才，是刻不容缓的艰巨任务。四是国际传播人才。目前，我国的文化影响力在国际上仍处于弱势地位，要推动中华文化"走出去"，提升我国文化在国际上的地位和竞争能力，需要更多具有国际视野、开阔眼界、现代出版理念和深厚文化素养的复合型、外向型人才。五是公共文化服务人才。目前，我国公共文化服务体系还不完善、不健全，东中西部之间、城乡之间发展很不平衡、差距很大，需要培养大量的专门人才去基层做文化推广和服务工作，提高全民族素质。

---

**记者：**面对经济发展新常态、首都功能定位调整、传统媒体与新兴媒体融合、京津冀协同发展的难得机遇，学校在服务首都、服务地区和行业方面，下一步将重点做哪些工作？

---

**刘超美：**我国经济发展新常态、首都功能定位的调整、京津冀协同发展、行业转型升级与媒体融合发展、高等教育发展变革等诸多因素，为学校发展既带来了难得的历史性机遇，也提出了新的挑战，将深刻影响学校“十三五”时期的发展。“十三五”时期，学校将实现两大转变：一是基本完成由主要服务传统印刷、包装、出版产业向主要服务传媒、文化创意、印刷与包装及相关产业转变；二是基本完成由教学型大学向教学研究型大学转变。

近期学校要做两件事：一是成立新媒体学院。网络和数字技术裂变式发展，带来媒体格局的深刻调整和舆论生态的重大变化，新兴媒体发展之快、覆盖之广超乎想象，对传统媒体带来极大的冲击。2014 年 8 月 18 日，中央全面深化改革领导小组第四次会议审议通过了《关于推动传统媒体和新兴媒体融合发展的指导意见》。习近平总书记在会上强调，要着力打造一批形态多样、手段先进、具有竞争力的新型主流媒体，建成几家拥有强大实力和传播力、公信力、影响力的新型媒体集团，形成立体多样、融合发展的现代传播体系。当前，新媒体人才极其短缺，开展新媒体人才培养的学校较少。学校成立新媒体学院意义重大，这项工作也得到了国家新闻出版广电总局领导的高度肯定。新媒体学院是学校成立的第一个学科交叉融合的学院，学院将以现代传媒产业为平台和依托，以学校艺术类相关学科专业，如数字媒体艺术、动画、数字影像和传播学网络新媒体专业，以及计算机数字媒体技术为支撑，紧密跟踪和围绕新媒体传播的形态变化和专业特点，打破旧的学科界限和产学分割，致力于采用跨学科交叉融合、产学研联合培养的思路，培养兼具技术基础，人文、社会科学思维，较高艺术表现力的复合型新媒体人才。二是成立“京南大学联盟”。“十二五”时期，北京印刷学院、北京石油化工学院、北京建筑大学与大兴区签约共建京南大学科技园，京南三校紧紧围绕大兴区“一区六园”的产业布局战略，积极搭建区域科技创新和产业化平台。2016 年初，三所高校负责人再次召开碰头会，以此将“京南大学联盟”进一步做实。近期，三所京南高校将共同发起成立“京南大学联盟”，举行“京南大学联盟”成立仪式暨“京南大学联盟服务大兴行业计划”发布仪式，联盟三方也将共同签署《共建京南大学联盟协议》，这对于首都发展、京津冀协同发展、科技创新发展将起到有力的推动作用，也有利于联盟成员之间的学科专业交叉融合，促进学生尤其是研究生在成员学校之间的跨校交流与联合培养。与此同时，2016 年 3 月，学校与河北省承德市联合研发的休闲类移动网络游戏《承德传奇》发布，这是学校与承德市签订协同发展框架以来，积极发挥双方优势，在文化创意产业发展上的一大力作。河北承载了许多从北京迁出的印刷企业，形成了涵盖出版物印刷、文化创意研发、印装产业物流在内的大规模产业集群。这为地处大兴的北京印刷学院提供了难得的发展机遇。

同时，首都和区域发展需要一大批物流、航空服务、物业管理等方面的应用型专门人才，也需要一所与产业密切相关的高校提供发展保障。因此，学校要从思想上、行动上积极融入京津冀协同发展时代大局，努力在促进京津冀协同发展、疏解首都非核心功能、服务区域经济社会发展的时代潮流中，做到服务“大北京、大行业、大兴区”。

---

**记者：**2016 年 1 月，学校学生的设计作品《太极猴》和《金猴打鼓》荣获“全球吉庆生肖设计大赛”一等奖。在“大传媒”时代快速发展的当下，学校在培养应用型、复合型人才方面，有什么好的特色与经验？

---

**刘超美：**近些年，新闻出版行业所面临的改变与冲击是巨大的，但是学校始终坚持以为新闻出版行业和为社会培养应用型人才和复合型人才为己任。学校毕业生的去向大多是文化产业，这就需要学生必须有过硬的政治素质和业务素质。在学生的培养中，学校将“立德”放在首位，特别强调培养学生具有较强的政治辨别力和较高的文化素养。同时，深入推进“教学质量与教学改革工程”，推进“卓越工程师培养计划”，开办“韬奋班”“毕昇班”“雅昌班”等实验班，着力培养具有开阔视野、通晓传媒业务、熟悉传媒技术的应用型国际化人才。

积极开展双培计划和外培计划，与国内外高水平高校联合培养本科生，设立“中美联合培养国际班”开展海外教学活动。学校获批“国家级校外人才培养基地”“数字艺术与创新设计实验教学中心”，获批国家级实验教学示范中心，这些都为学校人才培养工作奠定了基础。学校深入开展创新创业教育，引导大学生强化创新意识、培育创新精神、训练创造能力。同时加强人文课程建设，努力提高大学生的人文素养和综合能力，近年来学生参加各类学科竞赛，累计获奖超过 2 000 人次。例如：学校师生共同创作完成的《千里江山图》水墨动画长卷，亮相北京 APEC 峰会雁栖湖国际会议中心；学生崔欣晔设计了 2014 年夏季青年奥林匹克运动会吉祥物“砳砳”；学生王鹏设计的《和·旅行餐具》问鼎“红点至尊大奖”，登上了设计类国际顶级大赛的最高领奖台。

---

**记者：**应该打造一支怎样的党员、干部队伍，为学校转型发展提供坚实的组织保障？

---

**刘超美：**队伍建设在学校的发展中是一个瓶颈问题，学校事业发展急需有战略思想、能够运筹帷幄的决策者，也需要一大批能够迅速推进工作、执行力强的实干家；既需要一批信念坚定、为民服务、勤政务实、敢于担当、清正廉洁的干部队

伍，也需要一批有理想信念、有道德情操、有扎实知识和仁爱之心的教师队伍。近年来，学校多次组织教师到祖国的红色根据地进行“情景式教学”。学校认为只要教师有信念、爱党、爱国才会引导并教育好学生爱党、爱国。同时，党员干部是党和学校的形象代言人，其精神风貌、作风修养直接影响学校在广大师生和社会中的形象，学校始终高度重视领导班子和干部队伍建设：一是优化二级班子队伍结构，采取“院长＋执行院长”的配置模式，聘请行业内高端领军人才担任二级学院院长，提升二级班子的学术影响力；注重培养选拔学术背景强的教授任二级学院党总支书记，努力提升党总支围绕中心开展党建的意识和能力等。二是提高干部培养质量，坚持“理论培养＋挂职锻炼”相结合的干部培养模式，定期举办各类干部高层次人才培训班、读书班和境外学习班，积极开展挂职锻炼，近三年选派50余名中青年干部到国家部委、北京市区县（委、办、局）、行业企业、边远地区挂职锻炼，一批中青年骨干成为学校干部队伍的“蓄水池”和“后备军”。特别是学校与国家新闻出版广电总局建立了干部挂职交流长效机制，双方每年互派2名～3名干部到对方单位挂职锻炼，密切了双方的交流合作，为学校争取行业主管部门政策和资源支持奠定了基础。三是坚持从严管干部，强化纪律约束，以深入开展“两学一做”学习教育为抓手，加强党员、干部作风建设，着力推动党内教育向广大党员拓展，着力营造从严治党的良好政治生态。四是学校将着眼于破除人才发展的思想观念和体制机制障碍，解放和增强人才活力，制定符合学校特点的干部、教师管理相关政策和制度，做好领导干部考核和换届工作，既注重设计好“能者上”的制度安排，又重点打通“庸者下”“劣者汰”的制度渠道。

“长风破浪会有时，直挂云帆济沧海”，北京印刷学院将以全新的理念、崭新的方法、创新的思路寻求发展突破，以严谨的精神和求实的干劲抓住机遇，做好“十三五”期间的各项工作，努力将机遇转化为动力、将优势转化为胜势，为服务首都、服务地区和行业作出特殊的贡献。

# 以信息化带动教学现代化
## ——北京邮电大学校长乔建永谈教育教学改革

◎ 李艺英

乔建永，1962年2月生于安徽，教授，博士生导师。国家杰出青年科学基金获得者，新世纪百千万人才工程国家级人选。复旦大学博士研究生学历、理学博士学位。曾在中国科学院完成博士后研究，德国汉堡大学、美国密西根大学研修。历任淮北煤炭师范学院副院长、中国矿业大学副校长、中国矿业大学（北京）副校长、中国矿业大学（北京）校长。现任北京邮电大学校长，中国通信学会副理事长。长期从事复动力系统，物理和工程问题中的复解析方法等方面的学术研究。承担国家自然科学基金重点项目、国家科技部973项目、国家重大科技攻关等科研项目的研发工作。解决了斯坦迈兹问题，奈望利纳涉及五个小函数的唯一性问题，马克米勒的拓扑复杂性问题，发现了重正化变换的实费根鲍姆现象。获得国家技术发明专利多项。在大学教育教学改革方面，长期致力于研究型本科教育体系、开放式研究生教育体系，以及信息化时代大学教育教学模式改革的探索和研究，获得教学成果奖多项。

2015年10月17日，在北京邮电大学（以下简称“北邮”）沙河校区伫立起了一座甲子钟，它是根据乔建永校长的构思铸就的一座北邮甲子校庆的标识。在揭幕仪式上，乔建永校长满怀深情地说，“面对即将揭幕的甲子钟我们感到的是光荣、责任与梦想……这尊甲子钟是光阴之钟，她记录了北邮60年流金岁月，即将迎来的是新一轮甲子的灿烂曙光；这尊甲子钟是情有独钟之钟，她记录了一代代北邮人对事业发展倾注的深情厚爱，也是对下一个甲子北邮人‘崇尚奉献　追求卓

本文刊发于《北京教育》高教版2017年第3期

越’、献身高等教育事业坚定决心的守望与见证;这尊甲子钟更是希望之钟……展示的是北邮蓬勃发展的历程、硕果累累的成就以及互联网时代的光明前景。这里的寓意,既有北邮的文化更迭、专业技艺,也有北邮的历史传承。必将成为展现北邮精神、辉煌成绩和发展希望的岁月标识”。伫立在甲子钟前,迎面信息化的时代春风,我们就北邮的教育教学改革专题采访了北京邮电大学校长乔建永教授。

---

**记者:** 乔校长,面对信息化时代的到来,请您简要介绍一下北邮正在开展的教育教学改革情况?

---

**乔建永:** 信息化浪潮正以前所未有的磅礴之势席卷全球,改变着人类社会的方方面面,这场信息革命将把人类社会带入工业 4.0 时代。工业 4.0 的目标就是使得“快捷化、限量化、定制化”的生产成为可能。在这种背景下,如何做好大学的教育教学改革,提高人才培养质量?值得每一所大学深思。作为一所以信息科技和互联网见长的大学,北邮有条件、有能力尽早启动面向新一轮科技革命的教育教学改革。

具体地说,我们正在做三件事:明确改革路径、深耕试点项目、打造推广平台。在明确改革路径方面,2014 年 11 月,学校召开了“以信息化带动教学现代化”为主题的教学工作会议,明确提出通过基于移动互联网的教学模式改革来“撬动”教学理念、教学内容和课程体系的全方位改革。我们强调,这是一场全方位的教育教学改革,突出特点是借助信息化手段促进教学方式和学习方式的转变,促进教师在教学过程中角色的转变,以及学生在学习过程中的自主选择性。学校在课堂教学改革上主要解决以下三个问题:教材落后的问题、科学思维模式固化的问题、知识的系统性受“碎片化”学习侵蚀的问题。在改革试点方面,2014 年教学工作会议后,我们启动了 62 门课程的改革试点,重点是解决“碎片化”学习给学生的知识系统性带来的问题。两年的改革试点成果丰硕。关于推广平台的打造,这几年北邮大力加强网络教学平台和智慧教室建设,大力推进信息技术与教学过程的深度融合,构建基于网络的优质课程资源平台,推动慕课(MOOCs)、私播课(SPOC)、翻转课堂和混合式教学模式等多种方式的教学改革。北邮的“爱课堂”网络教学平台自投入使用以来,基本实现了全部的预期功能。目前,网络教学平台上运行的活跃课程有 210 多门,受益学生近 15 000 人次。学校大部分重要基础课程都利用网络教学平台开展了课堂教学与网络教学相结合的教学模式探索,其中“信号与系统”课程访问量达 70 万人次、“软件项目管理”课程访问量达 155 万人次。总之,北邮面向信息化时代的教育教学改革,正在对教师的教学过程和学生的学习过程产生深刻影响。

---

**记者：** 乔校长，在“大众创业、万众创新”的热潮中，北邮是如何推动创业教育工作的？

---

**乔建永：** 科技推动社会进步，创新改变人类生活，这是人类不断走向新的文明的基本规律。作为一所信息科技优势突出、特色鲜明的高校，北邮迎来了新的发展机遇。同时，创新创业也对学校的人才培养提出了新的更高的要求。在“大众创业、万众创新”的浪潮中，如何把握住这个机会，为国家、为社会，培养更多具备创新创业素质的优秀人才，这是北邮办学历史上前所未有的新机遇和新挑战。近年来，学校全面推进创新创业教育改革，并将其作为“以信息化带动教学现代化”改革的重要抓手。北邮建立了创客空间、科技创新大本营、创业辅导室等创业实践基地，并设立双创基金扶持创业团队，为双创活动开展提供了及时的条件保障。在努力营造“大众创业、万众创新”良好氛围的同时，也实现了学校创新创业型人才培养的可持续发展。北邮先后被评为全国首批深化创新创业教育改革示范高校、全国高校实践育人创新创业基地、国家级大学生创新创业训练计划实施工作先进单位、全国高等学校创业教育研究与实践先进单位、北京市示范性校内创新实践基地建设单位、北京市示范性创新创业人才培养基地等平台。

北邮是一所具有浓郁创新氛围的学校，在网上北邮被誉为“最具创业基因的十大高校之一”。我曾多次解释过，其实北邮的创业激情来自于师生的创新精神。因此，应当说：北邮是具有创新基因的大学！在这样一所充满创新活动的校园里，我们常常被学生们问起：创新实践活动最重要的准备工作是什么？面对这样的问题，许多人会说出选题、团队、多学科协同攻关的重要性等。这些环节当然非常重要，但这些都是人的外部因素对创新活动的影响。在北邮，我们强调更深层次的准备，那就是学生们自己心态的准备。学生参加创新实践活动必须要有积极、进取和阳光的心态。具体地说，我们觉得有三个方面至关重要：一是创新活动需要兴趣的牵引；二是想象力；三是创新活动更需要快乐，我创新、我快乐，我快乐、我创新。

2005 年，北邮在国内率先建立了大学生创新实践基地，如今已经走过 12 年的发展历程。这 12 年，学校一直致力于创新创业人才培养的改革与实践，依托实践基地，打造创新创业教育品牌—北邮 WIN，着力培育校园创新创业文化。在北邮 WIN 下，学校以创新创业训练项目为抓手，首创了“全程引导、分类协同、学生当家”的创新创业管理新模式，突出学生自主决策，实现多学科交叉融合；同时，以连续举办八届的“北京邮电大学大学生创新创业实践成果展示交流会”等品牌活动为载体，以中国“互联网＋”大学生创新创业大赛等科创竞赛为引领，打造了项目训练平台、活动交流平台、科创竞技平台，探索出以品牌化、全员化、多样化、系列化、特色化、国际化等为特点的“三台六化”模式，培育了“探索·执着·宽容·卓越”的特色创新创业文化，形成了独特品牌效应和广泛的社会影响力。12年的砥砺奋进使学校大学生创新创业实践规模不断扩大，由最初的200多名学生、五六十名教师参与，发展到今天参与创新实践人数年均达1.2万人次，创新创业实践受益面显著增加，学生培养质量显著提高。学校学生在各种有影响力的国内外竞赛中屡获佳绩，应届毕业生在行业内著名用人单位入职率提升20％以上，国内外读研率提升至62％。

当然，创新创业教育离不开产学研合作，这也是大学提高人才培养质量、提升科研服务于经济社会发展水平、推动学科建设的有效抓手。在“大众创业、万众创新”的热潮中，我们的产学研合作也为学生的创新创业教育作出了积极的贡献。

---

**记者：**乔校长，据说您在学校的改革中强调事业型思维。教育教学改革也要强调事业型思维吗？

---

**乔建永：**教育教学改革需要凝心聚力，更需要持之以恒，信息化时代尤其如此。我们说，任何一所高校的管理与发展都要依靠一系列项目的运行来实现，但是，学校的整体建设与发展是一项事业，绝不能仅仅当作是一个大的项目，更不是一个又一个大的项目简单的累加与集合。当前，高校的改革已经进入“深水区”，新一轮的改革必将是一项前所未有的复杂性系统工程，所以我提出了必须强化事业型思维。

所谓事业型思维，说大一点就是要在“崇尚奉献，追求卓越”的北邮精神指导下看问题，说直白一点就是要有长远的追求和长远的布局。只有我们强化事业型思维在学校顶层设计、整体谋划发展中的引领作用，把过去完成的一系列改革项目协调起来，系统提高既往改革成果的综合效能，才能对制约办学水平提高的本质性障碍发起总攻；只有我们的管理人员真正把北邮的改革当成一项事业来干，我们才能立足当前，放眼长远，把学校大大小小的管理项目衔接起来，在做好本职工作的同时不断强化学校发展的战略思考，不再去计较一时一事的得失，主动把项目之间可能的“鸿沟”弥合起来；只有我们的专家教授和教师们把教学和科研当成事业来干，我们的教学和科研工作才能不断提高质量，才能真正摈弃急功近利，做出创造性的成果。面对学校快速发展的事业，毫不夸张地说，事业型思维已经成为北邮启动新一轮改革与建设必须加以强化的思想基础！只要我们巩固了这一思维基础，并将其逐步融入到“信息黄埔”文化当中，我们就能形成强大的精神动力；只有我们把事业型思维的强大精神动力贯穿到北邮发展的各个环节中去，把握好改革的系统性、协调性和连贯性，才能在破除本质性障碍的过程中保证学校的各项事业持续健康发展，才能够形成攻坚克难的共识，为北邮提供取之不尽，用之不竭的发展动力。我们要启动面向信息革命的教育教学改革，更要强化事业型思维，因为这项改革会延续很长时间。

**记者：** 乔校长，请您谈谈在新一轮科技和产业革命中北邮如何推动学科建设？

**乔建永：** 学科建设是提高教育教学水平的基础，教育教学改革也是提高学科水平的重要抓手。今天，随着信息技术，尤其是移动互联网技术的发展，人类社会开始由工业社会步入信息社会。与以物质和能源为主要资源不同，在信息社会里信息成为重要的资源，开发和利用信息资源为目的的信息经济活动成为国民经济活动的主要内容。毫无疑问，这是人类生产方式的又一次根本性变革。生产方式的变革必将带来生活方式、思维方式、行为方式和价值观念的一系列严峻挑战。例如：知识更新速度的空前加快，给教材的稳定性带来严峻挑战；“碎片化”的学习方式，给学生和教师知识的系统性带来严峻挑战；人工智能的迅猛发展，必将给专业的稳定性带来严峻挑战；计算思维、大逻辑思维等思维模式的出现，对传统科学思维模式的权威性构成严峻挑战。仅从以上四方面的挑战给大学带来的巨大冲击就可以看出，工业革命以后，规模最为浩大、影响最为深远的新的高等教育革命已经向我们席卷而来。

2015 年，北邮完成了面向未来 20 年的学科建设规划。按照这个思路，北邮落实中央的“双一流”建设部署，提出按“雁阵模式”拓展学科群，或者说，在学科建设过程中，在加强各学科核心要素建设的同时，大胆借助相邻学科的支撑力量，打造北邮学科建设的“雁阵模式”。

我们把每一个学科看成一只大雁，我们的学科群要像天空中飞翔的雁群那样排列有序、相互支撑、协调发展、稳步壮大。我们的“领头雁”目前自然是强势学科，如信息与通信工程，但是在飞行过程中，可能会相互交换。随着经济社会的发展，伴着经济、社会，甚至学术的逻辑演变，雁群中领头雁的地位可能会交换、转换。同时，在雁阵飞行过程中，相邻的两只大雁也会借助彼此翅膀的浮力实现更好的飞翔。生物学家说，一个成功的雁阵飞行起来可能比单只飞行的大雁要节省 70%的能量，如果按“雁阵模式”来打造我们的学科群，这样的效率一定会产生，只有这样，我们才能真正追赶上国际的先进学科和一流大学。我们最近成立了两个新的学院，一个是网络空间安全学院；另一个是现代邮政学院，这是北邮根据国家、经济和社会发展，对学科雁阵作出的科学拓展。

**记者：**乔校长，请您谈谈在新一轮产业革命中北邮如何布局科学研究和技术研发？

**乔建永：**在科研导向上，北邮强调面向世界科技前沿，面向国家重大需求，面向国民经济主战场。例如：2016 年，张平教授团队参与研发的“第四代移动通信系统关键技术与应用”获得国家科技进步特等奖，林中教授团队攻克“中国天眼”工程中的光缆技术难题，邓中亮教授团队在“羲和”室内导航工程研发中取得关键技术突破等。在基础研究、应用基础研究、技术研发、技术革新等，这样一条长长的科研链条上，我们鼓励那些对学科建设起到更为直接推动作用的研究。最近，美国公布了一份未来 30 年的新兴科技趋势报告。据说这份报告通过对近 700 项科技趋势的综合比对分析，最终明确了 20 项最值得关注的科技发展趋势。其中，前 10 个依次是：物联网、机器人与自动化系统、智能手机与云端计算、智能城市、量子计算、混合现实、数据分析、人类增强、网络安全、社交网络。这些方向与北邮目前的科研基础和学科基础紧密相关。但我感到更多的是压力：一是我们的竞争对手将是全世界最杰出的那批人；二是上述方向不是各自孤立的，而是相互支撑的一个协调演进的整体系统，我们的科研布局如果没有一定的系统性，最终将被“配件化”，从而被别人整合掉，这是不以人的意志为转移的必然规律。在突出重点的同时，如何把学校的科研系统做实做强？这是北邮科研规划要解决的一个基本问题。

**记者：**乔校长，请您谈谈教育教学改革与大学文化建设？

**乔建永：**文化是大学赖以生存的根基和血脉，是哺育人才成长的土壤、空气、阳光和雨露。离开了大学文化的滋养，教育教学改革将会举步维艰。土壤、空气、阳光和雨露都是天然的，不是人造的，同工业的转型、升级、换代无关。大学文化建设要跟踪时代主题，但绝不能被时代主题绑架，要不忘初心。教育是培养人的一种社会活动。创新是人类与生俱来的崇高价值追求。只有把这一崇高价值追求与人的自由而全面发展的终极教育目标统一起来，才是信息化时代培育中国大学创新文化的正确途径。教育的本质是“人”，人类具有无限的创造力，教育的终极目标正是将这种潜能发掘出来，促进个人的成长，造福于人类社会。因此，大学文化建设必须坚持以人为本的理念；必须坚持与时俱进的创新导向；必须坚持社会主义核心价值观。这也是建设中国特色社会主义现代大学制度的应有之义。

在北邮，很多老前辈的事迹一直在校园里传颂，已经成为北邮"信息黄埔"文化的重要组成部分。周炯槃院士在北邮工作了 57 年，他一生淡泊名利，甘为人梯，年近九旬还在讲台上为学生授课。他把毕生的智慧和精力无私地奉献给了祖国的通信教育事业，临终前做的最后一件事情是，嘱托儿女把自己一生所有的积蓄 200 万元存款全部捐献给北邮，奖励后学；沈树雍老师，生前为了祖国通信事业的人才培养，一生三次调整自己的专业领域，忍着右眼失明、右耳失聪和身体病痛的折磨，一生编写了几十本教材。还有，2015 年学校首届"烛光"教学奖获得者、年轻教师俎云霄，将她的 10 万奖金倾囊捐出，设置"烛光春芽助学金"，用于资助品学兼优的家庭困难学生。这些教师只是北邮成百上千位平凡教师的代表和缩影，但正是他们，用教师的烛光精神，照亮了学生的心灵，也照亮了北邮前进的道路。

在北邮，我们强调，要高科技，更要圣洁高贵的灵魂。不管人类创造的科技成果多么神威，但它们永远代替不了人的勇气、毅力、信念和智慧，更代替不了人的爱心和圣洁高贵的灵魂。

在北邮，我们说，北邮的事业是国家的事业，北邮的事业是师生员工的事业，北邮的事业更是 20 多万校友们共同的事业。北邮的校内资源是有限的，但北邮的校友资源是无限的。哪里有北邮人，哪里就有北邮精神；哪里有北邮人，哪里就有北邮文化！正是一代又一代校友把北邮的事业拓展到了广阔的社会空间，为"信息黄埔"文化注入了源源不断的新鲜血液。

# 人才培养篇

# 以学生为中心 因材施教
## ——北方工业大学校长王晓纯谈分层分流分类人才培养模式

◎尉 峰

王晓纯，于清华大学工程力学系获工学博士学位。现任北方工业大学校长、教授、博士生导师。曾在日本早稻田大学、日本茨城大学等高校任访问学者、高级访问学者3年。从事机械工程、工程力学等方面的研究工作；兼任中国有色金属学会常务理事，北京力学学会监事长，《工程力学学报》编委。

党的十八大明确提出，要推动高等教育内涵式发展。从精英教育到大众化教育，从规模扩张到内涵式发展，要求高校"深化教育领域综合改革，着力提高教育质量"。日前，北方工业大学的"分层教学、分流培养、分类成才人才培养模式的研究与实践项目"获得北京市教育教学成果特等奖。为此，记者专门采访了该校校长王晓纯。

**记者：**您既是校长，又是专家学者，如同您做科学研究，先有问题的提出，然后才有解决问题的方案。那么请问学校是在什么样的背景下开始尝试分层教学、分流培养的？

**王晓纯：**学校"分层教学、分流培养、分类成才"人才培养模式的实施，有一个十分重要的背景因素，就是高等教育大众化教育阶段的快速来临。自1999年高校大规模扩招以来，我国高等教育迅速进入大众化阶段。在大众化教育阶段，学

本文刊发于《北京教育》高教版2013年第10期

生的兴趣爱好更加个性化，价值取向更加多元化。经济社会发展对大学生的需求层次也呈现多样化。按照精英培养方向建立起来的高等教育模式和体系已经不能适应多元的学生发展需求和多样的人才需求定位。高等教育在新的发展阶段面临的新问题、新特点，要求高校必须及时转变教育理念、提升教育品质，革新一刀切的粗放型教育，直面学生的基础差异、个性差异与需求差异，既保证教育资源的充分利用，又能够使不同需求层次的学生通过多样的人才培养模式和手段学有所成，成长为满足社会需要的具有专业能力和实践能力的优秀人才。

受现行高考招生制度的影响，高等教育大众化对于一般高校的影响要远远大于对“985 工程”“211 工程”重点院校的影响。一个直接的体现就是一般高校的学生生源分布差异增大，尤其是对于位于首都、省会城市等有一定区位优势的一般高校来说，这种差异更加明显。以学校为例，2008 年，理工科专业高考录取分数极端差距（最高分与最低分之间）为 287 分，前 20％的学生平均分为 577 分，中间 40％的学生平均分为 526 分，后 40％的学生平均分为 489 分。三条水平线落差明显，前 20％和后 40％的学生平均分差高达 90 分。分数上的差距直接反映在学生入学后对于学习的需求以及未来期望值的不尽相同。面对这种学习基础与需求的个体差异，有必要对原有单一的教学模式和培养方式进行变革，以满足学生的实际需要。为此，学校开始探索“分层教学、分流培养、分类成才”人才培养模式。

---

**记者：**对于学生学习能力和个性特点上的差异，学校是如何定位人才培养目标的？对于不同的培养目标，是否建立了相应的培养体系？

---

**王晓纯：**学校根据学生学习能力和个性特点上的差异，设置了不同的人才培养目标定位。以理工科学生为例，我们设定了 3 种不同的目标定位：一是研究型人才培养定位，其目标是使约 20％的学生考取硕士研究生或出国留学，继续深造；二是高级应用型人才培养定位，其目标是使约 40％的学生成为高级工程技术人员；三是专长应用型人才培养定位，其目标是使约 40％的学生成为掌握一技之长的工业现场应用工程师。为了实现不同的培养目标，我们建立了与之配套的四种培养体系。

一是建立分层教学的基础课课程体系。根据学生的不同起点和发展需要，我们对“高等数学”“大学英语”“大学物理”等公共基础课和“力学”“电学”等专业基础课实施分层教学，并根据阶段性考试成绩实施动态调整机制，以保证分层教学中的科学性和公平性。

二是建立分流教学的专业课课程体系。分流教学是指通过对专业课程体系进行优化整合，针对专业兴趣和发展方向不同的学生，设置专业成组选修课，使他们能够按照自己的兴趣特长和技能培养方向，学习相关专业课程。针对工科专业，我们分别设置了专业基础提高类课程、实践能力类课程和职业技能资格认证系列课程三大类课程的分流培养体系，分别用于有针对性地培养未来的研究人员、高级工程技术人员和工业现场应用工程师。这些课程之间的学分可以自由转换。

三是建立分模块教学的跨专业课程体系。在实际教学中我们发现，为不同专业开设的同一课程，由于专业方向的差距，在课程内容的深度和课程重点的选择上需要有所取舍，以公共基础课“大学计算机基础”为例，总共 48 学时，以往全校采用相同的教材与教学方法，这对各个专业而言显然不能很好地满足其差异化的需求。为此，我们将其中 16 学时作为公共基础模块，面向所有专业开设；另外 32 学时，则根据各专业对计算机应用的多种需求和与后续课程的衔接要求，设置为数据结构、C＋＋程序设计等 6 个模块，分别面向不同的专业进行授课。这样既满足了工科学生的进阶需求，也适应了文科类、艺术类学生的技能需求。类似的课程改革还有“大学物理”“复变函数”等公共课程。

四是建立与课程体系相配套的实践教学体系。为了增强学生的实践能力，学校不断修改教学大纲，改进实践教学体系，将课堂教学与实践课程合理搭配，将综合实践课程、实践能力培养和素质拓展相结合，按层次、分阶段实施实践教学改革。目前，在工科专业中，实践教学的比例已占到 1/3。

---

**记者：**学校在课程体系安排和实践教学设置上都为“分层分流”教学进行了相应的调整，那么，在教学管理方面又进行了哪些改进？

---

**王晓纯：**建立“分层分流”教育教学模式，教学内容的改革是核心，教学管理的改革是路径。只有建立科学的教学管理途径和方法，才能将“分层分流”教学的各个模块串连起来，形成有机的整体。为此，我们对原有的教学管理模式进行了大胆的改革和创新。

一是建立完善学分制教务管理体系。学校自 1999 年就开始对新生试行学分制管理。学校自主研发了配套的教务管理系统，并持续进行了三期建设。2002 年，学校全面启用基于学分制的教务管理系统，实现了完全的学生选课自由以及部分理论课程和实践能力培养类课程的学分互认。2008 年开始的二期建设，着重对教学状态数据系统、教学管理制度、质量监控系统、实践教学管理系统、考试管理系统进行改进和升级。改进后，教务系统具备了较为完善的教学状态数据管理功能，使学校相关部门能够及时获取教学信息，随时监控教学状态。从 2011 年起，学校又启动了教务管理系统三期建设，主要进行学分制收费教务系统、过程控制系统、联合培养学生管理系统、教学运行子系统等方面的重新整合与开发，并在充分发挥导师制的作用、促进优质教学资源共享等方面做了很多有益的尝试，努力使教务管理系统更全面地适应完全学分制管理模式。

二是打造多元化的实践教学平台。一方面为学生提供完善的科技活动条件，健全组织管理机制，完善经费投入机制，建立了多层次、多元化的学科竞赛支撑平台；另一方面建立了北京市级人才培养模式创新试验区、多个北京市级校外人才培养基地和实验教学示范中心。学校还积极引入社会资源，联合日本三菱电机等国内外知名企业共建技术培训中心。为了增强学生的科技创新能力，学校与石景山区科委合作，开展了“科园杯”大学生科技活动，每年资助一批学生优秀科研项目。该活动已经开展了 12 年，帮助学生完成了 400 余项科技成果。

三是放宽学生转专业的政策。为充分体现“以学生为本”的管理理念，充分发挥学生的个性、特长，尊重学生的志向和爱好，学校放宽了本科生转专业的政策。近年来，学校转专业人数逐年增加，转专业学生在新专业学习状态良好。为了进一步因材施教，探索优秀人才培养模式，学校自 2012 年开始创办了“理工科实验班”，择优选拔数理基础好的学生，按 2 年基础教育、2 年专业教育的模式，进行单独编班，集中培养，着力打造宽口径、复合型、创新型的高级专门人才。

---

**记者：**“分层教学、分流培养、分类成才”人才培养模式在很多方面都对传统教学模式进行了改革和完善，综合起来看，这一模式突出的创新点体现在哪些方面？

---

**王晓纯：**总的来说，这项改革主要是实现了观念创新、模式创新、评价体系创新和管理手段创新。

一是体现在观念创新上。这一人才培养项目改变了单一目标的培养理念，提出了以学生为本、个性培养的新思路，注重因人而异、因材施教、因势利导，确立了“分层教学，分流培养，分类成才”的新观念。该模式做到了两个转变：将“以学校管理为中心”转变为“以学生需求为中心”，将“以教为主”转变为“因材施教”。这一模式顺应了高等教育大众化的时代需求，符合中国高等教育的发展方向。

二是体现在模式创新上。这一培养项目改变了培养模式趋同的状况，确立了分层、分流、分模块的新模式。这种人才培养模式特点突出，既是对现有课程教学资源的重新整合，又是对实践教学的功能拓展。分层教学的基础课程体系、分流教学的专业课程体系和分模块教学的跨专业课程体系，集中了学校现有的优势资源，形成了科学高效的综合体系。该人才培养模式以个性化、人性化为基点，尊重每一类乃至每一名学生的个体差异，同时与生源质量、学生的发展方向及社会的人才需求相适应，增强了高校人才培养和社会人才需求的契合度。

三是体现在评价体系创新上。为了与分层、分流教学模式相匹配，我们改变了单一指标的评价体系，提出了保证质量、分解目标、因材施教的评价思路，确立了分层规范、分流考核、分类评价的新评价体系。

四是体现在管理手段创新上。分层分流教学这一教学模式增加了教学管理的复杂程度，需要学校在管理上引入科技化、信息化的手段。为此，学校改变了单一手段的管理方式，建立了一套适用于分层、分流、分模块人才培养模式的管理制度，开发和形成了一套成熟的软件系统，该系统已经为一些兄弟院校所借鉴和使用。

---

**记者：**这一项目从个别院系的试点到整个学校的推行，至今已经实施了10年，取得了哪些切实的效果？

---

**王晓纯：**该项目从2002年开始在学校机电学院进行试点，到2007年在全校工科专业推行，再到目前理科、文科类专业的吸纳和借鉴，取得了显著的成效。

一是就业率及就业质量稳步提高。在近几年就业形势非常严峻的情况下，学校各专业就业率一直保持在95%以上，2012届学生一次就业率达到97%以上。在保持学生较高就业率的同时，就业质量获得了大幅提高，每年有近百名学生进入中关村科技园区企业就业，众多学生进入百度、搜狐、华录文化等国内一流企业。

二是考研率大幅度提升。学校2012届理工科专业学生平均考研率为23%，较上年提高了近8个百分点，其中，微电子学专业考研率达到40%，其他多个专业在20%左右。目前，该培养项目的第一个预期目标已经基本实现。

三是各类学科竞赛成绩突出。2008年以来，在北京市同类院校中，学校在各类学生竞赛的参赛人数、一等奖获奖数量和获奖总数方面一直名列前茅。例如，2011年举行的全国大学生电子设计竞赛，在31所参赛的北京高校中，学校一等奖获奖数量和获奖总数均名列第二。又如，2012年，学校学生参与的62项各类校外学生竞赛中，获得全国和省部级奖项的学生有719人，占到全校在校生比例的7.1%。

四是大学英语四级通过率稳居同类院校前列。从2008年～2012年，大学英语四级首次通过率连续五年超过北京市首次平均通过率。从2008年～2011年，连续四年位列市属高校前三名；学校 A 层学生近三年的首次平均通过率高达 91.24%。

五是教育教学成果丰硕。在进行分层分流的教学实践中，学校编写了系列文字教材 90 多部、音像教材 80 集，解决了传统教材典型应用实例缺乏、与工程实践结合不紧密等问题，其中，包括国家级精品教材 1 部，国家“十一五”规划教材 3 部，北京市高等教育精品教材 5 部，北京市高等教育精品教材建设立项项目 2 个。2009 年，学校获得国家级和北京市级分层分流人才培养模式创新试验区资格。2009 年、2010 年分别建立了两个北京市级校外人才培养基地。2011 年，经教育部批准，学校成为“卓越工程师教育培养计划高校”。2010 年，北京市批准学校为北京市级大学生素质教育基地和市属高校中仅有的一所学分制试点高校。

---

**记者：**作为整个项目的策划者和组织者，您对该项目的实施有着怎样的体会？

---

**王晓纯：**首先，人才培养模式改革是一个系统工程，不仅要改革内容和体系，而且要转变观念和理念。我们进行改革的核心目的在于：给教师一个良好的教学平台，给学生一个舒适的成长空间，其中心思想就是要“以学生为中心，因材施教”，它体现了提升教育质量的核心价值。只有真正树立“一切以学生为本”的教育观念，才能坚持不懈地进行教育教学改革。这也是我们将这一项目坚持了 10 年的根本动力。教育工作特别是教学工作短时期内不易见成效，10 年间我们不断修正、不断完善、不断深化，才看到实际的效果，才取得今天的成绩。其次，这一人才培养模式在社会上具有广泛的推广价值。全国 1 000 多所本科高校中，大多数属于一般高校。据统计，与我们情况相似的高校，在校学生总数约为 600 万人。学校面临的学生个体差异化和需求多样化的问题，也很可能是这些高校面临的共同问题。

# 改革本科人才生产方式与生产过程 提高人才培养质量

## ——北京工商大学校长谭向勇谈本科教学综合改革

◎ 李艺英　张春萍

谭向勇，1957年生，山西河津人。农业经济学博士、教授、博士生导师，全国优秀教师。主要研究方向为农业市场与政策。历任中国农业大学经济管理学院院长、中国农业大学研究生院常务副院长、中国农业大学副校长等，现任北京工商大学校长。

2013年9月9日，北京工商大学2013级本科新生开始了他们在学校本科教学综合改革模式下的“第一课”。其实，这一课始于2011年下半年，学校在7个专业进行了本科教学综合改革试点，2012年完善，2013年9月全面实施。这是北京工商大学举全校之力推进的一项旨在强化内涵建设、提高人才培养质量的历史性的战略举措。为什么要改？改什么？改成什么样？带着这些问题，记者采访了该校校长谭向勇教授。

---

**记者：** 近年来，高校普遍对科研工作非常重视，对教学工作相对重视不够，而贵校从2011年下半年起就开始了本科教学综合改革，今年在全校2013级学生中全面实施，请您介绍一下改革的背景？

---

**谭向勇：** 我们推进的本科教学综合改革可以说是大势所趋。1999年高校扩招以后，大学的软硬件、教师数量都跟不上学生增加的速度，所以就有了教育部2001年4号文件，提出加强高等学校本科教学工作、提高教学质量的问题；2003

本文刊发于《北京教育》高教版2013年第11期

年教育部决定开展普通高等学校本科教学工作水平评估。我认为教学评估工作保证了高校正常的教学秩序，也使得教学状况基本稳定下来。但教育质量不高是无法回避的事实，也是社会对高等教育诟病最多的问题之一。

现在用人单位和大学的关系在某种程度上说是一种市场的行为，用人单位的要求越来越高，市场化的企业需要有用的人，大学培养的人企业用不上，企业就不要，所以说企业的人才要求也给高校带来了很大的压力。此外，大学之间的竞争越来越激烈。高考学生数量下降，出国留学的学生比例提高，大学再不抓质量，慢慢就会被淘汰了。随着国际化的推进，教师和学生出国的人数越来越多，他们对国外大学的培养理念、教学方法、教学管理越来越了解；网上遍布来自国内外的优秀的教学资源。这一切都对学校形成了一种压力。

总之，面对新的挑战和发展机遇，大学必须进行改革，只有改革才会有新的发展，其中本科教学改革是改革的重中之重。从战略上来说，特别是从校长的职责来说，再过几年人家都改完了，你再改就来不及了。

从学校内部来说，学校现在具备改革的支撑条件。10 年前，学校阜成路校区在校生有 1 万多人，住宿吃饭都紧张，上课的地方也不足。在当时人、财、物都比较紧张、学术水平也不高的情况下，教改也是换汤不换药，解决不了根本问题。良乡校区的建成，为学生健康成才提供了良好的学习环境，也为学校的发展奠定了坚实的基础。

2007 年，教育部对北京工商大学本科教学工作水平进行了评估，学校获得“优秀”的成绩。随后几年里，学校重点抓了学科建设、教师队伍建设、科研、基础设施建设、规范化管理等工作。经过学科专业调整，目前，学校已拥有一个博士点，实现了博士点零的突破；硕士学位授权一级学科由 3 个增至 16 个，专业硕士学位授权点由 5 个增至 16 个。学校现有北京市重点学科 2 个，北京市重点建设学科 8 个。师资队伍方面，2008 年，学校的教师平均课时数一年是 500 学时上下，现在大约减了小一半：一是因为课程改革，二是教师数量增加了，学校每年大约引进 40 多位新教师，基本上都是“985 工程”大学的博士和博士后。学校的目标是，“十二五”结束时，专任教师数从原有的 700 人增加到 900 人。这样，学校师资队伍的数量有了增加，结构显著改善，质量提高也就有了基本保证。此外，学校的科研工作上升得很快，学校的科研经费从 2007 年的 4 500 多万元上升到 2012 年的 1.5 亿元。基础设施建设方面，学校完成了良乡一期工程后续工作及阜成路校区改造，基本保证了学校教学运行对硬件的需求，管理方面也逐步规范化。这些都为教学改革创造了必要的环境条件。

---

**记者：**本科教学综合改革的首要问题是什么？

---

**谭向勇：**本科教学综合改革是个系统工程，其首要问题是要解决思想认识问题，就是教师、学生、全校上下观念理念得跟上。这次改革，我们的具体目标是要把专业建设好、把课程建设好、把学生培养好。教育理念要从注重知识灌输转变到能力和素质培养上来，从专业教育转变到全人教育，从以教师为中心转变到以学生为中心，注重培养学生的表达能力、批判性思维能力、公民意识、社会责任感，培养学生适应多元文化的素养，培养他们广泛的兴趣，为就业做好准备。教师要以其执着的信念、高尚的道德情操、积极进取的精神风貌感染和激励学生。教学管理要随着教改的推进大胆创新，以适应新的形势需要。

改革是全方位的，涉及课程体系整合、教学方法改革、教学过程完整性、学业评价手段多样化、强化实践教学、拓展第二课堂、教学管理科学化、推进教育国际化等许多方面。改革，对教师的要求很高，需要我们的教师转变已经熟悉的教学方式、方法，改变理念跟上改革的步伐，这非常难。我估计，现在约有 1/3 的教师能跟着改革走，1/3 的教师认识不到位，还有 1/3 的教师可能对此还很不了解。但是，我希望能有一半以上的教师，能够认识到什么是大学？什么是大学精神？我们的人才应该怎么培养？所以，我们是不遗余力地、反复地宣传、培训，召开教师座谈会、系主任会、院长会、教授会等，就是希望大家能统一认识，意识到改革的必要性和关键所在。

认识基本统一后，我们就得拿出设计方案。让教师们看到现在是这个样子，改革后是另一个样子。为稳妥推进改革，从 2011 年下半年开始，我们先从会计学、英语等 7 个专业进行本科教学综合改革试点。教师们的反应就是："哦，原来教改是这么个样子。"要不然他不接受，这里面有一个深刻的社会问题。为什么中国人的创新能力比较差？这与中国的农耕文化有很大的关系，中国人不敢也不愿意去冒险。我们的教学改革也是这样，有些教师会说："现在的生活不错，为什么要改？要改革的话，是不是我的生活方式就改变了，我的教学方式也改变了，风险很大。"他舍不得他现在的习惯和状态，为什么？因为他对未来没有信心。所以一般来说，我们要解决思想问题，先要有条件的保证，然后试点。试点的意义就是告诉教师没那么大的风险，然后我们再总结其中的问题。基于这样的考虑，在试点的基础上，今年 9 月份，我们开始从 2013 级全面试行，一点一点按一定的节奏去做，计划用 3 年的时间全方位地实行，到"十三五"时，相信改革会见成效。

---

**记者：**请您介绍一下本科教学综合改革的核心内容？

---

**谭向勇：**这次改革，核心的问题就是两个：一是改革人才的生产方式；二是改革人才的生产过程。在人才的生产方式方面，我国跟西方甚至日本都不一样。我

们过多地训练学生得出标准答案，而不是训练学生的批判思维、逻辑思维和想象能力。我们的教法是先讲概念，然后是外延多大、内涵多少、核心几点、来龙去脉、重要意义等硬邦邦、干巴巴的一套模式，一代一代传下来，经年不变。所以，我们现在就要改这个人才的生产模式。就像我国的经济发展模式要改一样，我们要改革人才的生产方式。与之相适应，人才的生产过程也要改变。人才的生产过程是一个复杂的、缓慢的、环环相扣的紧密过程。现在的人才生产过程实际上就是教师上课、学生听课，辅导员专门负责学生的思想政治教育及生活服务。这就造成了教师上课不是全过程地服务学生，他只是服务了其中的一个环节，某种程度上说，现在我们大学的运行是教书的不育人，育人的不教书。人才培养应该是全方位的过程，现在我们把这些都分开，各负责一块，实际上都负责不好。基于此，我们这次改革强调综合，要让人才的生产方式、生产过程全方位符合把学生培养成有社会责任感的、善良的、业务能力强的、素质高的、遵纪守法的合格人才的目标。

在规划方面，遵循教育教学规律，吸收国内外本科教学的成功经验，学校、院系、专业、课程四个层次做好科学规划。围绕本科人才培养的理念、人才培养目标、课程体系、教学方法、评价方式、课后辅导、实验及社会实践、教学管理与运行等方面进行全面梳理。整合课程体系，改变课程设置比较细碎、课程门数较多的状况，每个专业集中建设好若干门核心课程。

在过程方面，强调过程的完整性。改变只注重课堂讲授这一环节的习惯做法，将课程说明、课堂讲授、课后辅导、小组讨论、答疑、作业、考试、实验、实习等环节结合起来。教师建立个人网页，公布所授课程的教学计划。除了课堂讲授，还要有课后辅导。每一章讲完要布置作业，安排小测验。另外，教师在教一门课程时，还应根据实际情况安排参观实习、实验、考试、相关学术报告等，只有通过完整的训练过程，人才培养质量才有保障。

在具体的改革举措方面，强调措施要配套。本科教学综合改革是一项复杂的系统工程，需要多方着手，全面推进，各项改革措施相互配套、衔接。要加大教学方法改革力度，更多运用启发式教学；加强对教师的教学理论、业务技能、敬业精神培训，力争使每一名教师都成为专家型的教师；加强科研工作，为学校的教学改革提供支撑；学校的人事、财务、资产、后勤、基建、网络中心、图书馆等各部门都要努力配合本科教学改革；学校及学院的教学管理制度、管理模式也要随着教学改革的推进作相应的调整。

**记者：**在改革的过程中会碰到比较多的困难，学校如何应对？

**谭向勇：**为了改革的顺利进行，此前的五年多，我们基本上是按照一个规范的现代大学的模型建立了一个框架体系，一遍遍地梳理清楚改革的问题和方向。根据学校的历史所形成的学科结构，我们对学院、专业进行了一些调整。在学科调整方面，学校分别于2008年和2011年两次调整合并相关院（系），将原有的17个院（系、部）调整为9个学院、1个教学部，基本实现了学科结构的战略性调整。在专业建设方面：一是减少专业，合并和减少了一些专业，集中资源和力量把学校能办好的专业办好；二是在专业调整的基础上进行专业化建设。

在本科教学方面，2013年9月前，学校的本科教学经历了四个阶段：第一阶段是合校后学校学科和教学管理融合的阶段；第二阶段是规范规章制度、完善教学管理的制度体系建设阶段；第三阶段是实施教育部本科教学质量工程要求的本科教学稳定运行阶段；第四个阶段是2011年以来本科教学综合改革的准备阶段。

改革过程中最难的问题不是物质条件不够，主要还是软件不够。我比较担心的第一个问题是，我们的教师能否适应本科教学综合改革的要求。我常说教师是个集导演、编剧、演员为一身的职业，需要具备很高的综合素质，可实际上很难做到。第二个大的问题就是，我们的管理队伍能否适应这种改革要求，我们现有的管理人员的素质以及现有的管理模式需要按照我们理想的模式去调试。第三个方面就是学生、学生家长，甚至包括社会的接受程度。说到底，改革是一个全社会的问题，我们得一点点往前做。

在具体教学方面，教师作为改革的主要实施者，对本科教学改革的成败起着决定性作用。我希望，第一，教师要更新观念、提高认识，要明确本科教学综合改革的目标，要思考为什么改，改什么，怎么改，要研究教学方法，通过先进的课堂教学组织模式把自己的知识有效地传达给学生，使学生成为一个合格的公民，合格的创新型人才。第二，教师要明确上课要做什么、怎么做，避免照本宣科的形式主义，要通过课堂教学给学生以思想和启发，培养学生的逻辑和批判性思维。教师要加强平时考核，课前让学生提前阅读和预习，课后为学生答疑，和学生讨论与交流。第三，教师要提高自身的知识水平，开展研究性教学，把科研工作和教学工作有机地结合起来，把知识系统化、结构化传授给学生。第四，教师既要教书，又要育人，要有高尚的情操、迷人的个人魅力和强烈的社会责任感，正确引导学生对社会的认知，严格要求学生。第五，教师要全面发展，提升自身的综合素质。

可以说，此前都是准备阶段，因为学校是一个合并校，学校办学定位、办学理念的重新确立，学科专业的调整，各种资源的整合，都是希望凝心聚力把教学科研工作做好，通过高水平的科研工作和高质量的人才服务社会。

**记者**：您曾经说过，一个校长如果教学和管理双肩挑，就做不好校长。您是博导，听说您来学校以后承担的科研工作就大量减少了，可能您对这方面有更多的体会，请您谈谈校长专门化这个问题？

**谭向勇**：大学校长必须是学者，因为你得懂行。你要是没有自己的学术地位，教师学生也不认可。除此之外，最关键的是你不理解，你没教过书、没做过研究，叫人怎么信服，所以你要不是学者，你做大学校长的条件就不够。大学管理是个宏观的系统，大学校长还得具备比较强的管理能力。有些著名的学者学术研究做得好、实验室工作做得也很好，却不见得都能管好大学。此外，我觉得一个校长必须有很强的社会责任感，要有奉献的精神和能力，如果一个人的合作能力差，自私自利，又不大气，肯定做不好校长。总之，要做一名好校长，让大家从心里认可你，没有学术地位，没有管理能力，没有奉献精神，肯定不行。

说实在的，一个人同时做两个人的工作，你是做不到的。当一名好的教授，你都得夜以继日地工作；当一名校长更辛苦，一天没有 10 个小时的工作量，你是管不好中国大学的。所以，当了校长之后，应该是自己的业务基本停下来，特别是搞自然科学的，你天天去实验室干活，哪有时间管理学校？把精力主要放在管理上。不当校长了，那你继续做业务。如果你一直当校长，当到退休，那干脆别做业务了，百分之百当校长，全心全意思考学校的发展。我现在基本上没有教学和科研任务，每天就是尽可能地完成好校长的工作。

## 微语录（谭向勇）

※ 简单是最美好的，但要做到简单是很不简单的。大学应该去掉杂七杂八的事情，集中抓好教学科研，培养好人才。

※ 我们是一个勤劳、伟大的民族，但在组织和战略方面存在着不足。

※ 本科教学综合改革就是要改变人才生产方式和生产过程，用世界上先进的人才培养方式替代落后的。

※ 教师的职责是崇高的，教师的职责就是教书育人，不能教书的不育人，育人的不教书。

## 微访谈

记者：您的兴趣爱好是？您的业余生活如何安排？

谭向勇：读书和散步。

记者：您了解老师、学生生活和困惑的渠道和方式是？

谭向勇：校长信箱、师生舆情调研、“双代会”提案和个别谈话等。

记者：对您做人处世影响最大的一句话是？

谭向勇：有容乃大，无欲则刚。

记者：在您的办学理念形成过程中，对您影响最大的几本书是？

谭向勇：《大学的理念》[英]约翰·亨利·纽曼(John Henry Newman)著；《民主与教育》[美]约翰·杜威(Democracy and Education)著。

记者：对您启发最大的一句教育名言是？

谭向勇：无知是不幸的根源(古希腊哲学家柏拉图)。

记者：您最崇敬的教育大家是？

谭向勇：约翰·杜威(John Dewey，1859—1952 美国著名的教育思想家、实用主义哲学家)。

记者：您心目中的好学生的标准是？

谭向勇：简单实在、活泼向上、努力奋斗、奉献社会。

记者：您认为什么样的老师是好老师？

谭向勇：又红又专、教书育人。

记者：您心目中最理想的校长是什么样的？

谭向勇：有学术地位、有管理能力、有战略眼光、有大家风范。

记者：您经常说的一句话是？

谭向勇：要有正确的世界观、价值观和人生观，说话办事要讲原则、讲程序、讲效果。

# 服务首都城乡发展一体化
# 努力培养现代卓越农林人才
## ——访北京农学院党委书记郑文堂

◎ 苏安国　高建伟

郑文堂，1960 年 7 月出生，山西潞城人，中共党员，教授，博士生导师，亚美尼亚工程院外籍院士。毕业于西南财经大学，经济学博士，英国格莱摩根大学荣誉博士，俄罗斯圣彼得堡国立建筑工程大学荣誉博士。曾任北方工业大学党委副书记、副校长，北京建筑工程学院校长等职，2011 年 9 月任北京农学院党委书记。兼任英国格莱摩根大学荣誉教授，教育部农林经济管理教学指导委员会副主任委员，农业部科学技术委员会委员等。先后出版专著 12 部，主持省部级及以上重大科研项目 15 项，曾荣获全国党建优秀成果一等奖 1 项，国家科技进步二等奖 1 项，省部级科技进步一、二等奖 6 项。

当前，首都上下正在贯彻落实习近平总书记视察北京时的重要讲话精神，全面加快国际一流和谐宜居之都建设，加快推进城乡一体化发展。推进首都城乡发展一体化，离不开具有现代农业管理知识、掌握现代农业科技的卓越农林人才。作为市属农林高校，北京农学院致力于培养都市型现代农业发展的现代卓越农林人才。现代卓越农林人才应该具备哪些素质？应该如何培养？为此，我们专访了北京农学院党委书记郑文堂。

---

**记者：**北京市争取率先在全国实现城乡发展一体化，加快建设美丽北京、世界

本文刊发于《北京教育》高教版 2014 年第 5 期

城市。在这样的背景下，北京农学院如何在首都城乡一体化实现过程中贡献自己的力量？

**郑文堂：**北京农学院作为一所特色鲜明、多科融合的北京市属农林院校，已经有58年的办学历史。58年来，学校始终坚持“以农为本、唯实求新”的办学理念和“立足首都、服务三农、辐射全国”的办学定位，为首都经济社会发展特别是新农村建设培养了4万余名优秀人才，他们中间有一批杰出的农业领域专家学者、有一批优秀的涉农企业家、有一批从基层一线成长起来的政府高级管理人员、有一批活跃在社会各个领域的知名人士。特别是学校近年来在现代农林人才培养以及都市型现代农业理论研究与实践探索方面取得的成果，在全国同类院校中产生了良好的示范和引领作用。

北京把都市型现代农业作为建设世界城市的特色产业和首都生态宜居的重要基础，大力发展以籽种农业、休闲农业、循环农业、会展农业、设施农业、节水农业为特色的都市型现代农业，急需一批具有生物技术、动植物疫病防控、农业节水环保、农产品质量安全等知识和技能的现代农林人才。

作为市属农林院校，北京农学院的人才培养立足于北京独特的区位特征、地理位置、自然条件、产业格局、文化优势等，尤其是在农业产业发展方面的定位、目标、规律、特征、需求等一系列因素，努力为北京城乡一体化建设、都市型现代农业发展培养现代卓越农林人才。

**记者：**您认为卓越农林人才应具备哪些素质？

**郑文堂：**从当前和今后一段时期首都城乡发展一体化趋势来看，我认为卓越农林人才主要应具备科学素养、创新精神、担当意识、大爱情怀这四个方面的素质。

科学素养的核心是科学精神。它是一个人在处事行事中所具有的一种精神气质，是一种执着的探索精神。作为一名卓越农林人才，既要养成科学正确的世界观、人生观、价值观，又要认真学习科学文化知识，学农、爱农，全面学习掌握现代农业发展的规律、理论、知识和技能，积极投身社会实践，运用所学知识和技能，用科学的知识、技能、方法、手段解决新时期、新阶段现代农业发展的重大理论与实践问题。

创新精神是一种勇于抛弃旧思想旧事物、创立新思想新事物的精神。作为一名卓越农林人才，要不断追求新知、上下求索，积极探索现代农业发展的新规律、新模式、新组织、新技术、新手段、新品种、新成果，努力掌握农业生物技术、信息技术、新材料技术、先进制造技术、精准农业技术，致力于解决土地、资源、食品、环境，以及雨雪、冰灾等制约农业发展的瓶颈问题，推动现代农业健康快速发展。

除了科学素养与创新精神外，我们还提出了要培养学生的担当意识。作为一名卓越农林人才，要主动把自己的学习和成长融入到农业现代化、新型城镇化建设、生态文明发展、美丽乡村建设、城乡一体化发展等重大战略部署的各个方面、各个环节，志愿到“三农”发展最需要、到首都发展最需要、到祖国最需要的地方去就业、去创业、去建功立业，勇敢地担当起时代赋予我们的使命。

此外，我们还强调要培养学生的大爱情怀。作为一名卓越农林人才，要拥有一颗爱人、爱己、爱家、爱校、爱农、爱党、爱国之心，自觉践行北农精神、北京精神、志愿服务精神等一系列优良传统，通过学校富有特色的女子国旗班、红色“1＋1”、双百对接、“村官”挂职锻炼等丰富多彩的主题实践活动，深入农村、农户、农企等，带着深厚的感情帮村扶户，不怕脏、不怕苦，不怕累，把足迹踏遍田间地头，把成果凝结在农民的收获里。

当然，“卓越”的标准绝不仅仅指我们所概括的四个方面，不同时期、不同专业、个体、行业、领域，对“卓越”的要求不尽相同，这需要我们根据实际情况，进一步地探索、挖掘、研究和实践。

---

**记者：**北京农学院在培养卓越农林人才方面做了哪些积极的努力和探索？

---

**郑文堂：**一是创新教育教学体系，筑牢人才培养根基。教育教学是人才培养的基础，学校出台了《“卓越农林人才教育培养计划”工作方案》，在专业建设、教材更新、课程设置、实验实训等方面创新教育教学体系。在专业建设方面，学校打造了“公共通识、专业基础、专业特色”三平台，构建了“都市型现代农业模块、素质教育模块、卫生与心理健康模块、科学研究方法模块”四个模块的教学体系，实施了强化动手能力培养的“3＋1”实习实践教学方案，在园艺学、动物医学两个国家级特色专业启动了“卓越农艺师”和“卓越兽医师”培养计划。学校适时调整与完善专业群，农科专业突出都市农业规划布局、生态涵养、籽种生产与设施生产、加工贮藏、质量安全管理等教学设计和教学管理，对都市农业产业链实施农科教育的整体优化；对食品科学与工程、社会工作、计算机科学与技术等非农专业加以改造，使非农专业与优势农科专业有机结合。在充分调研和深入分析都市现代农业发展和未来趋势的基础上，设置包装工程、会展经济、农业资源与环境等专业，打造出具有鲜明都市型现代农业人才培养特色的专业集群，为都市型现代农业人才培养筑牢平台。在教材和课程设置方面，学校围绕着首都农业、农村、农民及产业

结构调整以及设施、籽种、观光、生态农业等业态和功能需求，建立交叉性、综合性的专业主干课程体系、专业基础课程体系和通识性基础课程体系，不断完善和扩充与都市型现代农业相关的教学内容。主编都市型现代农业系列特色教材，创建了以都市型现代农业系列教材为主导，国家、省部级规划教材及精品教材为核心的都市农业特色教材体系。

二是构建科研助推体系，增强人才培养活力。科学研究有助于增强人才培养的动力和活力。学校围绕都市型卓越农林人才的培养需求，构建了植物科学学科群、畜牧兽医学科群、生态环境和食品安全学科群、生态环境建设与城镇规划学科群、农林经济与文法学科群“五大都市农业学科群”，打造了农、工、管、文、经、法融会贯通的优势平台，为满足学生求知、求变、求新需求，为增强人才培养活力奠定了坚实基础。学校通过产学研合作，聘请涉农科研院所知名专家教授、涉农企业高级管理人员为客座教授，与校内专家教授共同组建都市型现代农业创新团队，通过聘用学生为团队科研助理，带领学生参与项目研究、科研攻关，鼓励学生将理论知识与科研实践紧密结合，激发了学生对都市型现代农业新知识、新技术、新品种的强烈学习愿望，增强了学生的创新意识和创新能力，增强了人才培养活力。学校以农业部都市农业重点实验室、北京新农村建设研究基地等科研平台为依托，围绕都市型现代农业发展理论与实践重大需求，在都市型现代农业建设与产业技术经济、经济植物种质创新与生态调控、经济动物育种与中兽医药理论与技术、乡村景观规划与生态林关键技术、食品加工与质量安全检测等重要领域加强科技攻关，先后获得了国家科技进步二等奖、北京市科技进步一等奖等一批重大奖励，在推动现代农业发展的同时，也使得广大教师及时掌握了都市型现代农业发展领域的最新技术、知识、信息，并将其反馈到教学实践中，应用到人才培养的具体过程中，激发学生的求知欲望，满足学生的成长需求。学校广泛开展各类“三农”学术交流和实践活动，通过“三农”学术沙龙、“三农”文化节、食品文化节、新农民学校、田间地头培训等，组织学生开展各类科技活动、科普活动和学科竞赛，活跃了学校的学术和文化气氛，激发学生的创新激情，增强了人才培养活力。

三是完善开放办学体系，拓宽人才培养渠道。开放办学有助于发挥人才培养的协同优势。学校立足于北京城乡发展一体化对不同层次、不同领域、不同类型人才的实际需求，强化与地方政府、行业单位、涉农企业、重点高校以及科研机构的合作交流，拓宽人才培养渠道。第一，构筑“校政联合”培养平台。通过与北京市教委、科委、农委等政府部门签订共建协议，与平谷、门头沟等区县签订全面战略合作协议，及时了解首都城乡发展一体化的政策、需求、导向和部署，提高人才培养的针对性。特别是学校与郊区县政府联合开展的大学生“村官”培养培训工作，得到了中央和北京市的充分肯定，李源潮批示："北京农学院培养'村官'的经验很好，为新农村建设输送了新型人才。"第二，构筑"校企联合"培养平台。通过与首都农业集团、顺鑫农业股份有限公司等大型农业企业签订人才培养合作协议，借助企业先进的管理经验、经营理念、生产技术、人力资源等优势，提高学生城乡发展规划、设计、贸易、营销、品牌等方面的实践技能。第三，构筑"校校联合"培养平台。通过与中国农业大学、北京林业大学签订人才培养对口支援合作协议，借助于重点高校雄厚的教学、科研资源，有针对性地强化卓越农林人才的塑造和培养。第四，构筑"校科联合"培养平台。通过与北京市农林科学院、中国农科院合作开展项目攻关、导师互聘等，有针对性地提升卓越农林人才的创新意识。第五，构筑"国际合作"培养平台。通过与英国哈珀·亚当斯大学、澳大利亚埃迪斯科文大学签订"3+1"人才联合协议，学习借鉴其在服务城市发展和农村建设中的先进经验，拓宽卓越农林人才培养的视野。

---

**记者：**请您结合卓越农林人才培养，谈一谈学校未来的发展？

---

**郑文堂：**人才培养工作是一项开放的、发展的、动态的、不断超越的事业。围绕培养卓越农林人才的目标，学校将不断创新办学的体制机制，不断加强办学软件和硬件建设，以教学为基础，以学科为引领，以科技为支撑，以师资为保障，不断探索卓越农林人才培养的新模式、新途径，从而使学校农林人才的培养更好更快地适应首都都市型农业发展的新特点、新形势、新要求。

为了更好地培养卓越农林人才，学校在教育教学、学科科研、师资队伍、硬件环境、管理服务等各方面都努力实现"一流"。我们将不断完善都市型现代农业高等教育教学体系，优化学科专业结构，加强科技创新体系建设，建设高水平师资队伍，提升国际化办学水平，加快建设功能齐全、环境优美的校园。

目前，学校正在以今年6月即将召开第三次党代会为契机，全面推进"更名大学"工作，以"更名"更好地促进学校发展，加快建设特色鲜明、高水平的都市型现代农林大学，为培养现代卓越农林人才奠定更坚实的基础，打造更优质的环境。

## 微访谈

记者：您的兴趣爱好是？

郑文堂：读书，散步。

记者：您平时喜欢看哪方面的书籍？

郑文堂：国内外高等教育发展、现代农业发展，以及管理科学等方面的书籍。

记者：对您做人处世影响最大的一句话是？

郑文堂：求真，务实。

记者：对您启发最大的一句教育名言是？

郑文堂：授人以鱼，不如授之以渔。

记者：您崇敬的教育大家是？

郑文堂：蒋南翔先生。

记者：您心目中好学生的标准是？

郑文堂：一名好学生，应该具备良好的科学素养、创新精神、担当意识和大爱情怀。

记者：您认为什么样的教师是好教师？

郑文堂：好教师应该治学严谨、勇于创新、立德树人、学生为本。

记者：您心目中最理想的书记、校长是什么样的？

郑文堂：作为一名高校的党委书记或校长，应该具有深邃的办学理念、宽阔的战略思维、清晰的发展目标，在传承的基础上勇于创新。

记者：您经常说的一句话是？

郑文堂：努力工作，勇于担当，不留遗憾。

# 培养高素质技能人才　办特色鲜明高职院校

## ——访北京工业职业技术学院党委书记王伟

◎李福兰　卜　珺

王伟，教授。1963年11月出生，山东人。1985年本科毕业于浙江农业大学，1988年研究生毕业于西北农业大学。曾担任北京农学院副院长、北京建筑工程学院党委副书记，2012年3月至今担任北京工业职业技术学院党委书记。1992年被评为北京市高等学校优秀青年骨干教师、1993年获得北京市优秀教师称号。研究方向为农业经济管理和高等教育管理，获北京市教育教学成果(高等教育)二等奖一项，在《生产力研究》《农业科技管理》等刊物发表论文60余篇，出版著作和教材7部，主持、参加科研项目9项。

6月27日，为期1个月的2014年全国职业院校技能大赛在天津闭幕，北京工业职业技术学院荣获7个一等奖，总成绩位居北京市高职院校第一名。为此，记者就高职院校的办学定位和发展特色专访了该校党委书记王伟。

**记者：**欣闻贵校在全国职业院校技能大赛上成绩骄人、名列前茅，作为全国示范性职业技术学院建设单位，请问贵校的办学优势、特色有哪些？

**王伟：**通过这次大赛，多年来学校坚持竞赛为高技能人才培养服务、“以赛带教　以赛带学”、引导人才培养模式改革、突出学生职业技能培养、注重实训设施建设和“双师型”师资模式改革等工作受到了肯定和鼓舞。今年我们在全国职业

本文刊发于《北京教育》高教版2014年第10期

院校技能大赛(高职组)获得的一等奖数量在全国也是第一。

学校始终坚持“校企互动、产教对接、学做合一”的办学理念,为适应北京市经济结构调整、产业升级对高技能人才的需求,学院按照建设以生产服务业和高新技术产业为主体、文化创意产业和旅游休闲产业为特色的京西现代产业体系和中国特色世界城市的要求,通过优化专业结构,不断加强内涵建设,将办学定位调整为“立足工业,面向北京,辐射首都经济圈,为北京现代制造、城市建设、电子信息、安全生产及现代服务等领域培养高素质技能型人才”,构建了工学结合、校企合作、顶岗实习的人才培养模式,提高了人才培养的质量。

在办学特色方面,主要有以下几方面:一是把握高职内涵准确定位,深化教学改革保证质量。学校结合行业企业发展趋势,关注人才市场需求动态,实施“三个全部”,即全部专业优化了人才培养方案、全部课程统一更新了课程标准、全部课程融入了职业素养养成教育,完成了人才培养标准的优化工作,巩固“重点专业引领工程”。二是重视应用人才培养质量,保障教育过程整体推进。学校近三年就业率一直保持在98%以上,国家级重点专业对口率近90%,用人单位和毕业生对学校人才培养工作的满意度持续增长,2012年被评为“全国就业50强”。学校在坚持“学中做做中学,学做统一,学训一体”的基础上,按照“真设备操作、真项目训练、真环境育人”的要求,把传统教学楼改造为学训一体楼。三是产学合作服务区域发展,校企互动构筑就业平台。学校追踪区域产业发展和行业需求,积极开展全方位、深层次、重实效的校企合作,构建了“学校+科技园区”“专业+大型企业”“专业+龙头企业+企业联盟”“专业+校办企业”和“专业+行业协会”五种典型产学合作模式,构筑起合作办学、合作育人、合作就业、合作发展的校企合作平台。此外,学校按照人才培养定位,依托行业优势,创建了“一体两翼”的特色办学模式。正因为如此,我们刚刚获得了国家级教学成果一等奖、二等奖各一项。

---

**记者:**您觉得习近平总书记、李克强总理在北京召开的全国职业教育工作会议上的讲话对职业教育领域,尤其是高等职业教育来说意味着什么?

---

**王伟:**这次召开的全国职业教育工作会议非常重要。在新的形势下,高等职业教育院校既面临难得的发展机遇,同时也伴随着巨大的挑战。第一,会议更加明确职业教育的战略地位。习近平总书记要求各级党委和政府把加快发展现代职业教育摆在更加突出的位置;李克强总理也强调,要加快培养高素质劳动者和技能人才,为推动经济发展和保持比较充分就业提供支撑。第二,会议更加突出

职业教育的功能。从国家和民族的层面，加快职业教育发展为实现“两个一百年”的奋斗目标提供坚实人才保障；从个体的发展层面，营造人人皆可成才、人人尽展其才的良好环境，让职业教育成为广大青年打开通往成功成才大门的重要途径。第三，会议更加明确职业教育的目标。努力建设中国特色职业教育体系，既要包括各个层次、各种类型，加大对农村地区、民族地区、贫困地区职业教育的支持力度，又要突出中国特色，在借鉴发达国家职业教育经验的同时，要结合中国的实际情况与中国教育的特色。第四，这次会议更加突出职业教育的特色。习近平总书记指出，“坚持产教融合、校企合作，坚持工学结合、知行合一”，李克强总理强调，“要走校企结合、产教融合、突出实战和应用的办学路子”，要求职业教育深化改革、增强活力。第五，树立正确的人才观。习近平总书记指出，“培育和践行社会主义核心价值观，着力提高人才培养质量，弘扬劳动光荣、技能宝贵、创造伟大的时代风尚”。李克强总理强调，“要把提高职业技能和培养职业精神高度融合”。

新形势对职业教育领域提出了更高的要求，如何培养高素质技术技能型人才来实现“两个一百年”的奋斗目标呢？第一，以就业为导向，深化教育改革；以服务为宗旨，提升就业品质。不断探索新形势下的高职教育内涵，适应国家与区域经济社会发展需求，不断调整人才培养定位，通过持续深化教育教学改革，持续提升人才培养质量，为高品质就业奠定扎实的基础。第二，立足服务新型城镇化，扩大职业教育培养对象。一方面，随着城镇化与农业现代化的推进，粗放型的农村经济已经不能适应时代的需要，随之而来的是对新型职业农民与现代化农业技术人才的需要；另一方面，随着城镇化进程的不断推进，农村人口不断向城镇集聚，提升劳动者的整体素质和技能水平已经成为高职服务新型城镇化的自觉责任和重要使命。第三，发挥职业教育特色功能，构建终身教育体系。构建终身教育理念，适应经济发展方式转变和现代产业体系建设需求，满足人的自由而全面的发展需要，构建职业教育与其他教育沟通衔接的“立交桥”。

---

**记者：**新形势下，您认为高职院校该如何定位？其核心竞争力又是什么？教育部提出“985 工程”“211 工程”学校可以举办职业教育，并鼓励三本院校开展职业教育。您是如何看待这个举措的？

---

**王伟：**职业教育的层次、类型众多，其中，高等职业教育既是我国职业教育的重要组成部分，也是高等教育的重要类型，担负着培养面向生产、建设、服务、管理第一线需要的高素质、技术技能、应用型专门人才的使命。因此，新形势下高等职

业院校的定位就显得尤为重要，一方面，高职院校要明确高级应用型人才的培养目标，侧重实际工作能力的培训，强化应用型人才的培养质量；另一方面，高职院校要加强与企业的联系，扩大人民群众接受高等教育的机会，推动教育公平和区域统筹乃至整个社会的和谐发展。

高等职业院校办学要上层次和水平，要有发展的效率和成功率，核心竞争力是重要筹码。高职院校的核心竞争力主要是人才培养质量，这是使高职院校在竞争中取得可持续生存与发展的重要法宝。另外，职业教育院校办学水平高不高，要看其是否有自己的办学特色和相对优势，即独有的、在其发展过程中长期培育和积淀形成并深深融入高职院校内质中，并支撑高职院校竞争优势的能力系统。师资队伍建设和实训室教学是能够突显高职院校核心竞争力的关键所在。

在我看来，各个层次、各种类型的院校都有其定位和特色，也有其相应的办学优势和资源条件。如果培养出来的人“高不成低不就”，这样的结果并不是我们所期望的。职业教育的目标是培养高素质的技术技能人才，我们在开展职业教育时，要始终明确这一清晰目标。我认为如果要想真正加强职业教育的地位、改善职业教育的现状，建立完善的职业教育体系才是明智之举，让中等职业院校、高等职业院校毕业的学生都有较好的继续教育机会，让职业教育和其他教育形式可以很好地融会贯通，让职业教育真正成为终身教育的一部分。

---

**记者：**人才培养是贵校“三个面向”战略方针的落脚点，您对大家普遍关注的高职学生的学历问题怎么看？

---

**王伟：**我国社会在由传统的计划经济向市场经济转型的时期，“学历社会”难以避免，无论用人单位、学生家长，还是社会的各个方面都非常看重学历。实际上，这个问题正在逐渐转变。一方面，国家在强调培养大批怀有一技之长的劳动者的同时，企业也越来越注重应聘者的技术能力；另一方面，随着高等教育的普及化，本科毕业生已经不是社会精英的象征。这种情况下，树立正确的人才观才是最重要的，每个人都有自己的长处和优势，教育的意义就是激发他把自己这个优势、潜能调动出来。高学历不一定适应每一个人，没有高学历也可以成为优秀人才。学历重要，能力素质更重要。

在这种环境下，学历问题对职业院校的发展是挑战，也是机遇。只有构建职业教育与其他教育沟通衔接的“立交桥”，构建现代职业教育体系，形成普通教育与职业教育开放融合、互连贯通的完备体系，我国的职业教育才可以有更长足的发展，职业学校学生的学历问题也就不成为问题了。

**记者：**最后，请您谈谈贵校未来的发展思路？

**王伟：**北京职业院校需要围绕北京城市战略定位，为优化产业结构升级服务，进一步提高人才培养的质量。北京工业职业技术学院作为北京市职业院校的成员之一，也提出了学校发展的总体目标：到 2020 年把学校建成特色鲜明、全国领先的高水平职业技术学院。为此，要努力使学校办学水平全面提升，办学实力显著增强，达到举办更高层次职业教育的水平，跻身全国一流高职院校的前列。经过 7 年的建设，实现“六个显著提升”，即专业技术水平显著提升、师资队伍水平显著提升、培养质量显著提升、社会服务能力显著提升、国际化办学水平显著提升、育人条件显著提升。

今后五年是学校实现发展总体目标的关键时期，重点完成以下主要任务：一是着力推进专业建设，提升核心竞争力。适应产业发展和产业结构优化升级的需要，结合学院传统优势和办学条件，加快专业改造调整，优化专业结构布局，形成结构协调、布局合理、优势突出、特色鲜明的专业结构体系；重点建设服务现代制造、城市建设、电子信息等产业的专业，扶持面向现代服务业的专业建设水平，办出特色。二是着力推进教育教学改革，提高人才培养质量。切实加强素质教育，坚持育人为本、德育为先，把社会主义核心价值体系融入人才培养全过程，提高学生道德文明素质和职业素养。加强校企合作、工学结合，强化教学、学习、实训相融合的教育教学活动，加强职业技能竞赛与日常教学工作的统筹协调。加强课程建设和教学内容改革，继续推行项目化教学、案例教学、工作过程导向教学等“教学做一体”的教学模式。三是着力推进师资队伍建设，打造高水平人才队伍。围绕专业建设的总体要求，坚持分类管理、分层建设、突出重点、统筹兼顾，着力优化结构，大力提升水平，造就一支师德高尚、业务精湛、结构合理、充满活力的高水平师资队伍。四是着力推进服务能力建设，提高社会贡献度。依托专业优势，以技术服务中心建设为平台，重点加强科研和技术服务团队建设，强化科技创新，鼓励科技开发；通过联合攻关解决企业生产技术难题，推进产学研深度合作，提升服务企业、服务行业的水平和层次。五是着力推进体制机制改革，增强内涵发展驱动力。完善合作发展长效机制，依托专业优势，联合行业、企业和职业院校组建行业性职业教育集团，推动产教融合发展；健全内部管理体制，健全两级管理体制，增强系（部）发展动力，强化系（部）发展责任；改革人事分配制度，完善人员聘用、考核、评价、激励机制，健全岗位绩效工资制度，优化有利于各类人才脱颖而出和充分施展才华的环境，提高人力资源开发与管理水平。

## 微访谈

记者：对您启发最大的一句教育名言是？

王伟：千教万教，教人求真；千学万学，学做真人。

——陶行知

记者：您最崇敬的教育大家是？

王伟：陶行知、蔡元培。

记者：您心目中好学生的标准是？

王伟：每一个学生都会成为好学生。

记者：您认为什么样的教师是好教师？

王伟：品德好、学问高、爱学生。

记者：您的兴趣爱好是？

王伟：读书和打乒乓球。

记者：您经常说的一句话是？

王伟：严于律己、宽以待人、换位思考、互相尊重。

# 把握新常态　打造人才培养模式升级版

## ——北京联合大学校长卢振洋访谈录

◎ 李艺英　卜　珺

卢振洋，1957 年出生，北京人，博士，研究员。曾任北京工业大学金属材料工程系党总支副书记、副主任、学校科技处副处长、处长、校长助理、副校长等职，2012 年 8 月任北京联合大学校长。兼任中国汽车工程学会理事、北京市发明协会副理事长，北京现代制造业发展研究基地主任等。主要从事材料加工工程领域的研究工作，参加完成了国家自然科学基金、北京市自然科学基金、北京市科技发展项目等十几项科研工作，核心期刊发表科技论文近 50 篇，参编专著两部，获国家专利 8 项(其中第一发明人 5 项)。

目前，中国经济从高速增长步入中高速增长的新常态。面对中国经济进入换挡降速、提质增效的新常态，中国社会各领域正在适应，世界也在适应“中国节奏”。当新常态遇上中国教育实现由人口大国到人力资源大国历史性转变、基本实现教育现代化进入倒计时的历史关口，高等教育如何为经济转型升级提供强有力的人才和智力支撑？教育进一步发展的活力何在？为此，记者采访了北京联合大学校长卢振洋。

---

**记者：** 近几年来，我国高校毕业生就业难问题日益突出，尤其是随着经济发展进入新常态，高校毕业生就业难问题倒逼人才培养模式的再思考、再定位，就成为

本文刊发于《北京教育》高教版 2015 年第 7—8 期

一个重要而紧迫的时代课题。请问卢校长，您是如何看待这一问题的？

**卢振洋：** 2014 年 5 月，习近平总书记在河南考察时首次以“新常态”描述新周期中的中国经济，2014 年底召开的中央经济工作会议对经济发展新常态又作了系统阐释，概括地说就是“速度变化、结构优化、动力转化”。伴随着发展速度放缓，所有的行业、企业都在从规模扩张向内涵发展、品牌塑造转变，这是大势所趋。社会经济发展对高等教育产生深刻影响，高等教育已经成为经济社会发展必要的智力基础，高等教育只有走内涵特色发展路径，才能更好服务于我国产业经济结构的转型升级。过去快速发展的 30 多年，是以大城市为中心的发展模式，看城市的 GDP，看城市的资源总量；未来 30 年是强国的 30 年，全面实现小康意味着以城市对区域经济发展的贡献作为新的评价标准。例如：珠三角地区、长三角地区发展都比较均衡，但北京对京津冀地区的拉动效用相对较差。京津冀一体化变成国家战略，是有历史和现实意义的，首都未来将进一步把资源进行分化和转移，为周边城市提供资源支撑。这些新常态和新变化对学校的人才培养提出了新挑战。同经济发展一样，人才培养也从规模发展转向质量提升，过去只要大学毕业就会安排工作，现在研究生毕业也不一定找得到工作，这就要看毕业生是否有真本事，其总体素质是否适应社会发展的需要。

**记者：** 基于适应和引领“新常态”，高等教育的内涵特色发展路径的核心应是什么呢？

**卢振洋：** 认识新常态、适应新常态、融入新常态以及引领新常态，是高等教育未来一段时间的重要发展思路。只有如此，才能走出高等教育各具特色的内涵发展道路。高等教育内涵式发展已经说了若干年，现在要开始对自己动刀子、做手术了。这不是个人主观意愿问题，而是社会和历史的必然，主动适应可以走得远一些，被动适应就差一点，坚决不适应就一定会头破血流。高等教育内涵式发展的核心就是培养高素质人才。一方面，经济产业结构转型需要高素质人力资源提供智力支持；另一方面，毕业生充分就业、高质量就业也可以积极推动经济产业结构转型升级，两者相互促进，互为必要条件。从 2014 年宏观数据来看，中国在经济下行的同时，基本保持了就业稳定，这是经济转型的正向标志之一。同时，经济转型创造了对高素质人才资源更多的市场需求。市场调查数据可以验证这一结论，“前程无忧”2015 年第一季度雇主招聘意愿调查显示，82.3%的受访雇主计划一季度比 2014 年同期招聘更多的雇员，其中，计划增加本科及以上毕业生招聘的雇主占 47.2%，是历次调查中雇主招聘大学生意愿最强的一次。产业结构调整升级，企业经营方式随之转型，企业对雇员的知识和能力要求有所提高。中国经济正在由工业主导向服务业主导加快转变。为什么第三产业、服务业会日益成为未来经济增长支撑点？我们用手机做一个例子。1985 年，真正意义上的手机问世，30 多年来手机更新换代越来越快，功能体验已经没有了最优，消费者对于情感体验的需求逐渐超过了对功能体验的需求，最为典型的例子属于“果粉”—苹果手机的拥护者们，大多数人购买苹果手机并不是因为它丰富的功能，仅仅在于其出色的设计与使用体验带来的心动感。产业形态的发展之快超乎想象，手机从摩托罗拉到诺基亚，再到苹果，下一个会是什么呢？这种发展趋势对学生自身的综合素质、对于人文素养和专业技术相互交融的能力要求越来越高，简单掌握一项技术远远不够。也就是说，现在的高素质不仅要掌握有“一招鲜”的技术，而且还要具备多学科交叉融合的综合素质。

**记者：**新常态下与高素质的人才相对应的人才培养模式又是什么呢？

**卢振洋：**我们过去的教育，特别是我们中国大陆的教育，总体上是以知识传授为中心来展开的。从 1961 年普莱斯提出知识爆炸理论以来，半个世纪过去了。他当时提出 10 到 15 年，人类知识翻一番。日本的一个情报研究所预测，从 2012 年到 2020 年 8 年间，人类知识总量可能要增长 3 到 4 倍。换句话说，任何教育，在这样一个知识迅速成倍增长的时代里面，仍然依靠以传授知识为核心的教育，要想把专业、课程知识全部传授给学生，让学生在有限的时间内接受的观念，已经脱离当下的实际了。因此，要从以往以知识为中心转向真正以学生为中心。什么是以学生为中心？是以学生获得的能力，获得的人生发展基本条件和机会为评价标准，不是以教了多少门课、传达了多少知识为标准。以往从教师的角度、学院的角度、学校的角度、政府的角度思考怎么进行人才培养，现在反过来，一切要从学生出发，思考我们的专业怎么办。要做到教学范式、课程范式、学习方式以及管理方式全方位的转型，要从以往目标管理为主向目标与过程管理相结合转变。以往我们缺乏过程管理，太注重卷面分数了。其实 90 分的学生不一定比 80 分的学生优秀很多。怎么评价呢？要通过过程了解。高校的人才培养方案，需要每门课程的教师认真思考，是给学生一头猎物还是一杆猎枪。每门课到底给学生发什么枪，是长枪、短枪、散弹枪、狙击枪还是发一门炮？不要觉得炮一定比枪重要。当两个人短兵相接的时候，炮就用不上了，关键是要进行分析，要结合知识的时代特征进行思考。正如香港城市大学副校长程星所言：“高等教育的大众化彻底颠覆了大学师生之间传统的关系，学生权利意识的觉醒更是将原本属于市场的消费主义引进校园。”

有人说，站在过去看现在是老人视角，站在现在看现在是年轻人的视角，那么教师视角应该是站在未来看现在才对。教师要以学生为中心，以学生为本，就要认真研究学生，这些学生未来几十年在社会上到底干什么，能承担哪些社会角色，能够完成社会赋予他们的哪些人生使命，他们在自我人生几十年的发展当中，到底能够怎么样，我们必须对他们有一个判断。然后，才能确定这门课到底应该讲什么，讲多深，我们现在传授知识，知识不是目标，而是载体，通过传授知识让学生学会获取知识、提高学习的能力。所以，我们以往的人才培养模式要升级，升级的关键就是把受教育权还给受教育者。从大趋势看，高校总体上要实行学分制。真正的学分制的核心，就是说开什么专业、上什么课、什么时间上、几年毕业，要由受教育者选择，课程教学模块化、实习实训流程化，同时对学生的职业规划进行辅导。学生的职业规划应该从入学开始，应该与学业规划相结合。学校提供的就业服务需要进一步前置和拓展，需要全校全员参与，真正实现招生就业人才培养的一体化。

---

**记者：** 北京联合大学的前身是1978年北京市依靠清华大学、北京大学等大学创办的36所大学分校。在高素质人才培养的过程中，学校如何将原有的文化传承与现行的改革制度相融合？会采取哪些具体举措？

---

**卢振洋：** 北京联合大学诞生于改革开放初期，伴随着改革开放的发展不断转型升级。目前，有14个学院，既有学科型，也有行业型和特色型学院。像应用文理学院就是典型的学科型，保留有北京大学、中国人民大学的优良教风和学风。同时，基于首都区域发展和产业特点，强化对学生高层次技术技能的培养，旅游学院就是典型的行业型学院，致力于服务首都旅游产业培养高素质人才；特殊教育学院是典型的特色型学院，现在是全国残疾人教育的最高层次。学校应改革开放而生，伴高等教育普及化而长，以“学以致用”为校训，以应用型人才培养、建设应用型大学为目标，以建设首都人民的有特色高水平大学为定位。因此，在高素质人才培养的过程中始终直面北京都市业态需求，强化将“学以致用”的办学理念落到实处。人才培养的具体举措既契合社会需求，又契合学生未来人生需求，进行分层分类和紧贴社会需求培养。学是基础，不能为了学而学，不能为了分数而学，要和未来的应用结合起来，和人一生的职业发展结合起来，和学生未来几十年的人生结合起来。因此，我们必须把学生的发展纳入课程教育，使之成为学生大学经验的一个不可分割的部分。换句话说，我们要求教师要有更多的精力和学生在一起。基于综合素质培养，要求课程种类要宽泛，按学科领域分类，学生需要从这些领域中自由选修一定的学分，以满足学校要求。

互联网时代，人们的学习方式、学习形态、学习对象、学习目的等日渐发生深刻变化，“互联网+”的趋势已经来袭，传统教育如何御风前行？高教的普及化使得大学不可能再扮演全职全能的知识传授者的角色，学生必须积极参与自身的成长与发展过程，这首先需要转变人的观念，转变教师的观念。高素质人才培养要落到实处，必须要通过教师课堂去实现，只有教师接受了这一观念才能逐渐落实。传统的教学模式下，一位教师面对几十甚至几百名学生，很难做到因材施教，学生很少有机会去选择教师。教师更多地只是把上课作为一种职业行为，认为只要动动嘴皮，布置作业下去让学生做就可以了，而这样的教师终究会被时代、被学生淘汰。在“互联网+教育”的模式下，钻研教学资料、熟悉考试模式、总结实用高效的教学方法、熟练应用多种教学平台等对教师提出了更高的要求。我们将推进发展性教师评价考核改革，即一种依据目标、重视过程、及时反馈、促进发展的形成性评价。发展性教师评价考核改革特别重视教师的主体意识和创新精神，重视提高教师的参与意识，重视多渠道交流信息，提倡同行之间相互评价，要重视教师个人在学校中的价值。

---

**记者：**近年来，联合大学发展很快，像智能车、智慧旅游等高技术领域方面也都有所突破；那么，在工业4.0时代，联合大学如果要继续办出水平、办出特色，主要靠什么？

---

**卢振洋：**目前来看，北京联合大学已是北京地区规模较大的高校之一，学校现有全日制在校生近3万人，占地面积60万平方米，建校30多年来我们已经为国家尤其是首都的经济建设培养了18万名毕业生。但其实，规模扩张早已不适应北京市高等教育的现状，北京地区高校生源正在逐年萎缩，高校生存深层危机逐渐浮现。正如“丛林效应”(Bush Effect)所讲，每个丛林都有其生态圈：大树得到阳光、藤类植物得到依靠，其他“没有位置”的植物无法生长，物竞天择、适者生存。森林的树木只有往上长才能有充裕的阳光，高校只有提高质量、办出特色才能有上升的空间。北京联合大学要继续办出水平、办出特色：第一，适应新常态，厘清新使命。既要厘清学校使命的内涵—应用型人才培养，又要将使命具化到每一个学院、每一个专业。第二，要建立一些“坚果仁”。例如：可以由智能车牵头建一个机器人研发中心，再配套设立一个机器人的实验班，再跟其他的兄弟院校和机械行业的社会机构共同合作，建立一个高精尖创新中心，把人才培养、教师培养、技术革新、技术改进、技术研究和开发社会服务集为一体。第三，要在教学办学改革上、办学思路上有创新。在学生的实习实践活动中去发挥、挖掘学生的创意特点，我们需要培养的是手脑并用、知行统一，具有创新精神和实践能力的学生，而不是只会背书、考

试的“机器”。总之，要用工业4.0的思维办北京联合大学的事，未来人有更多的时间和精力把自己的思维用在创新上，而不是用在重复记背过去的知识上；因为这些记忆都可以储存在电脑里、手机里、任何一个U盘里。我们要结合北京发展的新要求，勤于思考、勇于创新，把创新的思维运用到具体工作之中，找到提高学校办学质量、提升人才培养质量的新突破点，把学校的工作搞出名堂、搞出特色。

## 微访谈

记者：您的兴趣爱好是？

卢振洋：读书，特别是知识类书籍。

记者：您了解教师、学生生活与困惑的渠道和方式是？

卢振洋：每月与学生进行一次对话会，每月听一两次教师的课。

记者：对您为人处世影响最大的一句话是？

卢振洋：海纳百川，有容乃大，无欲则刚。

记者：您心目中好学生的标准是？

卢振洋：敢说敢想。

记者：您认为什么样的教师是好教师？

卢振洋：能引导启发学生敢说敢想的教师。

记者：您心目中理想的校长是什么样的？

卢振洋：不仅有思想还有一套办法，像梅贻琦先生那样，能够影响一个学校近百年发展的就是好校长。

记者：您做人做事所固守的行为准则是？

卢振洋：择机而动，顺势而为。

# 女子大学：培养杰出女性的“种子”

## ——访中华女子学院党委书记李明舜

◎ 李艺英　卜　珺　张香忖

李明舜，河北省人，硕士，教授。现任中华女子学院党委书记、全国妇联人才开发培训中心主任。兼任中国婚姻家庭研究会副会长，中国婚姻家庭法学研究会副会长、秘书长。主要研究领域为妇女人权、妇女法学、婚姻家庭法学等，出版《妇女权益法律保障研究》《婚姻法中的救助措施与法律责任》等专著28部。

女校曾经是为了给求知女性提供上学去处，是历史的产物。时代发展到今天，女子大学如何面对复杂的形势和艰巨的挑战，服务于社会经济的发展和女性自身的发展？如何培养女性，使之成为适应现代化、国际化、科学化的合格人才？女子大学发展的战略又如何？带着这些问题，记者采访了中华女子学院党委书记李明舜。

**记者：**作为单纯的女子大学，中华女子学院既有其优势，亦有其短板。在您看来，学校最突出的特色是什么？其对女性人才培养有着怎样的影响？

**李明舜：**单一性别学校的出现有其历史背景。我国最初女校的出现是性别歧视的产物。直至1903年，清政府在其《奏定蒙养院章程及家庭教育法章程》中，还明确排斥女子进入学堂接受教育。中国近代女校的创办是为了给求知的女性提供上学的去处。现代女校同过去女校相比，既有历史的传承，也有使命的改变。从传承的角度讲，都是从满足女性的受教育权的目的出发；从改变的角度看，现代的女校则是以追求男女平等为目标。中华女子学院的前身——新中国妇女职业

本文刊发于《北京教育》高教版2016年第3期

学校，就是宋庆龄、何香凝、蔡畅、邓颖超、康克清等基于“为新中国培养新女性”而创办的，所以学校在全面贯彻党和国家的教育方针，遵循高等教育发展规律的基础上，致力于实现“贯彻男女平等基本国策，服务妇女全面发展，服务经济社会发展，服务国家总体外交”的办学宗旨。学校产生的历史背景及特殊的办学宗旨，对学校人才培养必然会带来一定的影响。一方面，不同的学校有不同的特色，这种特色会深深地烙印在其学生身上；另一方面，特色之间有着较大的差异，而这些差异恰恰是社会所需要的、丰富多彩的表现。某种程度上说，单一性别也是一种特色，有其利也有其弊，所以我们不要给单一性别的学校“贴标签”。如果单纯地从专业设置、学生就业去向等方面比较，女校和其他高校可谓大同小异。其同在于都要遵循高等教育规律、遵守人才培养的一般规律，其异则在于女校的特殊使命。名誉院长陈慕华对中华女子学院有一个明确的定位，即女子学院要培养践行男女平等的“种子”、要培养杰出女性的“种子”，这正是女校独立存在的价值所在。

根据这一定位，学校在遵循高等教育一般规律的基础上，不断探索有利于女性人才，特别是优秀女性人才成长、成才的一些特殊规律。学校不断强化特色，在五个方面重视现代女性意识的培养：一是坚持全国妇联提出的新时代女性应有的“自尊、自信、自立、自强”的“四自”精神，这是由学校直属全国妇联的特点所决定的；二是倡导时代精神，要求学生具有人权观念、人文情怀和公益意识，这既是与时俱进的产物，又同女性与生俱来的特性紧密相连；三是突出女性特点，按照“崇德、至爱、博学、尚美”的要求，培养传统与现代美德兼具的、知性高雅的女性；四是响应“大众创业，万众创新”的号召，培养学生的创新意识，这对于女性培养具有特殊意蕴和内涵；五是顺应社会性别主流化的国际潮流，培养学生的性别意识，使学生成为先进性别文化的传播者、践行者和引领者。正是在这种长期的女校意识的培养与熏陶下，成就了女院学生特有的风采。在全国和北京市的重大活动及各种志愿活动中，都可以看到女院学生的身影，她们吃苦耐劳、表现突出，代表了女院学生特有的“四自”精神；在各行各业的杰出女性代表中，也都可以寻觅到女院毕业生的身影。学校人才培养的核心就是培养人权意识、平等意识、公益意识的“种子”，希望她们成为这个社会推进男女平等的重要力量。习近平总书记在全球妇女峰会开幕式上讲到，“追求男女平等的事业是伟大的。纵观历史，没有妇女解放和进步，就没有人类解放和进步。为实现男女平等的崇高理想，人类走过了不平坦、不平凡的历程”。学校就是要为这个伟大事业培养“种子”。

---

**记者：** 培养杰出女性“种子”的定位很好，学校是如何提高“种子”的培养质量？您认为培养杰出女性“种子”的关键又是什么？

---

**李明舜：**培育“种子”和一般的种庄稼是不同的，“种子”的质量尤为重要。因此，提高人才的培养质量是学校的核心工作，学校通过深化综合改革，进一步强化人才培养中心地位，全面提升人才培养质量。以提高人才培养质量为主线，深化人才培养模式改革，进一步完善教学优先的制度设计，建立健全教学质量标准体系、保障体系，完善健全学生学业指导和发展支持服务体系、全员促进就业的工作体系，同时以本科教学工作审核评估的迎评促建为契机，全面提升人才培养质量。对于“人才培养的中心地位”问题，学术界曾有不少探讨，教育主管部门也采取过不少措施和方法，方方面面都反复强调“人才培养是中心”，但这个问题依然未能得到全面解决，在认识和行动方面，“人才培养非中心”的情况仍不同程度地存在，甚至有人将人才培养中心简单化为教学中心。

众所周知，教育信息化具有双重属性：即教育与技术两个方面，技术属性在于数字化、网络化、智能化和多媒体化；教育属性在于开放性、共享性、交互性和协作性。教育信息化既带来了教育领域的革命，也带来了课堂教学、教学范式的改革。过去的教师扮演“演员”的角色，主要使命是给学生传授知识；现在的教师身份演变为“导演”，除传授知识外，更重要的是组织学生、引导学生去生成知识、掌握技能，要授之以渔。学习方式的多元化，使得教师独占知识、自我中心的教学状态难以持续。但有些教师和教育管理者却没有从传统的教育教学模式中走出来，他们认为运用了现代化教育教学技术就是教学方法的革新。例如：用PPT代替传统的板书，而照本宣科的实质却未曾改变。本质上说，现代化教育教学技术仅仅是教学的一种辅助性手段，但现实中部分教师却往往本末倒置，教学效果自然没有得到改进。随着“互联网＋”时代的到来，一方面，课堂本身发生了很大的变化；另一方面，课堂之外的学生培养和教育实践显得比以往更加重要。人才培养在强调教学核心的同时，也包括学生管理的重要内容。教学工作与学生工作成为人才培养的“车之两轮”“鸟之双翼”。学生的管理工作、课外活动、社团组织、社会实践等，这些课堂之外、智力之外的学生培养与教育实践在人才培养中的作用和地位愈加显著。因此，我们强调人才培养中心，学生管理、学生活动和课堂教学在学生成长中同样重要。只有以人才培养为中心，课堂上注重教师与学生的教学协作与互动，课堂内外注重教学与管理的相互联动与互相支持，才能全面提升人才培养质量，这也是培养杰出女性“种子”的关键所在。

---

**记者：**您特别强调课堂之外的学生培养和教育实践，请您介绍一下学校在实践教学方面的情况？

---

**李明舜：**培养德智体美全面发展，具有“四自”精神、公益意识、知性高雅的应用型女性人才是我们的人才培养目标。在办学过程中，为了构建符合人才培养目标的教学体系，学校不断进行探索，在充分研究高等教育理念和女子院校人才培养特点的基础上，构建了实践性教学体系。

学校所构建的实践性教学体系涵盖了教学的全过程，包括理论教学体系和实践教学体系。体系分为基础实践、专业实践和综合实践三个阶段，呈进阶式开展。学校对三个阶段的实践提出了明确的目标和要求。第一阶段是基础实践，包括基础理论课程和专业理论课程的实践，强调在基础理论课程和专业理论课程的教学中，强化理论与实践的有机结合，强调理论的实践性，理论教学要围绕实践问题开展，做到学以致用，培养学生应用理论去分析问题、解决问题的能力。第二阶段是专业实践，包括实验教学和专业实习，强调通过实验教学和专业的实习，将专业实践教学从课内延伸到课外，帮助学生在课内外实践中检验理论，提高理论理解能力，培养学生的专业素养和专业能力。第三阶段是综合实践，包括社会实践、毕业论文、毕业实习和创新创业训练，强调通过综合实践活动，训练学生综合运用知识的能力，使学生在工作岗位上、在社会实践中去体会理论和应用理论，增强学生适应社会的能力。

我们所提出的实践性教学体系不同于一般认识上的实践教学体系，指的是整个教学过程的实践性，既涵盖传统实践教学的实践性，也包括理论教学的实践性。因此，实践性教学体系范围比实践教学体系更大，是实践育人理念渗透在整个人才培养过程中所形成的带有突出实践特征的教学体系。实践教学必须做到“两全”，一是全覆盖，一是全过程。我们要秉持实践育人的理念，把实践教学贯穿在整个教学育人的全过程，使它覆盖到每一个学生。学校对“两课”进行改革，就是从实践教学入手。目前，“两课”是学生比较喜欢的课程，实际上是对实践教学的欢迎与认可。实践性教学体系是我们的一种探索，如何构建实践性的教学体系，实践性教学构建应该坚持什么样的原则，还需要进行系统的说明和规范，使实践教学更加系统化、规范化且有成效。

---

**记者：**您认为学校发展主要存在哪些瓶颈，将如何突破？对学校未来发展又有怎样的期望？

---

**李明舜：**自 2002 年学校正式转制为普通本科高校以来，经历了本科教学工作水平评估、专业硕士申报成功等跨越式发展，办学水平、办学层次有所提高。跨越，给我们带来了难得的发展机遇，为学校赢得了必要的发展空间，但同时也给我

们带来了一些不可避免的、非常严峻的问题。我们清醒地认识到，当前学校改革发展过程中不平衡、不协调、不可持续的问题日益突出，主要表现在以下几个方面：学校办学条件和资源不足，对学校的改革发展形成了全局性的严重制约和影响；人才匮乏问题没有从根本上得到解决；人才培养质量总体水平还不够理想，且专业发展不均衡；学术科研水平和服务社会能力有待进一步提升；与国内外高校的合作、与行业的合作、与社会组织的合作都有待进一步提升；工作作风和工作效率亟待改进和提高。立足于未来、立足于可持续发展、立足于学校的科学发展，我们必须通过深化综合改革，解决制约学校发展的这些“瓶颈”难题，既要积极健全以人才培养为中心的管理服务机制，不断激发学校的办学活力，也要大力提高人才培养质量和办学效益，切实增强核心竞争力。我心目中未来的女院，可以用六个字来概括：“中心”“智库”“基地”。一是加快学校“全国妇女教育研究中心、妇女理论研究中心、妇女干部培训中心和国际妇女教育交流中心”四个“中心”的建设。二是作为国家举办的一所全国性的女子高校、第一所女子高校、全国妇联所属的女子高校，学校应该成为服务妇联工作，服务妇女儿童发展的智库、妇女儿童维权的智库；同时，适应贯彻男女平等基本国策的需要，适应社会性别主流化大趋势，女院还应该成为社会性别主流化的智库。三是学校应当重点建设知性高雅卓越女性的培养、先进性别文化的传播、男女平等基本国策的教育、女性高等教育的研究、妇联干部、妇女干部的培训等基地。学校作为探索女性教育的基地，要积极回应女性发展中存在的现实问题和重大关切，探索现代女子大学的教育理念，实施高质量的教学和研究，帮助女性获得所需知识技能，培养适应全球化发展所需的优秀女性人才。

中华全国妇女联合会对外实际上是中国民间外交，特别是妇女外交的一个大本营，我们作为全国妇联的下属单位，在这个大本营里面应该有所作为，如学校作为展示中国妇女教育的对外窗口，在外事部门和全国妇联的安排下接待外国的女性领导人、女性团体来访。因此，学校国际化的进程在今后深化综合改革工作中是重中之重，我们要深化国际化办学的内涵建设，扩大留学生的招生规模。要把世界各地与我们有联系的女性聚到女院传播中国文化，特别是传播中国的妇女观、介绍中国的妇女发展，从而服务国家总体外交。由国家商务部主办，女院承办的“2015 年发展中国家女官员社会管理能力建设研修班”开班典礼在女院隆重举行，培养外国政党女性领袖和高级官员的任务为学校的发展提供了重要平台。

在女子高等教育迅速发展、性别平等意识已逐步融入高等教育教学的时代背景下，女子高校具有其特色发展优势。学校应抓住机遇，坚持特色办学，加强国际合作，促进教育资源的共享以及人才和信息的流动，不断努力培养杰出女性人才的"种子"。

## 微访谈

记者：您的兴趣爱好是？

李明舜：读书与散步。

记者：您了解教师、学生生活和困惑的渠道和方式是？

李明舜：见面沟通、微信聊天等方式交流。

记者：对您做人处世影响最大的一句话是？

李明舜：心大事小，心小事大。

记者：对您启发最大的一句教育名言是？

李明舜：生活即教育。

记者：您最崇敬的教育大家是？

李明舜：蔡元培、陶行知。

记者：您心目中的好学生的标准是？

李明舜：人生有理想、学业有规划、生活有安排，有好的学习和生活习惯。

记者：您认为什么样的教师是好教师？

李明舜：热爱学生、学有专长、用心工作。

# 服务国家战略　培养复合型人才

## ——北京外国语大学校长彭龙访谈录

◎彭　澍

彭龙：博士，经济学教授，博士生导师。1999年起享受国务院政府特殊津贴，2014年入选“国家百千万人才工程”，被授予“有突出贡献中青年专家”。2014年2月至今，任北京外国语大学校长。先后主持多项国家自然科学基金项目、全国教育科学规划课题、教育部人文社会科学研究项目；先后获得2009年北京市教育教学成果一等奖、2014年度第四届中国管理科学奖管理专项奖等。在国际国内核心期刊发表学术论文30余篇，主要专著有《有限概率算法及其高精度分析》《中国证券市场风险管理研究》等。

**记者：**您认为深化教育领域综合改革为学校改革发展提供了哪些机遇与挑战？

**彭龙：**在深化综合改革大潮中，我们要将学校的改革发展与国家的战略需要紧密结合，实现学校的跨越式发展。我认为以下五个方面将是学校改革发展中机遇与挑战并存的领域：

一是高校办学自主权增大。这对推动和深化学校综合改革、促进学校各项事业发展，提供了更为广阔的改革空间。

二是高校迫切需要提升自治能力。高校要健全自主权运行和自我监督机制，用好政府下放的权力，依法规范办学行为。因此，学校须坚持依法治校，立足基本校情，建立起能够充分保障学校良性运行与发展的内部治理结构。

本文刊发于《北京教育》高教版2016年第4期

三是高校间竞争将日趋激烈。这要求我们时刻树立危机意识和竞争意识，只有充分发挥自身的主观能动性，方可在激烈的竞争中立于不败之地。

四是高校需不断提高自身办学效益。新修订的《中华人民共和国高等教育法》将原来高等教育"以财政拨款为主、其他多种渠道筹措教育经费为辅的体制"表述为"以举办者投入为主、受教育者合理分担培养成本、高等学校多种渠道筹措经费的机制"，这是对提高大学办学效益的明确要求。

五是高校改革与发展必须坚持党的领导。办好中国特色社会主义大学，必须坚持立德树人，把培育和践行社会主义核心价值观融入教书育人全过程；强化思想引领，牢牢把握高校意识形态工作领导权；必须坚持和完善党委领导下的校长负责制，不断改革和完善高校体制机制；全面推进党的建设各项工作，必须有效发挥基层党组织战斗堡垒作用和共产党员先锋模范作用。

---

**记者：**加强外语人才培养，是深化高等教育综合改革的内在要求，也是实施对外开放战略特别是"一带一路"战略的迫切需求。作为外语类的高等学府，学校在人才培养方面开展了哪些工作？又有什么规划？

---

**彭龙：**学校围绕国家战略急需，创新人才培养模式，积极推进改革，取得了显著成绩：

一是学校瞄准国家战略布局，准确定位国际化人才培养，为国家战略布局提供人力资源支撑。2015 年学校成立了丝绸之路研究院，致力于在人才培养、学术研究、社会服务、人文交流等方面服务国家"一带一路"战略。学校还不断探索多语种人才培养途径，面向全校师生开设了 28 门第三外语课程，为"一带一路"建设做好语言人才储备。为实现强强联合、优势互补，更好地服务国家战略需要，学校与中国社会科学院亚太与全球战略研究院签署战略合作协议，希望充分发挥各自优势，探索联合培养"一带一路"问题研究和实务高端人才的新模式。此外，学校将"'一带一路'战略研究"确定为校园文化系列讲座的主题，全面提升了外语人才对国家相关战略的认识水平。

二是深入推进国内外高校的实质性合作，切实助力国际化人才培养。2015 年 9 月，学校与伦敦大学亚非学院(SOAS)签署了《北京外国语大学与伦敦大学亚非学院学术与研究合作谅解备忘录附录》。其中，"亚非地区研究人才国际合作培养项目"获得国家留学基金管理委员会全额资助，周期 3 年，将累计派遣 30 人赴伦敦大学亚非学院攻读学位。同时，学校选派 7 名学生赴法国国立东方语言文化学院(INALCO)攻读学位。

三是努力打造高品质的通识教育，完善国际化人才培养。目前，学校正在积极探索通识教育改革，构建互联互通的人才培养体系，重新划分课程模块，建设新生研讨课程、写作型课程，引入优质网络教学资源。同时，坚持举办高端“校园文化系列讲座”，2015—2016 学年上学期，学校邀请金立群、金灿荣、石之瑜等知名校友与学者打造了“当代中国热点问题研究”系列讲座，这些讲座成为通识教育体系的重要组成部分。

四是“十三五”期间，学校将以外国语言文学学科集群为支撑，以欧洲语言文学、亚非语言文学、亚非区域研究等学科为依托，建立健全“通用语种＋非通用语种”人才培养机制。

五是“十三五”期间，学校将继续依法先行先试，积极探索学位、学科自主设置权，完善学科建设自我发展机制。选择具有比较优势和巨大发展潜力的领域，自主设置新的学科、专业学位授权点。根据专业领域特征自主设置人才培养方向，并构建全方位、多层次、立体化的学科、学位和人才培养质量监督体系和审核评价机制，确保人才培养质量和学科建设水平。

六是“十三五”期间，学校将创新高层次人才引进机制，深化与“一带一路”沿线国家的人文交流，推动非通用语种建设。实施“引智工程”，面向全球招聘引进海内外顶尖人才和有潜力的青年人才，5 年内将引进海内外高层次人才 20 人；继续完善校内人才支持计划，瞄准世界同学科一流标准和一流成果，建立学术新秀、中青年学术骨干、学科带头人和学术领军人物的梯队层次；建立并完善教师岗位分类管理体系，协调教学、科研以及社会服务工作关系，统筹学科之间的平衡协调发展，给不同专长的教师留足发展通道。

---

**记者：**学术竞争力是大学的核心竞争力，在国家统筹推进世界一流大学和一流学科建设的战略部署下，学校如何提升学术核心竞争力？

---

**彭龙：**只有将学校的改革发展与国家的战略需要紧密结合，才能把握机遇，实现自身的腾飞发展。因此，我们将瞄准国家战略导向，不断提升自身学术核心竞争力。

一是学校积极响应国家“两个一流”建设方案，立足国家战略需要，优化学科建设布局，突出现有学科发展特色和优势；努力向跨学科研究与人才培养领域扩展，在国家法律和政策框架内合理探索学位、学科设置自主权，完善学科布局，提升学科层次。截至 2015 年，学校自设语言政策与规划学、汉语国际教育等 6 个二级学科博士学位授予点，全校博士点数量从 12 个增至 18 个；增设 5 个非外语一级学科硕士点，8 个二级学科、交叉学科硕士点，一级学科硕士点数量从 1 个增至 6 个，专业学位硕士点从 2 个增至 4 个，北京市重点学科数量从 6 个增至 7 个，有力探索并推动了学校建设一流特色型大学和一流学科的改革发展之路。2015 年，《QS 世界大学学科排名》中，学校英国语言 & 文化全球排名 151～200，语言学全球排名 51～100，现代语言全球排名 101～150，是我国拥有全球顶尖语言类学科数量最多的高校。

二是近年来，学校坚持立足语种优势，强化学术核心竞争力建设，不断提升咨政服务水平。学校国家级、省部级科研项目立项 223 项，委托项目 31 项，横向项目 33 项，新世纪人才支持计划项目 12 项，立项总经费 3 747.73 万元。2015 年，学校根据学科发展规划和国家战略需求，增设了区域和国别研究项目、青年创新团队项目、院系自主项目，并改革科研成果奖励制度，将提高科研项目资助力度和提升科研成果质量紧密结合。目前，学校在文化走出去、国际汉学、外语教育、语言规划、国家语言能力建设等领域初步形成了核心竞争力和学术优势。

三是 2013 年以来，在学校的统筹部署下，推动科研机构改革，创新新型学术团队和组织建设，整合资源，释放活力。2014 年，学校《国际汉学》和《国际汉语教育》正式创刊，期刊布局进一步优化。学校还主办、协办了纪念孔子诞辰 2 565 周年国际学术研讨会暨国际儒学联合会第五届会员大会、世界互联网大会、博鳌亚洲论坛等一系列高水平国际会议，习近平总书记等国家领导人出席，学校的学术知名度和国际影响力不断提升。

四是“十三五”期间，学校将坚持以国家重大需求为导向，推动加强战略性、全局性、前瞻性问题研究，着力提升解决重大问题能力和原始创新能力。第一，着力建设外语特色鲜明的新型智库，倡导自由学术探索与国家重大问题研究有机结合；第二，立足国家语言规划发展和语言问题解决的重大需求，聚焦应用语言学前沿问题研究，积极回应国家语言发展的现实问题，加强语言政策、语言规划、语言能力、语言管理等重大领域攻关研究；第三，从全球化和历史发展视角出发，系统梳理中外文化交流、中国文化在全球发展与传播的历史与现状，为中国文化走向世界提供战略性的学术咨询报告；第四，推进国际区域和国别问题研究以及公共外交研究，努力提高研究的战略性、前瞻性和针对性，增强为国家相关部门提供智力支持的能力。

五是学校将继续夯实外国语言文学研究领域的优势基础，辐射牵动国家语言战略研究、国际中国文化研究、世界文明研究、区域国别和全球发展研究等学术领域新发展。第一，推动多学科交叉研究，加强理论创新、方法创新和成果创新，力争成为相关学术创新领域引领者；第二，继续积极参与国家社科基金“中华学术外译”“中国图书对外推广计划”“经典中国国际出版工程”“中国文化著作对外翻译出版工程”等重大项目，翻译、出版和推介高水平研究成果与精品著作；第三，加强海外中国学研究，全面了解世界对中国形象的认知与建构；第四，研究中国企业海外投资与合作的经济、法律环境，建立中国企业海外投资案例库，打造具有一定学术价值和满足国家发展需求的中国经济与商业全球推广平台；第五，加强海外社会文化研究，推动以文明交流互鉴为原则的中外人文交流机制建设。

---

**记者：**教育国际化是不可阻挡的历史趋势，学校在国际交流和合作方面有哪些新突破和新思路？

---

**彭龙：**外语是学校的立校之本，国际化是学校突破发展的必由之路。为此，学校将依托自身优势，努力构建新型国际交流与合作新机制。

截至2015年9月，学校与87个国家和地区的245所高校和学术机构签订了校际交流协议，并与伦敦大学亚非学院、法国巴黎东方语言文化学院、巴黎政治学院、莫斯科国立语言大学等世界知名高校建立了实质性合作关系。同时，学校重视并积极推动、完善教师、学生出国研修体系，保证学校师资队伍和人才培养的国际化水平。2014—2015学年，学校聘请外籍教师158人，副教授以上的外国专家80人，分布在52个国家和地区，在高端专家聘请、战略语种外籍专家储备等方面均取得突破性成绩。2015年，学校承办海外孔子学院数量达到21所，分布在亚洲、欧洲、美洲17个国家。

“十三五”期间，学校将继续坚持“高端引领，整体推进”的国际化建设思路，提高国际交流合作的深度与广度，搭建国际协同创新平台，与国外一流大学开展全方位、多层次、宽领域的合作，着力拓展欧美优质教育资源，进一步拓宽国际化办学渠道。立足学科集群优势，深化国际学术科研合作。搭建国际学术创新平台，开展合作研究，提升学校的国际学术话语权。探索与联合国教科文组织、亚投行等国际组织建立合作机制，搭建高层次国际交流对话平台，实现学校向“智库型”高校的转型。探索建立海外专门学术研究机构，创办国际性学术团体，举办高层次国际学术会议，以重大全球问题和国际学术理论创新为牵引，发挥学校学科集群优势，探索联合开展学术合作创新的有效机制，孵化中外合作科研项目。

学校将选择具有前瞻性的专业，围绕为国家培养非通用语种和国际战略高端人才的需求，与国外一流大学建立中外合作办学机制，实现教师互派、教材互通、学生互换、学分互认和学位互授，形成文化融合、资源共享的国际化办学思路。建设国际化课程体系，创新留学生招生及培养机制，提高留学生培养层次，根据国际教育市场的需求自主设置专业，建设高水平、国际化、复合型师资队伍，吸引海外优秀生源来学校交流或攻读学位。探索中外学生同堂上课、一体化管理的有效机制，完善教学评估制度，构建立体化、国际化人才培养体系，进一步提升学校各专业的综合实力和国际影响力。

完善孔子学院制度建设，发挥海外基地辐射作用。秉承“提升质量、突出特色、融入本土、整体推进”的理念，加强孔子学院制度建设，完善孔子学院外派人员选拔与激励机制，探索专兼职结合的运作模式和评估机制。有计划、成规模地培养通晓非通用语种的国际汉语教育人才，逐步建立一支素质高、能力强、懂业务、通语言的职业化外派人员队伍，将孔子学院建成学校的海外学院，积极开发孔子学院所在大学和城市的人力资源、科研资源、教学资源和社会资源，推动学校国际化战略向纵深发展。并适度扩大孔子学院规模，到2020年力争将学校承办孔子学院数量增至25所。

# 战略拓展篇

# 在内涵发展中保持特色追求一流

## ——访国际关系学院校长陶坚

◎ 李艺英　唐宇明

陶坚，1963 年出生于浙江舟山。曾就读于杭州大学、国际关系学院、中国社会科学院研究生院，获经济学学士、法学硕士和经济学博士学位。1984 年进入中国现代国际关系研究院从事世界经济和中国对外经济战略的研究工作，1999 年起担任副院长，博士生导师。2011 年出任国际关系学院校长。

《中共中央关于全面深化改革若干重大问题的决定》明确提出，坚持立德树人，创新高校人才培养机制，促进高校办出特色争创一流。国际关系学院（以下简称国关）作为一所以外语、国际关系及国家安全为教学科研重点的大学，一直秉持“政治建校”、质量为先的办学理念，坚持小班教学和精细化培养，努力向着“富有特色的一流大学”迈进。

走进这所久负盛名的全国重点大学，第一印象就是小。不到 3 000 名学生，不到 200 名专任教师，不用多久就能转遍的校园。但正是从这所“小学校”里，走出了共和国第一批“将军大使”，走出了国际问题学界的不少重量级专家学者，以及众多活跃在外交战线和政法部门的骨干人才；就是在这所“小学校”里，一届又一届的学生牢记校训，强化了国家观，树立了国际观，增强了使命感和责任感，胸怀祖国，放眼世界。“小国关承载大梦想”，就是这所精英学校的真实写照。

日前，记者就办学特色、人才培养等方面问题采访了校长陶坚。

---

**记者：** 去年，党的十八届三中全会报告明确提出：“创新高校人才培养机制，促

本文刊发于《北京教育》高教版 2014 年第 4 期

进高校办出特色争创一流。”而早在1994年国际关系学院校庆45周年之际，江泽民总书记就亲笔题词：“努力把国际关系学院办成富有特色的一流大学”。对此您有何体会？

---

**陶坚：**从“办成富有特色的一流大学”到“办出特色争创一流”，两个提法之间虽相隔了20年，对象所指也看似不同，表述内涵却惊人地一致，其中的逻辑脉络是一贯的，都展现了国家对高等教育健康发展的共同要求和期望。在这20年里，特别是1999年以来，我国高等教育经历了外延式发展阶段，基础设施大幅更新，招生规模迅猛扩大，同时也造成了质量下降，特色减退，人才培养与经济发展、产业结构脱节等后果。因此，高等教育要转向内涵式发展，要进行教育体制的全面综合改革。这段历史经验证明，高校只有坚持走内涵式发展道路，才有可能实现“特色”和“一流”的大目标。

有人把国内高校这段大规模扩招、扩容的历史，戏称为“高校大跃进”。国际关系学院牢记自己的使命，虽没搭上这班车，遗憾之余，却庆幸自己基本保持了原来的传统，如坚守外语加专业的复合型人才培养模式，教学资源集中于本科生教育，专业基础课和专业课全部实行小班教学，精细严格的学生管理等。我们在那些超快发展、超大规模的综合性大学面前，虽有很大的失落感，但也增添了“小就是美”的自豪感。作为行业院校，特色是立足之本，特色是优势所在。套用一句流行语，特色不是万能的，没有特色却是万万不能的。如果没有学科专业的特色，没有人才培养的特色，千校一面，高校的生命力就会枯萎。在发展中形成和突出特色，也是高等教育竞争的规律使然。要让我国的大多数高校都做到“大而强”，既不现实，更无必要。“小而精”是一个可行的发展路径，这已被国外高校的经验所证明。一些国外著名的高等院校，规模并不大，学科也不全，但凭借着独特的定位、优势的专业、出色的师资和高素质的学生，依旧是百年老店名声在外。我体会，十八届三中全会所提出的“办出特色争创一流”，实际上给全国高校指出了更加明确的奋斗目标和努力方向，要求我们在创建一流大学的过程中，原有的特色要保持，没有特色的要凝练出特色来。

---

**记者：**高校是人才培养的重镇，承担着实现人力资源强国的重任，但对人才培养目标的理解因人因校而异，您的理解是？

---

**陶坚：**国家现在提倡内涵式发展，不是说一下子要把高校的规模和数量都压下来，更加重视的是在由外延发展向内涵发展转变的过程中，对人才培养模式和培养理念进行革命性的变革。

高校的核心任务是解决好培养什么样的人才以及怎么培养的问题。从人才培养目标来讲，通常是比较空泛地提“服务国家或地区社会经济发展需要”，但落实到每所学校，应该更具体、更有指向性。例如，美国有的大学把为国家和世界培养领袖作为自己的使命，而有的大学则主要为华尔街输送高级白领。现代大学的竞争力，源于为人类创造知识、技能与满足人才市场的精细化需求两者相结合，而我们的某些高校管理者恰恰忘记了这一点，采取“培养出来再说”的态度。以这样不负责任的态度办学，既无法体现学校的特色和毕业生的特点，又无法与社会多样化、多层次的需求相适应、相匹配。当然，我们不能用职业学校的标准来办大学，但若高校在培养人才的时候，目标定位更明晰些，针对性更强一些，那么学科专业建设的路径就容易清晰，特色专业建设就有了持续的动力，就能够更好地因材施教，让自己校门走出来的学生“与众不同”。

人才培养的目标并非一成不变。所以，作为大学的管理者，要有超前意识。例如，我作为国际关系学院的校长就要考虑，达到全面建成小康社会、达到中等发达国家水平的时候，国家需要什么样的外事人才和政法人才？什么样的毕业生才能够很好地践行“走出去”的国家大战略？通过怎样的方式才能培养我校学生的世界大国意识、大国精神、大国责任感和使命感？

---

**记者：**作为高校管理者，您认为落实人才培养理念和方式的过程中，最重要的是什么？

---

**陶坚：**培养理念也有一个“为了谁”的问题。为别人培养还是为自己培养，两者的结果大不一样。如果培养的是你未来的同事、同行甚至是接班人，那么你的用心程度绝对不一样。从长远看，用心程度的不同，最终会让大学之间的差别显现出来。

上个学期北京市教委来学校进行体育工作评估的时候，肯定了学校对学生体育工作的重视。当时，我用了两个“假如”来回答我们这么做的原因。第一，假如学生是你的孩子，你会希望他学完四年走入社会参加工作时，眼睛更近视、身体更弱吗？第二，假如学生是你未来的下属或同事，你希望他三天两头请病假，正干着要紧的活就突然掉链子了吗？我觉得这两个“假如”同样适用于高校的人才培养理念。如果是你的孩子，你就会带着感情去施教，更多地考虑他的全面发展和未来前途；如果是你的未来同事，你就会带着责任心去施教，更多地关心他的品格养成和身心健康。也就不会简单地把课程知识“灌输”给学生，考试过关了，毕业了，离校了，学校就算完成任务了。大学校园应该是一个丰富并完善生命的场，是学生成长的第二个家。如果不是这样的话，大学就办得很失败。

**记者：**“像培养自己未来的同事那样培养学生”，这是一种很接地气、很有意思的提法，那么如何实践这种培养理念呢？

**陶坚：**大学的主体是学生，要用“以学生为中心”的观念从本源上认识和重塑高等教育。换一句简单朴实的话来表达，就是“建设一流大学要从尊重和善待学生做起”。

在我看来，学生如果在学校里都受不到尊重，又如何去社会上尊重别人；如果在学校都不被善待，今后又如何去社会上善待他人。不尊重和善待学生的大学，配不上一流大学的称号。

尊重和善待学生，其实是国关的一种精神传统。国关是中华人民共和国成立后依托“将军大使班”发展壮大起来的，早年，学生人数很少，有的学科专业中，教师甚至比学生还多。当时的“小国关”拥有 20 多位洋博士，可以说汇聚了一批国内最优秀的教师。他们专业素养高，教学理念先进，更重要的是把教书育人当作事业一样投入，把学生当作自己的孩子一样关心，师生感情极为深厚。听返校的老校友讲，母校给予他们最宝贵的记忆有两个：一是“延安精神”在校园文化中的传递，“进来就是主人”的神圣感；二是高水平的教师发自内心的关心和教诲，使学生宛若置身一个大家庭。虽然现在时代背景和教育环境发生了巨大变化，但学校的这一好传统始终以某种方式延续着。

我在工作中也有意凸显这样的传统。善待学生，首先要把学生作为教学活动的主体，而不是被动接受知识的机器。学校多年坚持专业基础课小班教学，近年来不断创新，引入研讨式教学法、以问题为导向的学习法（PBL），让学生担当课堂的主角，体验发现问题、解决问题的主动学习过程。善待学生，要尽其所能地提供优质教育资源。国关规模小，办学成本高，但仍下决心从 2013 年开设“国际化小学期”，从境外聘请优秀教师进行全英文授课，供学生免费选修。除了网球、健美操等传统特色运动以外，还新开了高尔夫球、瑜伽、台球等课程，学生们抢着报这些“高端大气上档次”的体育课。善待学生，要真诚、平等地与学生沟通。学校领导与学生的直接沟通，方式多样，不设层级，反馈高效。从提高网速、增设个人储物空间，到调整课程设置，不少工作的改进都来源于学生的一手建议。善待学生，要将有限的经费优先用到学生身上。例如，学校新获一笔社会捐赠，没作他用，而是全额用于每年奖励优秀毕业生出国，这就是把钱用在了刀刃上。善待学生，还要鼓励成功，宽容失败。学校创造条件，鼓励学生参与学科竞赛、文体活动、社会实践和志愿服务。按本科生 1 000 元、研究生 2 000 元的生均标准，单独设立大学生学术支持计划，已经运行两年多了。其着眼点并不在于研究成果的价值，而在于鼓励学生参与科学实践过程，掌握、运用研究方法，增强批判精神，勇于科学探索，甚至学会面对失败。

---

**记者：**“建设一流大学从善待学生开始”，令人耳目一新。那么，您又如何看待教师的地位和作用，学校是不是也存在尊重和善待教师的问题呢？

---

**陶坚：**你问得很对，这正是我接下来要强调的。我校的完整提法是，“以学生为中心，以教师为根本”。教师在高校的重要性毋庸置疑，尊重和善待教师是必须的。没有教师的尊严，没有学术的尊严，哪来大学的尊严？

我们经常要求教师不要把学生当作学习机器，但很少去想我们把教师当作了什么，有没有把教师当作教书的机器、生产论文的机器？现在的大学越办越大，学生越来越多，教师的教学负担重，对教师的要求也越来越多。尤其是年轻教师，待遇不高，生活压力大，面对教学和科研工作的“刚性指标”，疲于应付。也有个别教师上课像钟点工，对教学没有热情，对学生没有感情。故而，国外同行甚至表示中国的教师并不值得尊敬，因为“他们把教育事业作为生活糊口的工具，而不是对这项事业热爱和投入”。这一评价针对的不只是我们的教师群体，更是触及了我国大学体制和教育制度的深层问题。

中国的大学承担着很多“附加的”社会义务，即要为中小学阶段和家庭教育应做而未做所留下的缺陷“补课”，帮助大学生形成完善的人格、独立的精神，增强社会责任意识、团队精神，甚至进行基本的道德规范约束。与此同时，在信息爆炸的时代，学生掌握的书本知识更新速度快，能够在将来生活中实际运用的东西可能不多，但教师通过自身言行举止潜移默化地影响学生，却有可能帮助他们树立起正确的人生观、价值观，终身受益。尽管如今沟通方式多样、通讯便利，但都无法替代师生间的朝夕相处和面对面的交流，如香港中文大学的书院制度，就是成功的例子。学校也于2012年全面实行了本科生导师制。

高校迫切需要广大教师融入到学生中去，了解学生、关爱学生，在教给学生知识的同时教会学生做人做事。而要做到这一点并持久保持下去，大学管理者就更应尊重和善待教师，想方设法帮助他们解决后顾之忧，科学合理地安排教学和科研工作，鼓励教师热情地投入教书育人，用高尚情操来感染学生，传递更多的正能量。

---

**记者：**几次到学校来，印象最深的是这样一个提法：“小国关承载大梦想”，您怎样理解这句话呢？

---

**陶坚：** 国际关系学院说小也大。小，指的是面积小，人数少；大，指的是国关人胸怀中国梦，抱有强烈的世界大国使命感和责任感，并已经成为学校的文化血脉传承。这就是“小国关承载大梦想”的涵义。

国际关系学院对学生的要求说低也高。在新生入学时，我只提了“诚实的品行、良好的修养、健康的体魄”三点要求，不可谓高。国关的校训是“忠诚、勤奋、求实、创新”，这又是与用人单位的需求对接程度最高的校训：对自己所服务的单位、企业，对自己的国家忠诚奉献的人最受人尊重；勤奋敬业的员工，到哪儿都受欢迎；踏实认真，勇于进取，又是任何事业成功的先决条件；而创新则是个人、社会乃至全人类发展向前的核心推动力。要是能按国关校训培养出这样的学生——心气不低，能力不弱，形象不差，对社会、对国家的贡献不少，那么，学校即便是上不了那些用量化指标算出来的大学排名榜，也一定会是一所得到学生认同、同行认可、有社会良好口碑的有特色高水平一流大学。

# 继往开来　创建一流
# 走中国特色电影教育之路
## ——访北京电影学院党委书记侯光明

◎ 程麒台

侯光明，汉族，中共党员，管理学博士，教授，博士生导师。曾任中国驻日本国大使馆一秘，北京理工大学副校长、副书记，现任北京电影学院党委书记。曾获“全国新长征突击手”、国防科工委“511”高级管理人才、首都“五一”劳动奖章、“北京高校模范工会主席”等荣誉。荣获国家国防科学技术进步奖、北京市科技进步奖等多项奖励。2004年享受国务院政府特殊津贴。长期从事系统科学、组织科学、创新方法研究，出版《中国研究型大学：理论探索与发展创新》《人力资源管理》等专著或教材20部，主持国家自然科学基金等科研项目30余项，发表学术论文100余篇并多次获奖，其中数篇被SCI、EI等检索。

2015年，对于电影艺术来说，是一个有着特殊意义的年份。1895年，电影在法国卢米埃尔兄弟手中诞生，从此电影就与时代和生活紧密相连。1905年，丰泰相馆拍摄的京剧电影《定军山》，宣告了中国电影的诞生，从那时起中国故事有了新的说法。2015年，我们迎来了世界电影诞生120周年和中国电影诞生110周年。

2015年，对于北京电影学院来说，是一个有着特殊意义的年份—这所在新中国成长起来的老牌艺术院校迎来了自己的65岁生日。1950年，中央电影局表演艺术研究所（北京电影学院前身）建立，打开了新中国电影教育之门。从此，电影在我国作为一门学问和技艺，薪火相传，生生不息。北京电影学院如何庆祝自己

本文刊发于《北京教育》高教版2015年第10期

的生日？怎样看待自己走过的道路？又将引领中国电影教育走向何方？带着这些问题，记者采访了北京电影学院党委书记侯光明。

---

**记者：**今年是世界电影诞生120周年、中国电影诞生110周年和北京电影学院建校65周年，作为世界知名的电影专业院校，我们首先想简单了解一下学校将举办哪些重大活动来纪念这个具有历史性意义的重要时刻？

---

**侯光明：**65周年的电影学院发展史就是新中国电影教育的发展史。65年来，电影学院培养了数万名新中国电影优秀人才，涌现出许多电影大师、青年才俊，为新中国电影事业发展作出了卓越贡献。纪念北京电影学院建校65周年，实质是要全面回顾学校65年来的发展历程，向世界展示中国电影高等教育的形象与特色，特别是总结好中国共产党领导电影高等教育事业取得的辉煌成就和历史经验，积极探索中国特色电影高等教育的成功发展和改革创新之路。

学校明确以"凝聚人心、提升形象、整合资源"为基本宗旨，举办一个"小规模、高水平、重实效、促发展"的纪念活动。纪念活动前，将开展一系列校庆献礼活动，如由学校青年电影制片厂（以下简称青影厂）参与创制与投资的电影《定军山》（8月26日）和电影《功夫瑜伽》（9月3日）将举行开机仪式。9月中旬至10月中旬为纪念活动月。其中，9月6日将举行由青影厂主创并出品的电影《启功》首映式，由此拉开65周年纪念活动的序幕。9月中旬，学校将在第24届金鸡、百花电影节上承办"互联网＋影视"高峰论坛。10月，将陆续举办首届中国中小学生电影节开闭幕式、纪念大会、世界影视院校校长高峰论坛、纪念晚会，并发布宣传片、校志、校歌、校赋等。而集中纪念活动将于10月17日举行。

我们希望以举办"世界电影诞生120周年、中国电影诞生110周年和北京电影学院建校65周年"纪念活动为契机，进一步总结、凝练和传承好北京电影学院的优良传统和办学理念、特色，明确学校新的崇高使命和发展战略，向着更长远的奋斗目标努力前行。

---

**记者：**经过65年的积累沉淀，北京电影学院已经稳步向世界一流的电影专业高等学府迈进，您认为电影学院目前有哪些突出的办学优势？

---

**侯光明：**习近平总书记指出："办好中国的世界一流大学，必须有中国特色。没有特色，跟在他人后面亦步亦趋，依样画葫芦，是不可能办成功的……我们要认真吸收世界上先进的办学治学经验，更要遵循教育规律，扎根中国大地办大学。"所以，建设世界一流不能靠简单复制，这个世界一流一定是具有中国特色、北京电

影学院特点的。北京电影学院65年来博采众长为我所用，形成了鲜明的办学特色。与世界影视院校比较，学校因以下办学优势而享誉世界。

一是教、研、创“三位一体”的办学格局。学校以电影制作类专业见长，已经形成了以电影人才培养为基础，以电影科学研究为支撑，以电影艺术创作为核心的结合与互动。二是实施精英化教育。开展小班制教学，生师比约为10∶1，教师具有丰富的创作经验，教学设施设备先进。三是突出实践教学特色。学校是中国唯一可以独立完成故事片和动画片创作的高校，设有青影厂，学生须完成毕业联合作业才可毕业。四是“一门精通、多元发展”的人才培养模式。学校建立了主修一个专业、兼顾其他，“一专多能”的电影艺术复合型人才的培养模式。五是宽广而系统的学科专业设置。学校学科专业涵盖了电影创作的每一个行当，囊括了电影创作的全部环节，在全世界是最完整科学的。六是丰富而立体的电影人才培养层次。学校形成了本科和研究生教育为主体，涵盖专科、本科、硕士、博士、博士后流动站和继续教育、留学生教育以及高端行业培训等多层次、多形式的电影专业人才培养体系。七是全方位、高水平、有实效的国际交流合作平台——国际影视院校联合会。学校是国际影视院校联合会（CILECT）理事单位，学校教授进入执委会，并长期担任亚太地区主席一职。“北京电影学院国际学生影视作品展”，已成为在亚洲举办的规模和影响最大的学生电影节。八是培育电影英才的大学文化。形成了艺术观教育引领立德树人的育人模式，形成了向人民学习、为人民服务、做人民的艺术家的“三人民”价值取向，以及经史并重、经实共举、经人相倚的“三经教育”方法。“经”是艺术观，“三经教育”是通过校史教育、实践教育、管理服务育人这三方面工作，做深、做实、做细艺术观教育。师生普遍有一种国家所赋予的为电影追梦的自豪感和使命感，有学习电影、讨论电影的氛围。九是“选拔—培养—助推”的促进学生成才全过程。入学前，学校积极探索选拔优秀艺术人才的途径，提早积蓄专业后备人才。入学后，在艺术观教育引领下，突出艺术实践能力的培养。毕业后，学校通过理事会、基金会、校友会等互动平台，支持校友成才成就。学校已成立了校友总会和近20家海内外校友分会，为广大校友建立了沟通交流和成就事业的精神家园。

---

**记者：**据我们了解，学校正在努力建设高水平的世界一流电影学院，结合当前形势，您能谈谈学校在完成这一目标的历史征程中面临哪些有利因素吗？

---

**侯光明：**党的十八大以来，国际国内良好的综合形势，为中国电影教育和北京电影学院的发展提供了重大机遇，具体包括：

“四个全面”战略布局为电影教育工作提供了新思路。“四个全面”的宏大战略布局，对学校如何顺势而为、把握机遇，以深化电影教育改革为驱动力，以依法治校为理念方法，贯彻落实党的教育方针，坚持社会主义办学方向，推动高水平世界一流电影学院建设具有重要指导和启示意义。

“一带一路”倡议助推电影高等教育国际化。电影作为文化的先锋，具有广泛的亲和力和深刻的感召力，能够实现“一带一路”沿线国家和人民的文化认同和心理认同，成为国家之间进行文化交流和经贸往来的一张名片，为我国与沿线各国深化合作奠定坚实的民心基础。这有利于学校结合自身办学特色和电影学科学术资源优势，挖掘与“一带一路”沿线国家电影教育机构的合作机会，广泛开展文化交流、学术往来、人才交流合作，推进中国电影教育的国际化。

“互联网＋”为电影高等教育提供了广阔的发展空间。互联网使电影项目的营销、发行、衍生等各个环节都产生了巨大变化，促成了电影产业一系列新的变革。为适应“互联网＋”时代的外部发展需要，在学科专业设置上，要求学校以电影产业链为依据进行延伸，注重电影学与新闻传播学、计算机科学与技术等新兴学科和交叉学科专业的建设，有利于学校实现从单一学科大学向单科指向的多学科大学发展。

我国电影产业大发展、大繁荣带来的机遇。2014 年，中国电影票房是 296 亿元。2015 年上半年，中国电影票房已经超过 203 亿元，同比 2014 年上半年增幅达 48％。而暑期电影票房出现井喷式增加，仅 7 月就创下了 54.9 亿元的票房。在国际上，2014 年全球电影票房 375 亿美元，比 2013 年增长了约 4％，全球 75％的票房增量都由中国贡献，中国电影凭一己之力托起了全球电影市场，成为仅次于北美的全球第二大电影市场。在可预期的未来几年，中国将赶超美国，成为全球第一大电影市场。这要求我们提供更强有力的人才、智力和文化支持。

电影学院进入了历史上最好的发展时期。近几年，总结凝练了“育大师、著大作、拍大片、盖大楼、养大气”的发展思路、“5＋1”发展战略等组成的办学思想体系，全面深化综合改革，积极推进依法治校，持续深化了教、研、创“三位一体”的办学特色，紧抓机遇、乘势而上、破解难题，在人才培养、科学研究、艺术创作和社会服务等方面取得了较好成绩，学校各项事业蓬勃发展，为建设世界一流电影学院奠定了坚实基础。

---

**记者：**学校抓住机遇、直面挑战，走中国特色电影教育之路的主要思路是？

---

**侯光明：**一是树电影教育强国梦，建设中国特色社会主义的高水平世界一流

电影学院。2014 年 10 月，习近平总书记在文艺座谈会上，对艺术工作者提出了 6 句箴言的具体要求，为中国文化产业和电影教育的发展指明了方向。2015 年 3 月，刘延东同志视察了北京电影学院，在肯定学校已经取得的成绩的同时，也对我们提出了新的希望和要求。希望学校向高水平的世界一流大学迈进；希望践行社会主义核心价值观，培养艺术大师、创造艺术精品，为中华文化在世界的传播与影响作出应有贡献；希望为中国电影事业的繁荣发展、电影产业的发展作出自己应有的贡献，促进国家良好发展。因此，我们必须高举文化自强的旗帜，继承自身优良文化传统，建设高水平世界一流电影学院，走中国特色电影教育之路。

二是把握时代发展脉搏，加强顶层设计和战略部署。顺应"一带一路"倡议，重新布局国际化战略，积极探索新的办学模式。正在筹划由学校主持构建"一带一路"电影教育国际联盟，打造影视教育交流平台。顺应"互联网+"战略，继续深化学科建设与人才培养战略，筹备建立"互联网学院"，推进"智慧校园"建设，推进影视产业园区和继续教育学院的建设。在此基础上，编制北京电影学院"十三五"规划，明确人才培养、科学研究、艺术创作、服务社会、文化传承与创新和推动人文交流"六大功能定位"，继续坚持"五大"发展思路和不断完善"5+1"发展战略。

三是分析行业发展趋势，明确电影教育的重点工作。近几年，中国电影产业在大发展、大繁荣的同时，出现了跨界导演渐成趋势、IP 成为电影创作重要素材、资源整合日趋关键和粉丝成为电影重要消费力量等一系列值得关注的新现象。据此，学校拟加强以下六方面工作：重视学科间融合。培养跨学科高端复合型人才，特别是"科学与艺术"相结合的电影人才培养。注重适应时代新需求的交叉学科专业的建设，协调发展电影学与新闻传播学、计算机科学与技术、教育学、工商管理、应用经济学等学科的交叉学科，构建支撑电影学持续发展的多学科体系。重视突出实践能力培养的"教研创"办学格局的互动与结合。学校将继续注重行业实践，创新激励机制，鼓励师生参与角逐国内外影视大奖。努力将好的艺术创作成果转化为教学和科研中的理论成果。努力推动教学、科研中优秀的理论成果为艺术创作提供更好的理论支持。重视中小学儿童电影教育。在教育部、国家新闻出版广电总局的领导和支持下，办好中国中小学生电影节，加强青少年美学教育；探索成立"中小学教育部"，开展电影进课堂活动和中小学电影教材建设，将电影教育延伸到中小学教育。在全面普及电影素质教育中，培养和挖掘优秀电影人才。重视"三个面向"社会服务功能的发挥。面向市场、面向社会、面向实践，开办行业高端人才培养班，提高电影从业人员的业务素质。充分发挥校友会和培训中心的作用，为校友和社会人员提供教育机会和合作平台，促进其成长成才。重视以创作引领中国电影文化的前进方向。学校高举"新学院派"大旗，以青影厂为平台，倡导拍“文化大片”。目前，青影厂基本达到了每月开拍一部新片的创作量，形成了学生创作、教师创作、联合拍摄、自己主创的四种电影创作方式。2014年由学校主创的电影《衔香》入围第24届金鸡百花电影节奖项。已经完成了由文化部监制、由学校主创的中国首部歌剧《白毛女》3D舞台艺术片的拍摄剪辑工作。重视国际交流与合作。把电影教育融入“一带一路”总体战略布局，深化学校国际化战略，与不同地区、国家在人才培养、学术往来和文化交流等方面，因地制宜地开展广泛合作。

我们注意到，自电影诞生的120年以来，欧洲成为了电影艺术当之无愧的策源地，美国则是电影产业无可争议的领头羊。在新时期，中国完全有基础、有可能建立起电影教育的桥头堡。北京电影学院有这样的使命感和自信心，我们将在党和国家的亲切关怀下，加快世界一流电影学院建设，走中国特色电影教育之路，为建设社会主义电影强国作出无愧于时代的历史贡献！

# “外院梦”助力建设世界一流学科大学
## ——外交学院院长秦亚青访谈录

◎ 顾建俊

秦亚青，外交学院院长，政治学博士，教授，博士生导师。中国国际关系学会常务副会长，北京大学国际关系学院学术委员会委员，复旦大学高等社会研究院学术委员会创始委员，南开大学兼职教授，《外交评论》《世界经济与政治》《美国研究》等多家学术期刊编委。主要研究方向为国际政治理论、中国外交等。

**记者：**今年是外交学院建校60周年，您认为外交学院六十年的发展历程中，形成了怎样一种独特的精神气质？

**秦亚青：**外交学院是一所拥有光荣历史的高等学府。六十年来，学院的每一步成长都与党和国家领导人的亲切关怀紧密相连。1955年9月10日，为开拓新中国的外交事业，培养专业外交外事人才，由周恩来总理倡议，经党中央和毛泽东主席批准，外交学院正式建校。周恩来总理亲笔为学院题写校名，时任国务院副总理兼外长陈毅元帅担任学院首任院长。建校30周年、40周年、50周年之际，党和国家领导人多次为学院题词、发贺信，寄予殷切期望，许多党和国家领导人及历任外交部长也曾多次来学院视察和指导工作。领导人的亲切关怀既是学院的一份殊荣，更是一份沉甸甸的政治责任和嘱托，这就要求学院在任何时候都要把忠于党、忠于祖国、忠于人民放在第一位，并将此贯穿在办学育人的方方面面。

六十年来，学院始终践行“忠诚、使命、奉献”的外交人员核心价值观，秉持艰苦奋斗、勤俭办学的良好校风，并将其作为立院之本，办学之基。学院坚持以周恩

本文刊发于《北京教育》高教版2015年第12期

来总理为外交人员提出的“站稳立场、掌握政策、熟悉业务、严守纪律”十六字方针为校训，弘扬江泽民同志为学院所作的“立足祖国、放眼世界、面向未来、培育英才”的题词精神，贯彻钱其琛同志对学院提出的“面向世界、面向未来、面向社会、面向实际”的办学方针，努力实现温家宝同志对学院提出的“外交学院一定要有一流师资、一流学科、一流理念，将一流人才输送给祖国外交事业”的殷切期望。

六十年来，学院始终秉承优良传统，凝聚特色，坚持“外交特色鲜明、外语优势突出”的办学理念，形成了独具特色的“高层次、小规模、特色鲜明”的办学风格。高层次是指人才培养的高层次、学术研究的高层次、对外交流的高层次。小规模是指因“小”而“精”，以“小”促“优”，形成了以人为本的外交外事人才培养模式。特色鲜明是指学科布局特色鲜明、教学体系特色鲜明、学术研究特色鲜明、社会培训特色鲜明。

---

**记者：**外交学院被誉为“中国外交官的摇篮”，六十年国际风云变幻，国际国内形势发生了深刻变化，这种变化对人才培养提出了不同的要求与挑战，在适应这种变化中学院人才培养的变与不变是什么？

---

**秦亚青：**外交学院，仅仅四个字的简洁校名，已经将学院与中国外交事业紧密地联系在一起，决定了学院肩负着服务于中国外交事业的使命。外交学院作为外交部唯一直属高校，第一要务是为国家外交事业输送人才，这是外交学院义不容辞的责任，也是外交学院发展壮大的根基，学院的各项工作都应紧紧围绕这个中心任务展开。在人才培养方面，学院始终坚持正确的政治立场和政治方向，始终继承和弘扬优秀的传统和作风，始终秉承服务外交工作的宗旨和目标。六十年来，学院始终紧紧围绕“爱祖国、知世界，通专业、精外语，高素质、复合型”的人才培养目标，坚持政治与业务、外语与专业、理论与实践相结合，强调立德树人、德智体综合素质全面发展，形成了一套独特的高端外交外事人才培养模式，为国家培养了两万余名优秀毕业生，其中仅驻外大使就有近五百人，还有数千名参赞以上高级外交官以及一大批著名外交和国际问题研究专家，他们已成为中国外交外事和从事国际问题研究的中坚力量。2012 年 9 月，时任国务院总理温家宝同志和刘云山同志亲临外交学院沙河校区视察，温家宝同志还为学院亲笔题写了“中国外交官的摇篮”。

当前，中国外交已经今非昔比，中国日益在世界舞台上展现大国气派，承担大国责任，开拓中国特色大国外交已经成为伟大的历史性实践。今天的中国外交，需要大批高素质、复合型、专业化的优秀人才，外交学院责无旁贷。新起点带来新使命，学院要积极进取，锐意改革，努力为中国外交事业培养更多适应时代发展和国家需要的合格人才。一是要进一步牢固树立人才培养的中心地位，创新人才培养模式，重视爱国主义、集体主义、社会主义和国情意识、组织纪律教育。二是要充分挖掘和利用学院特色学科、优势学科和交叉学科，完善“外语化”“开放式”“小班型”和本科生“导师制”等教育机制，突出人才培养特色。以国家级英语特色专业和国家级优秀教学团队——外交外事翻译教学团队建设为平台，探索和创新非外语本科专业的双语化教学模式，努力培养具有多种语言能力、多种专业能力的复合型外交外事人才，办好国家级外交外事人才培养模式创新实验区，创立具有外交学院特色的学科专业品牌。三是要不断加大对“具有国际视野、通晓国际规则、能够参与国际事务和国际竞争”国际化人才的培养力度。四是要继续创新教育模式，将培养学生的创新能力作为教育的重点，开展启发式、探究式、讨论式、参与式教学方式，完成“立足研究、面向实践”的实践性教学改革，通过知识和实践的结合，培养学生的全面素质和能力，利用隶属外交部的体制优势，聘请资深大使做兼职教授，使课堂教学与外交实践密切结合。五是要坚持采取“多规格、多层次、多形式”的办学体制，进一步推进本科生和研究生培养机制改革。六是要积极开展多种多样的课外活动，如全国大学生外交外事礼仪大赛、模拟联合国大会、提案中国·全国大学生模拟政协提案大赛、全国高校模拟新闻发言人大赛、北京高校外交谈判大赛、模拟法庭、英语演讲、英语辩论、法律援助等，丰富学生的课外生活，开阔学生视野。

---

**记者：**近年来，学院积极构建高水平学术平台和高端智库，请您介绍一下学校学科与智库建设方面的情况？

---

**秦亚青：**外交学院在学科建设和学术研究方面都体现着明显的“外交”特色。首先，学院学科总体围绕“外交外事”布局，学科发展特色鲜明。国际关系、外交学教学与研究有着悠久的历史，是国家首批获得博士学位授予权的专业，是国家级重点学科。学院还是中国外交学学科年会机制始创者，推动了我国外交学学科的建设与发展。其他学科的设置和设计也是紧扣“外交外事”主题，形成了国际关系、外交学、国际法、世界经济、外语学科相互支撑、相互加强的学科体系。其次，学院作为外交部唯一直属高校，学术研究特色鲜明。中国外交理论研究和国际关系研究是主要发展方向，建设高层次智库、为国家外交战略决策提供智力支撑是理论联系实际的基本取向。中国国际关系学会、中国国际法学会两个国家一级学会秘书处以及“北京市对外交流与外事管理研究基地”均设在外交学院。同时，学

院还是“10＋3”思想库网络、中国——东盟思想库网络、中日韩思想库网络的中国国家协调员单位，承担第二轨道外交任务。学院承担着外交部和其他部委的大量科研项目，在为国家外交提供咨询建议方面发挥了积极作用。学院教师为中共中央政治局集体学习、人大常委会集体学习授课，担任外交部、商务部等部委政策咨询委员会委员，积极为中国外交建言献策。学院教师不仅可以到国外使领馆等外交一线任职常驻，亲历外交实践，为“智库型”学术研究提供重要的一线素材，也有机会与外交外事主管部门面对面商讨，密切贴近外交一线，直接参与外交决策。

**记者：**近年来，学院积极参与对外交流与合作，请您介绍一下这方面的情况？

**秦亚青：**高层次国际交流是外交学院的重要职责，也是相较于其他高校的突出特点。学院直接承担着外交部及其他部委委托的大量高端对外交流活动，接待外国国家元首或政府首脑来访，联合国前秘书长加利和现任秘书长潘基文、美国前总统卡特和前国务卿基辛格、法国前总统德斯坦和希拉克、英国前首相希思、韩国前总统金大中等数百位外国国家领导人和政要在任时或卸任后都曾到学院演讲或访问，使广大师生也能有机会与他们展开面对面的交流。学院每年举办多场高端学术研讨会，聚集世界一流学者共同承担学术研究、冲击学术高端。学院同国外院校的校际交流日益扩大，是世界外交学院院长会议机制和东亚外交学院院长会议机制成员。学院还同美国、英国、法国、德国、日本等多个国家和地区的79所大学或机构建立了友好关系，每年选派教师到世界一流高校讲学，选派优秀本科生及研究生到国外进行交流学习。学院在哥伦比亚、早稻田等大学交流的学生成绩优异，受到对方高度赞扬。

今天，中国外交的内涵和外延都已经得到极大的拓展、极大的丰富，是多领域、多层面、全方位的外交，是不断发展、独具特色的大国外交，这就要求学院继续坚持把国际交流与合作当做自身发展的推进器，在第二轨道外交和公共外交领域发挥独特作用。学院将以宽广的国际视野和扎实的知识积淀，积极主动地参与国际交流与合作，通过不同途径、以不同方式，带领师生开展外宣活动和公共外交，发好中国声音、讲好中国故事，营造有利于我国发展的国际舆论环境，赢得更多理解支持“中国梦”的国际力量。学校将进一步加大对外开放力度，实现国际合作办学的多元化地区布局和国别布局，选择国外知名院校，建立紧密合作伙伴关系，构建师生互换、学分互认、联合培养等交流合作特色项目，推进人才培养的国际化水平。学校还要不断加强与国际知名大学或高端科研机构合作，联合承办高水平与高规格国际学术会议，在有重大影响力的国际学术期刊发表研究成果，提升在国际学术领域的话语权。

---

**记者：**您在学院60周年校庆纪念大会上曾提到“外院梦”，其具体内涵是什么？学院又有哪些具体措施去实现它？

---

**秦亚青：**2012年9月，时任国务院总理温家宝同志前往沙河校区考察，对学院提出了“四个一流”的殷切期望。2014年9月，外交部部长王毅在学院开学典礼上提出了要把学院打造成“新时期中国外交人才队伍的孵化器、新时期中国外交理论研究与创新的排头兵、新时期对外交流合作的生力军”。这是学院未来努力的方向，也是“外院梦”的基本内涵。

为实现“外院梦”，学院将在人才培养、学术研究、国际交流等方面进一步加大改革创新力度，不断攻坚克难，积极争创世界一流学科大学。要把建设现代大学制度作为学院发展的基点，加快学院体制改革与创新，坚决贯彻“从严治校”要求，以《外交学院章程》为依据，完善现代大学管理体制，认真贯彻民主办学方针，建立党委领导、校长负责、教授治学、民主管理的有效机制。加强队伍建设，深化人事制度改革，进一步完善全员聘用制度，坚持岗位设置管理和竞争机制，加强专业教师队伍建设，重点培养和引进学科带头人和青年学术骨干，为教职员工搭建良好的事业发展平台，推进民生工程，将感情留人、事业留人、待遇留人落到实处。要把学科建设作为学院发展的重点，进一步完善以外交学、国际关系为主导学科，以外语为优势学科，国际法、国际经济等多个涉外学科相互支撑、优势互补、外交特色鲜明的学科体系。力争将外交学、国际关系学科率先建设成为国内领先、国际知名的一流学科；力争使英语学科整体学术实力达到国家重点学科水平，使该学科成为我国外语类院校的标志性学科，同时加强法语、日语和西班牙语三个语种建设；深入发展以国际法和国际经济为主的交叉学科群，促进这些学科与学院特色学科群、优势学科群之间的交叉与融合，实现各学科协调发展，力促交叉学科整体学术实力达到北京市重点学科水平。要把学术研究和智库建设作为学院发展的着力点，坚持与时俱进、开拓创新、勇于担当，紧紧服务于中国特色大国外交理论与实践的研究和创新，努力构建中国特色、中国风格与中国气派的大国外交理论体系，填补中国特色大国外交理论研究的空白。积极推进中国外交研究所、国际关系研究所、亚洲研究所和国际法研究所等高端智库建设。继续加强“中国外交理论与实践协同创新中心”建设，使科研工作的重点转向生产高端和精品，走内涵式发展道路，形成冲击世界社会科学研究高端的能力，提高中国在世界国际关系和外交研究领域的话语权，力争在外交理论、安全外交、经济外交、法律外交和公共外交等领域产出一大批高质量的学术研究成果与政策研究报告,为中国特色大国外交中具有全局性与方向性的重大问题提供理论指导。

当今,中国外交正在开创一条中国特色的大国外交之路,国际形势风云变幻,国家发展日新月异,中国发展离不开世界,世界繁荣稳定也离不开中国。身处今天这样一个变化如此之多、之快、之复杂的时代,作为一个世界大国,中国外交更需要有理想、有思想、有理论、有谋略,外交学院愿为此作出自己的努力与贡献。

# 一流学科建设助力一流本科教育

## ——北京工商大学校长孙宝国院士访谈录

◎ 李艺英　张春萍

孙宝国，汉族，1961年1月出生，山东招远人，博士，北京工商大学教授，博士生导师，中国工程院院士，我国著名香料专家和食品添加剂专家。主要研究领域：食品香料、食品科学与安全。曾获国家科学技术进步奖二等奖、国家技术发明奖二等奖、教育部科技进步奖一等奖。现任北京工商大学校长。兼任中国轻工业联合会特邀副会长、中国食品科学技术学会副理事长、北京市食品安全专家委员会副主任委员等。“新世纪百千万人才工程”国家级人选，享受国务院特殊津贴。

2015年，国家推出《统筹推进世界一流大学和一流学科建设总体方案》(简称“双一流”)，这是继“211工程”、“985工程”之后，国家高等教育的重大发展战略。要实现“双一流”目标，不是仅靠几所重点大学集中突破，而是每所大学都应从自身实际出发，激发创新活力。在此背景下，北京工商大学根据学校实际，确立了自己的“双一流”，即“一流学科建设、一流本科教育”的战略目标。如何依托学校特色进行一流学科建设与一流本科教育？在推进“双一流”建设中还有哪些困惑与问题？带着这些问题，日前记者专程采访了北京工商大学校长孙宝国院士。

---

**记者：**您是我们采访的第一位院士校长，您的老师曾评价您有很强的洞察力和把握时代趋势的能力。在“双一流”的战略背景下，学校未来建设发展的总体目标和思路是什么？

---

**孙宝国：**目前，高等教育已步入以质量提升为核心的内涵式发展的新阶段。此

本文刊发于《北京教育》高教版2016年第10期

时推进“双一流”建设，对国家来讲是战略性方针、战略性调整，我觉得这个调整积极且及时。“双一流”应该说是每一所学校的梦想，是大学校长的梦、也是大学教师的梦。由于每所大学的定位和任务不一样，起点也不一样，不可能所有大学及学科都变成一流。我国的高等教育从精英型到大众型，再到目前的普及化阶段，各高校的分工、差异在这个发展过程中自觉不自觉地形成了。北京工商大学的教育介于精英教育和大众教育之间，更偏重于大众教育。如何实现学校自身的“双一流建设”需要学校的领导把好脉、找准方向、定准目标，尔后才能走出自己的特色之路。

在“双一流”建设、首都“四个中心”建设以及京津冀协同发展的新形势下，学校的发展既要尊重历史、依托学校的传统和优势，又要主动适应经济社会发展需要，把国家意志、行业发展和首都需要紧密结合起来，科学定位、打造特色。2015年6月，学校第二次党代会召开，确立了学校发展的“特色、内涵、规范、质量”八字方针，明确了今后五年学校发展的总体目标和指导思想是：推进学科建设，提升核心竞争力；深化教学改革，提高人才培养质量；提升科研质量，增强科技创新与服务社会能力；加强人力资源建设，提高人才队伍整体素质；推进国际合作与交流，提高开放办学水平；深化内部管理体制改革，提升规范化管理水平；继续改善办学条件，提升综合服务保障能力；加强学校文化建设，增强学校发展软实力。也就是说，今后五年，学校的首要任务是学科建设与人才培养质量，我们希望以“一流学科建设、一流本科教育”的战略目标引领学校发展，大力深化改革、强化特色，全面提高办学水平，努力实现特色鲜明的高水平教学研究型大学发展目标。

---

**记者：**特色是学校的名片，贵校的特色学科和专业有哪些？如何依托学校特色进行一流学科建设？

---

**孙宝国：**说到北京工商大学的“特色”就必然追索到学校的办学历史。学校是在原来的北京轻工业学院、北京商学院以及机械工业干部管理学院基础上合并组建的。原来的商学院、轻工学院是部委办学，有行业办学的特色和基础。学校在制定大学章程、确定“十三五”规划时，就学校的特色问题进行了反复探讨，最后达成共识：工商大学的特色就是商科与轻工学科。商科和轻工学科既是学校的历史，也是其现实，更是学校的未来。这个特色确定后，也就找到了学校今后努力的方向。但在商科、轻工学科里，具体到哪一个专业是特色，还需进一步凝练，如商科里我们会计专业的专业地位、办学水平较高，社会影响好，与中央财经大学联合培养会计专业博士研究生已十多年。此外，保险、金融、物流等专业，有行业中非常知名的专家、教授，学生参加全国竞赛也多次获奖，业内影响力大。

轻工学科的特色是食品与日用化学品。谭向勇书记在担任校长时提出学校工科以食品为龙头，这是发展的机遇，因此要举全校之力大力发展食品学科。我们的本科、硕士、博士专业都是应用化工，研究的是食品香料、食品香精，为食品服务，有便利条件。前几年，因为食品安全事件炒得比较热，公众对食品添加剂很关心。我们关注到这一社会现象，本着服务社会、服务民生的职能，学校抓住发展机遇，强化特色，加强重点突破，团队在食品添加剂和食品安全方面做了大量研究。我们的食品学科发展比较快，在食品行业的影响逐渐扩大，2012 年我们获批“食品(含保健食品)添加剂与安全”服务国家特殊需求博士人才培养项目；近 5 年，学校食品学科获得的项目资助也越来越多，仅 2015 年，学校在全国自然科学基金的食品学科资助项目里，超过了一些老牌名校排名第二。尤其值得高兴的是，青年教师成长迅速，2015 年学校 15 个基金项目中就有 10 个青年基金。化妆品方面，2010 年 6 月，在国家食品药品监督管理局和北京市教委的大力支持下，北京工商大学中国化妆品研究中心正式成立。目前，在化妆品研究方面，我们在全国高校中排在第一位，如研发的芦荟胶和芦荟化妆品等产品得到了广泛的好评、市场的认可，也推进了中国民族化妆品品牌的研究与国际的合作。

如何依托特色进行一流学科建设，我认为最关键的是两点：

首先，要着力加强学科建设，进一步提升办学层次。未来学校学科建设的目标就是四个一级学科博士点、两个世界一流学科、一个国家级研发平台，简称“421”。博士点对学科建设至关重要，学校现有会计、食品添加剂与安全两个博士点和“食品科学与工程”博士后流动站，希望“十三五”到“十四五”期间，能够获批食品科学与工程、应用经济学、工商管理、轻工技术与工程四个一级学科博士点；力争经济学与商学、农业科学技术两个学科进入 ESI 全球排名前 1%，建成世界一流学科；打造高水平创新平台，加强科研团队建设，建设好“食品添加剂与配料研究中心”国家级的研发平台，并通过加强国际合作、校外合作等加强学科建设。借力于京津冀协同发展战略，2016 年学校分别与天津商业大学、河北经贸大学联合成立了“京津冀经济学学科协同创新联盟”，与天津科技大学、河北科技大学合作签约了“京津冀轻工类高校协同创新联盟”，与天津财经大学、河北大学合作成立了“京津冀商科类协同创新联盟”，这三个创新中心将有助于高校开展合作研究，增强学校服务京津冀经济社会发展能力，为京津冀协同发展提供人才和智力支持。

其次，要以国际化为抓手促进质量提升，积极推进国际交流和合作。一是要扩大国外留学生特别是硕士层面的招生数量，增加留学生攻读学位人数，通过人才培养提升社会知名度。二是积极推进教师的国际化水平，通过引进海外人才、选派教师出国培养、聘用外籍教师等方式，促进教师队伍的国际化。三是继续开展国际科技合作，鼓励教师与国外高校开展合作研究项目，并出台措施予以保障。目前，学校和中国农业大学共建的北京市食品营养高精尖创新中心，我担任中心主任，其中的研究骨干50%是境外的，大都是这个领域内的专家，大家通过合作共同推进对食品营养的研究。在食品科学研究方面，2016年6月，学校与施普林格·自然(Springer Nature)旗下的自然科研集团(Nature Research)、国际食品科学技术联盟(IUFoST)达成协议，三方合作出版具有高影响力的开放获取期刊《npj-食品科学》(npj Science of Food)。期刊将于今年上线，并努力在五年之内打造成世界食品科学研究界第一的期刊。在服务国家"一带一路"倡议及中巴经济走廊建设方面，我们积极加强与沿线国家高校合作，在巴基斯坦驻华大使馆的支持下，在学校经济学院建立了北京工商大学巴基斯坦研究中心。四是大力拓展外部合作渠道，寻求高水平的国际合作办学伙伴，提升国际合作办学的层次和水平，促进学生培养的国际化。

---

**记者：**我们知道，一流本科教育是"双一流"建设的重要基础。请您谈谈"一流本科教育"的具体举措？

---

**孙宝国：**本科教育在人才培养工作中占据基础地位，是大学教育的主体组成部分，也是大学办学声誉的重要载体。坚持"本科为本"，是我国一流大学建设的必然选择。

纵观国外一流大学，普遍将本科人才培养和本科教育质量放在学校发展的重要战略地位，将培养一流本科生作为学校发展的坚定目标和不懈追求。例如：世纪之交，美国有关机构发布了《本科教育重建——美国研究型大学发展蓝图》，提出"重建以学生为中心的研究型大学本科教育"，推动了美国研究型大学的教学改革。这对我们推进中国特色、世界一流高水平大学建设具有重要的启示和借鉴。

近五年，学校一直在大力推进和深化本科教学综合改革，强调学生培养的"质量"。学校围绕"质量优先、内涵发展"的战略主题，秉承"育人为本、理论为基、应用为重、创新为先"的教育教学理念，立足于学校的办学传统、办学优势和办学定位，明确学科专业特色和服务面向，构建适应经济社会发展要求的人才培养体系，培养符合国家经济社会发展要求，德才兼备、知行合一、具有创新精神和实践能力的高素质人才。

近两年，我们推出了如下举措：

一是进一步规范考试管理，从2014级开始实行学生集中考试。2014年11月，学校首次期中集中考试顺利进行，千余名学生同场考试。大部分师生反映大考场的设置提供了一个公平的考试环境;从实际效果来看,“千人大考”通过严肃考风考纪,不仅降低了作弊率,也有利于良好学风和校风的建设;不少媒体对此做法予以关注并报道,集中考试的做法一直延续至今。

二是加强英语和数学等基础学科的教学,加大对学生的奖励。英语方面:第一,从2015级开始实行英语分级教学,根据入学英语分数分成10级因材施教。学有余力的学生,还可以学习法语、西班牙语等其他语种。第二,制定了奖励政策。对全国大学四六级英语考试中成绩优异的学生予以奖励,目前已经开展了三次奖励,导向的效果不错。数学方面:针对现在学生中较多出现的数学弱项和考研数学问题,学校加强了数学教学,鼓励学生参加校内外数学竞赛,加大奖励力度,起到了良好的效果和导向作用。

三是制定“十三五”本科人才培养质量目标,确立学生培养的标准性指标“369”。“3”是指在“十三五”末,应届毕业生的考研和出国读研的比例要超过30%,鼓励学生勤学上进,提高毕业生的考研出国深造率,并鼓励学生实现高水平就业;“6”是希望有60%的学生在毕业时英语水平达到六级,具备较好的对外交流或出国工作的语言能力;“9”是指学生的英语四级通过率超过90%。“369”这个指标虽然不是人才培养质量的全部,但它是可量化的一个标志性指标。经过师生共同努力,“369”指标的达成,一方面,将彰显学校本科人才培养的质量;另一方面,让学生在学校有更多的获得感,得到社会更大的认可。

---

**记者:** *在贵校的“双一流”建设中,您遇到的最棘手的问题和最高兴的事情分别是什么?*

---

**孙宝国:** 最棘手的问题是教师队伍的规模、质量既要有量的增加,又要有质的提高,以及学校特色的进一步凝练和创新。教师队伍方面,不仅整体规模需扩大,要增加教师人数,还要提高队伍的质量,两方面都很紧迫。所以,人才引进和培养要坚持“挖大树与栽小树”同时进行。“挖大树”是高层次人才引进;“栽小树”是指培养青年教师,两方面对学校的发展都非常重要。

虽然现在学校商科和轻工的特色已经凝练出来了,但是专业、学科、研究方向的特色需要进一步凝练,尤其是每一个教师的研究方向和特色还需凝练。学校实现转型的重要任务是由单一的以教学工作为主逐步转变为教学、科研和服务工作并重,这也需具体落实到各个学院,细化到对教师教学、科研和社会服务三方面工作的考核,这是保证学校顺利实现转型的基本要求。一方面,教师们要通过提升基础研究论文质量来实现ESI前1%的目标,更重要的是要围绕国家的创新驱动发展需要来建设一流学科，另一方面，教师们的观念和能力需要进一步转变和提升，要坚持基础研究和应用“两手抓、两手都要硬”。

最令我高兴的是学校制定的发展目标和“双一流”建设目标、人才培养质量得到了学生的认可。经过几年的发展，我们体会到，改革要达成共识，要得到师生的拥护，学校的改革发展，更需要师生的齐心合力。

## 微访谈

记者：您的座右铭是什么？

孙宝国：天道酬勤。

记者：您认为好学生的标准是？

孙宝国：勤奋、好学、有上进心、有责任感。

记者：您认为什么样的教师是好教师？

孙宝国：喜欢学生、有爱心，能够发现学生的优点加以引导，是学生的良师益友。

记者：您心目中一位好的大学校长应具备哪些素质？

孙宝国：了解大学的历史、现实，把握学校未来发展的方向、特色，扬长避短，在激烈的竞争中找准位置，在人才培养上得到学生的认可。校长是学生的师长、是教师的榜样、是师者之师。

记者：对您影响最大的一本书（几本书）？

孙宝国：《名贤集》《毛泽东选集》。

记者：对您做人处事影响最大的一句话是？

孙宝国：以德服人。

# 建设北京人自己的世界一流大学
## ——访北京工业大学党委书记谢辉

◎ 李艺英　翟　迪　张宇庆

谢辉，满族，中共党员，管理学博士，教授。历任北京科技大学团委副书记、书记，党委办公室主任，党委办公室、校长办公室主任兼统战部部长，校长助理，副校长，党委副书记，北方工业大学党委书记等职，现任北京工业大学党委书记。

10月18日，党的十九大胜利召开，习近平总书记指出：要优先发展教育事业。加快一流大学和一流学科建设，实现高等教育内涵式发展。此前，教育部、财政部、国家发展改革委印发《关于公布世界一流大学和一流学科建设高校及建设学科名单的通知》，公布世界一流大学和一流学科（简称“双一流”）建设高校及建设学科名单，北京工业大学（以下简称北工大）正式入选一流学科建设学校。基于服务北京发展的迫切需要，社会各界向北工大投来期许的目光，北工大将如何把握机遇真正实现“双一流”？如何做到“首都重大工程有贡献，国家超级工程有身影”？带着这些问题，本刊记者采访了学校党委书记谢辉。

“谢书记到学校前10天，除了必要的讲话，基本不说话。10天之后，已经对北工大的历史如数家珍。”“谢书记到任3个月，走访调研了学校50多个部室（院系）。风格干练，先说问题，再说解决办法。”“书记多次强调管理要精细化，入选‘双一流’建设学科只是一个开始，要有参照系，向更高目标冲刺。”这些来自北工大基层教师的反馈，基本已经勾勒出谢辉在北工大的工作风格，以及未来北工大的发展方向。

本文刊发于《北京教育》高教版2017年第11期

**记者：**近日，教育部公布“双一流”建设名单，贵校也进入了“双一流”学科建设名单。如何建设一流学科，您有什么样的思考？

**谢辉：**“双一流”建设是中国高等教育领域，继“211 工程”“985 工程”之后的又一国家战略。北工大有幸进入一流学科建设行列，是学校几代人多年拼搏努力的结果，也是北京市委市政府大力支持的结果。北工大从 1959 年筹建时，就明确了为北京市发展助力的定位。彭真、刘仁等老一代市委、市政府领导有远见、有气魄，建校初始就提出要建世界一流大学。在 20 世纪 60 年代，老一辈革命家们就提出要建设世界一流大学，现在的北工大人如果没有这个气魄，又何以面对这些先辈呢！

作为北京市属高校，北工大在“双一流”建设中要有自己特定的思路和追求，要“立足北京、立足首都”，在强调“京韵京味”的同时，要有整体发展思路。学科建设方面，我们提出了“一流学科群”建设的概念，通过梯次发展核心学科、支撑学科和辐射推动学校其他学科，带动学校整体学科水平提升，实现跨越式发展，为首都“四个中心”建设培养更多的高素质创新人才。建设国际一流的和谐宜居之都，是党中央对首都发展提出的新要求，学校提出的“首都重大工程有贡献，国家超级工程有身影”，就是要在“双一流”建设过程中实实在在地为北京市的发展助力。北工大根据社会发展需求和自身在城市建设、污染治理、环境改善、交通拥堵缓解等方面所占有的特色优势，重点建设“现代城市建设与环境工程”一流学科群，直接推动与首都城市建设和功能运行密切相关的土木工程等核心学科的发展，带动材料、信息等支撑学科的发展，同时辐射学校其他主体学科。这样，全校 30%的主干学科将直接参与“双一流”建设，通过搭建多学科交叉融合的大平台，整体提升学校学科建设水平。

具体来说，学校一流学科建设目标将实施“三步走”战略：2020 年，核心学科跻身国内一流乃至世界一流行列，实现国际知名、有特色、高水平研究型大学的建设目标；在首都“四个中心”功能建设和京津冀协同发展中发挥重要作用，学校国际声誉和影响力显著提升；2030 年，若干学科进入世界一流学科行列，办学特色进一步彰显，总体办学实力和水平达到新高度，学校声誉和社会影响力显著提升；2060 年，即建校 100 周年，学校进入世界一流大学行列，成为在国际上有重要影响、特色鲜明的高水平研究型大学。

**记者：**教师是学校发展的根本，贵校如何推动综合改革，打造一流师资队伍？

**谢辉**：一流的教师队伍是建设一流大学或一流学科的基础。北工大首先要建立全校师生的信心，要提高自身要求，不能总把自己放在“双一流”建设学科的高度上沾沾自喜。综合学校各方面的条件，对比在京的“双一流”高校，北工大目前仅处于中游水平。我们需要清醒地认识到，“双一流”是按照世界一流大学标准去建设的，我们的教师不仅要跟我国的“双一流”高校比，而且还要与世界范围的一流高校比。在高等教育领域，教师资源始终是第一资源，是决定其他一切资源的核心，因此学校把师资队伍建设放在重中之重的位置。近年来，学校大力实施“人才强校”战略，坚持“强高端、优结构、重改革、增活力”的工作导向。一是“强高端”，引育并举，扩大高层次人才体量，大力支持一流学科、核心学科团队建设，积极推进人事制度综合改革，形成有利于优秀人才集聚和成长的环境，通过高端引领，促进整体师资水平全面提升。学校在“十三五”规划中提出：到 2020 年，两院院士总数要突破 10 人。目前，学校引进院士的年薪已经达到 150 万元，这在国内属于高薪，也表明了北工大求贤纳智的决心；全职在校长江学者、“国家自然科学基金杰出青年基金”获得者、“海外高层次人才引进计划”入选者等国家级人才或相当水平的领军人才达到 30 名以上；青年长江学者、“国家自然科学基金优秀青年科学基金”获得者、“青年海外高层次人才引进计划”入选者等国家级青年人才或相当水平的卓越人才超过 50 名；新增未来 5 年具备实力入选国家级青年人才项目（计划）以及教学管理骨干梯队或相当水平的优秀人才 200 名以上。现在，虽然部分目标我们已经达到了，不过今后仍会继续努力，争取全面超额完成规划任务。

二是要实现“稳增长”，逐步“优结构”，队伍整体结构持续改善。北工大专任教师队伍规模与比例稳步增长，从 2011 年的 1 500 余人（占比 48.7%），提升至 2017 年的 1 700 余人（占比约 60%）；专任教师博士化率已经达到 70%以上，这个比例和部分“985 工程”高校基本持平。

三是学校将通过激励评价机制的深度改革，进一步激发整体教师队伍活力，让教师有压力、有竞争、也有奔头，不断挖掘教师队伍潜能。要给予教师真正的尊重，让教师有很好的归属感，让教师们爱学校，并产生责任感，从而以满腔的热情自觉投入到学校发展建设事业中。

---

**记者**：高校立身之本在于立德树人，世界一流大学应该培养出一流的人才。作为学校党委书记，请您谈谈如何落实立德树人根本任务，让学生成为德才兼备、全面发展的人才？

---

**谢辉：**高校最根本的任务是立德树人，北工大提出要建设北京人自己的世界一流大学的奋斗目标。在过去50多年里，学校为北京市培养了14万余名毕业生，他们成为首都各行各业的骨干。但是，作为一所以建设高水平研究型大学为目标的高校，现在我们还需要付出更大的努力，要培养更多在行业内“数一数二”的领军人才，使学校培养的学生与北京的未来发展需求相匹配，与建设世界一流大学愿景相匹配。

首先，学校必须加强党的领导，牢牢掌握思政工作的主动权和主导权。学校党委要全面领导学校各项工作，把方向、管大局、作决策、保落实。要强化思想理论教育和价值引领，营造和谐向上的环境氛围，使广大师生认识到高校开展思想政治工作的重大意义。

其次，要理顺工作机制，构建“三全”育人工作格局。其核心主要有三点：一是要提升思政课教师的育人能力，因为课堂是立德树人的主渠道。我们有位青年教师利用手机移动互联技术开发了一个叫“智慧课堂”的APP软件，它通过手机达到全员互动和精准教学，极大提高了学生的上课出勤率、抬头率和课堂参与率。我们认为这个青年教师的创新很有效果，学校从财力、人力上都给予了支持。2016年，这个项目还获得了中国高等教育学会“信息技术与教学深度融合”创新案例一等奖。目前，这个软件不仅在北工大使用，而且还在北京市和全国其他高校进行推广，影响力和实效性都很不错。前几天，我去学校通州校区的新生课堂，听了学校马克思主义学院一名青年教师讲的“中国近代史纲要”，这位教师讲得很有激情，深深吸引了我，我想我这个年龄的人都听得津津有味，更不用说课堂上的“90后”新生了！出乎意料的是，当我听完一节课准备离开的时候，这位青年教师说：“谢书记，我的下节课更精彩，不听是您的遗憾。”可见我们的思政课教师越来越自信，有站好三尺讲台的能力和信心。二是要高度重视辅导员队伍建设。辅导员直接面对学生，与学生接触比较多，对学生尤其是本科生影响很大。辅导员首要是爱学生、懂得学生工作规律，北工大现在已经有几个“明星”辅导员了，今后我们还要多培养一些标杆，尽快提升辅导员队伍的整体水平。三是要落实专任课教师的“一岗双责”。专任教师一定要有“不仅教书更要育人”的观念，教学不仅专注于专业课堂本身，教师要在教学的过程中将做人、做学问融于一体。我们有个热能方向的教师，学问做得很好，同时多年坚持做班主任，他对学生倾注的感情和投注的精力，特别让人钦佩。

最后，要加强大学文化建设，传递积极向上的正能量。我认为，文化是浸人心田，润物无声的一种“物质”。它虽然看不见，但是实实在在地影响着每一位北工大人。北工大有70%的学生是北京生源，这些孩子相对来说思想活跃、见识多。他们需要了解北工大艰苦创业的过程，困难办学的历史。北工大人是肯吃苦、敢创新的人，这种精神从老一辈北工大人慢慢传承和渗透到现在，作为教师我们要将这份财富积淀成为适应当下学校发展的大学文化。与此同时，我们要建立与“双一流”相匹配的办学环境。1960 年，当时的北工大办学面积约为 180 亩左右。2017 年，北工大校园发展成为现在的“一主六辅”的办学格局，办学面积约为 1 400 亩。但是，对比同类高校，如上海大学，他们的办学面积有 3 000 亩左右，可见学校在办学条件上还十分局促。目前，学校正在与北京市相关部门进行协商，希望采用土地置换的方式，争取到更完整的地块，在合适的地方再建一个校区，与现有校区相呼应，在设施和环境建设上达到“双一流”。

---

**记者：**贵校第十一次党代会恰逢党的十九大召开之际，请您谈谈如何结合十九大的会议精神，凝心聚力，为学校今后发展指明道路？

---

**谢辉：**党的十九大的胜利召开，习近平总书记的报告让广大师生干劲十足、斗志昂扬。2017 年底，学校将召开第十一次党员代表大会，恰逢两个重要机遇：一是党的十九大胜利召开，党和国家未来发展方向和发展战略更加明确；二是学校正式进入国家“双一流”建设学科行列，北工大的发展即将进入一个崭新的历史阶段。

学校第十一次党代会的主题十分明确，即全面深入学习领会党的十九大精神，学习习近平总书记新时代中国特色社会主义思想，牢固树立“四个意识”，坚持党的理论和路线方针政策不动摇。深入贯彻习近平总书记两次视察北京重要讲话精神，全面落实全国高校思想政治工作会议和北京市第十二次党代会精神，确保党对学校工作的全面领导，保证社会主义办学方向，汇聚发展智慧，凝聚发展共识，集中发展力量，全面开启建设世界一流大学和一流学科的新征程。一流学科建设为推动学校体制机制创新、完善现代大学制度提供了改革先导，是学校全面深化综合改革的试验区。一是落实学科办学自主权。实行学科方向带头人负责制，构建依托学科方向团队的教学科研一体化教师组织形式，使学科成为责权利统一的办学主体，破解学科团队建设中主体责任缺失、拔尖创新人才培养中的教学科研脱节和解决重大科研问题能力不强等问题。二是建立科学完善的评价考核机制。聘请国内外知名学者对一流学科建设的发展方向和科研重大问题选择提供咨询和指导。以一流学科建设的实际需要为依据，形成基于目标和绩效的资源配置机制，实现资源使用效益的最大化。引入学科建设第三方评价，形成评估反馈与质量改进机制，建立学科建设动态调整机制，打破身份固化，形成学科间良性竞争、优胜劣汰的学科生态。三是建立协同高效的运行机制。从一流学科建设需要出发，减少职能部门审批程序，建立一流学科建设的部门沟通协调机制，系统梳理一流学科建设的校院两级权责清单，形成学校规划监管、学院统筹促进、学科自主发展的运行模式，实现管理重心下移，形成扁平化管理结构，激发学院和学科的办学活力。

作为北京市首批入选“双一流”建设的三所高校之一，我们备感使命光荣、责任重大。结合“双一流”学科建设方案的筹划，学校领导班子最近也在不断梳理、聚焦未来学校定位和发展逻辑。一是要追求卓越。我们认为北工大一定要代表北京市属高校的最高水平，高水平研究型大学的目标要坚定不移地去实现。二是“立足北京、服务首都”的办学定位，要不断夯实。北工大未来的发展必须与首都建设需求同向同行，北京人自己的一流大学就要解决北京的实际问题，参与北京的重大建设。三是要花大力气提升人才培养质量。北京生源中每 3.5 人考入“211 工程”高校的考生，就有 1 人到北工大上学，我们承担了北京高层次人才培养的重要任务，北工大的人才培养质量对首都高层次人才储备有关键性的作用。因此，未来学校将更加开放地探索人才培养模式，尤其在国际化人才和各领域领军人才培养方面投注更多力量。

不忘初心，方得始终。发展的蓝图已经绘就，前进的号角已然吹响。务实、沉稳的北工大人，以昂扬奋发的精神面貌站在新时代的起点。在党的十九大精神指引下，北京工业大学将全面贯彻党的教育方针，落实立德树人根本任务，坚持特色发展、内涵式发展，以“不息为体、日新为道”的精神努力建设北京人自己的世界一流大学！

## 微访谈

记者：您的兴趣爱好是？

谢辉：打篮球、看书。

记者：对您做人处世影响最大的一句话是？

谢辉：随遇而安。

记者：您做事的理念是什么？

谢辉：岂能尽如人意，但求无愧我心。

记者：您经常阅读的一本书是？

谢辉：《光荣与梦想》。

记者：您最崇拜的教育家是？

谢辉：蔡元培。

记者：对您启发最大的一句教育名言是？

谢辉：学为人师，行为世范。

记者：您心目中的好学生的标准是？

谢辉：永远保持积极向上的心态。

记者：您认为什么样的教师是好教师？

谢辉：对学生、学校和社会都具有高度责任感。

# 构建“大科研”格局　打造高水平行业特色高校转型发展的战略支撑点

## ——访北京科技大学校长徐金梧

◎ 郑安阳　金剑苞

徐金梧，汉族，1949年4月出生，浙江宁波人，中共党员，工学博士，教授，博士生导师。1976年毕业于北京钢铁学院，1978年考入北京钢铁学院冶金机械专业攻读硕士学位。1983年～1988年在德国亚琛工业大学攻读博士学位。1989年初回到北京科技大学工作。1993年4月～2004年6月任副校长。2004年6月以来，任北京科技大学校长。中国金属学会副理事长、冶金设备学会理事长、中国高校科研管理协会副理事长。

徐金梧教授主要从事设备故障诊断、图像处理技术以及流程工业ERP研究，获国家科技进步二等奖两项，省部级科技进步一等奖两项、二等奖4项。出版专著、译著7本，发表学术论文200余篇。

---

**记者：**作为高水平行业特色高校，长期以来北京科技大学在服务国家科技创新体系建设中发挥了重要的作用，“十一五”期间，学校取得了哪些科研发展成绩？

---

**徐金梧：**这需要从四个方面谈：

第一，经费项目快速增长，科研实力大幅提升。

“十一五”期间，学校科研经费以年均25.31%的速度快速增长，达到23.60亿元，2010年达到7亿元，迅速增长的科研经费为学校的发展提供了有力的支撑，改善了科研的软、硬件条件和人才培养环境，学校的科研实力得到了大幅提升。

本文刊发于《北京教育》高教版2012年第2期

“十一五”期间，学校新增纵向科研项目 1,686 项，合同经费 11.29 亿元。其中，承担国家自然基金项目 407 项，经费 1.44 亿元，2011 年突破 7000 万元；承担“863 计划”项目 48 项(其中重点项目两项)，经费 1.79 亿元；承担“973 计划”项目 99 项，经费 1.22 亿元。纵向项目在数量上稳定增长的同时，在级别和质量上也有显著提高，显示出学校在承担国家重大项目、重大计划任务等方面水平提高并发挥了重要作用。

“十一五”期间，学校新增横向合作项目 3,228 项，合同经费 12.94 亿元。100 万元以上的大项目比例迅速增长，达到 199 项，合同经费 6 亿元。横向合作在规模不断扩大的同时，合作领域也由传统优势的钢铁领域扩展到国家急需发展的能源、资源等领域，学校服务社会经济发展的能力不断提升。

第二，基地人才建设卓有成效，可持续发展体系基本形成。

结合“优势学科创新平台”和“211 工程”建设的总体规划，学校统筹布局，积极运作，巩固与发展并重，学校科研基地平台建设已呈现体系化、规模化格局。

“十一五”期间，国家级科研基地(平台)从“十五”期间的 3 个增加到 7 个，省部级科研基地从 8 个增加到 22 个。2007 年，学校获准牵头建设国家“重大工程材料安全服役研究评价设施”项目，并筹建国家材料服役安全科学中心(筹)，实现了教育部直属院校承担“国家重大科技基础设施建设”项目零的突破。截至 2010 年底，学校拥有的科研基地涵盖了材料、冶金、矿业、机械、科技史、自动化、管理、能源、环境、化学和生物等多个学科，巩固了学校材料、冶金学科的优势地位，促进了不同学科之间的交叉和融合，形成了从原始创新到高新技术研发再到产业化的层次分明的体系架构。

在加强基地建设的同时，学校以学科和专业建设为主线，依托基地、项目凝聚、培养人才，学校高水平人才队伍建设取得良好发展，学校科技人才队伍的结构、层次、水平得到了大幅提升。“十一五”期间，先后有 3 人成为“973 计划”项目首席科学家，5 人获得“国家杰出青年科学基金资助”，42 人入选教育部“新世纪优秀人才支持计划”，1 个团队入选科技部创新团队，3 个团队入选教育部创新团队，1 个团队入选国防科工委创新团队，37 人入选“北京市科技新星”。

此外，学校通过国家自然科学、社会科学基金青年项目、校科研基金以及中央高校基本科研业务费项目等大力培养青年教师，为有研究前景和研究潜力的项目和青年人才能够脱颖而出创造条件。

第三，科研成果不断涌现，科技创新能力明显增强。

学校采取一系列积极有效的措施，调整与制定相应的激励、奖励政策，营造了良好的科技创新环境，极大地调动了广大教师从事科研的积极性和主动性，学校整体科技实力不断提高，取得了一批有显示度的科研成果。

据统计，“十一五”以来，学校获国家科技奖励22项，省部级科技奖励165项。作为第一完成单位或第一完成人，共有74项获奖成果，其中国家奖8项，省部级和社会力量设奖66项。申请专利1,511件，专利授权871件，其中授权发明专利747件。“十一五”期间，共申请14件PCT国际专利。其中2010年达11件，还有1件发明获美国专利。授权专利所占的比例以及专利权的维持率高于全国高校的总体水平。根据教育部2010年底公布的统计数据，截至2009年底，学校已有有效专利500件，在全国高校中居第15位。据中国科学技术信息研究所公布的数据，2005年～2009年学校发表的科技论文被三大检索收录7 585篇，涌现了一批发表于高影响因子期刊上的优秀论文，影响因子大于1.0的论文达642篇，这些成果的获得，凸显了学校学术科技水平和综合实力。

第四，行业区域合作全面推进，产学研结合向纵深发展。

“十一五”以来，学校产学研合作充分依托主干学科优势，面向国家和行业重要战略需求，立足钢铁行业，服务地方经济。学校与各行业、企业、地方政府共建技术研发中心21个、参加产学研创新战略联盟28个、建立产学研结合示范基地12个、签订产学研合作协议共计23项。合作领域涉及钢铁、有色、电力、石油、交通、资源、新能源等多个行业，产学研辐射面进一步扩大，产学研合作进一步向纵深发展。2009年，学校产学研合作工作入选教育部年度“中国高校产学研合作十大优秀案例”，并荣获首届“中国产学研合作创新奖”。2010年，谢建新教授主持的“铜包铝复合材料连铸直接成形技术及产品开发”项目荣获“2010年度中国产学研合作创新成果奖”。

---

**记者：**“十一五”期间，学校在服务国家重大科技需求和北京市自主创新体系中发挥了哪些重要的作用？

---

**徐金梧：**2007年，学校作为第一个教育部直属高校承担了国家“十一五”期间12个重大科技基础设施之一——“重大工程材料服役安全研究评价设施”（以下简称“MSAF”）项目的建设工作，并围绕项目建设，筹建国家材料服役安全科学中心（以下简称“国家科学中心”）。MSAF项目暨国家材料服役安全科学中心面向我国国民经济发展的重大需求，围绕典型工程材料、典型服役环境、共性失效形式和关键失效问题，通过自主设计和集成创新，建设可近似模拟服役环境、可有效再现失效过程的试验研究装置群。同时，通过建设公共性、通用性、开放共享、世界领先水平的大型工

程材料服役安全科学研究试验装置，深入开展重大工程材料服役安全领域的尺度域、环境域、时间域以及安全评价方法等四大关键科学问题研究，全面提升大(全)尺寸材料及构件的试验研究能力和安全评价技术的整体实力，建立我国自主的工程材料安全服役标准和规范，为重大工程材料的安全设计、安全评价和失效控制奠定坚实的科学基础，并将建设成为具有世界一流水平、国际化的科学研究机构。应该说，学校在科研工作取得的成绩，很大程度上得益于长期以来学校“大科研”格局的建设和完善。

---

**记者：**正如您所说，“十一五”科研工作取得的成绩得益于“大科研”格局的有力支撑，那么，能否简单介绍一下“大科研”格局的内涵及建设思路？

---

**徐金梧：**“大科研”的内涵包括注重顶层设计和全局谋划，承担大项目、组织大团队、产出大成果，以开放、高效、集成的理念提升科研活动的层次，创新科研工作机制，从而推动科研工作的发展。

**学校的“大科研”格局建设思路包括：**

一是放眼国际科技前沿，紧盯国家重要战略构筑科技创新平台。近年来，学校提出了“盯住三项国家需求，创出三条创新路线”的科技创新构思。三项国家需求是：钢铁新流程、新技术研发，重大工程材料结构安全服役研究，能源的高效利用和生态环境新技术研究。三条创新路线是：基础研究自主创新，关键技术自主研发，重大装备自主集成。

二是完善科研合作网络，搭建多层次科研合作格局。第一，实现校内的优势科研资源的整合，即突破不同学科之间的界限，推进学科间的合作，实行学科、人才、设施的强强联合。第二，加快开发、集成高校的协同创新机制建设，通过大学联盟、校企联盟的建设，在重大科技专项建设上发挥作用。第三，探索国际合作模式，与国外科技前沿接轨。

三是依托特色优势，发挥高校科技资源的辐射作用，引领行业技术创新，实现行业科技服务由跟踪服务向主动引领转型。产学研合作模式由以项目为纽带到以产学研联盟为形式的转变，实现学科群和产业群的对接。

---

**记者：**“十二五”期间，学校科研工作面临着什么样的发展形势？如何制定科研工作的“十二五”发展战略，推进学校的跨越式发展？

---

**徐金梧：**总结起来为“4434”发展模式，即四个机遇、四个挑战、三个转型、四个支撑点。

**四个机遇:**

一是构建创新型国家发展战略是高校科技潜力得以发挥的绝佳时机。党的十七大把提高自主创新能力、建设创新型国家作为国家发展战略的核心和提高综合国力的关键,赋予了科技创新从未有过的战略地位。学校必须抓住国家推动科技发展、增大科技投入这一历史契机,发挥学科、行业背景等特色,巩固和发展传统的优势,积极承担国家重大项目,产出重大科技成果,不断提高学校的科技影响力。

二是加快培育战略性新兴产业成为国家的重大战略任务,为学校科技发展带来广阔空间。发展战略性新兴产业已成为世界主要国家抢占新一轮经济和科技发展制高点的重大战略。作为拥有节能环保、新一代信息技术、生物、高端装备制造、新能源、新材料、新能源汽车等战略新兴产业相关学科的行业特色型高校,要彰显特色、发展优势,针对战略性新兴产业技术发展的需求,结合学校的发展方向以及优势资源,成为战略性新兴产业的人才培养基地、科技创新的源头、成果转化的助推器。

三是"十二五"期间钢铁、有色行业所起的重要作用与面临转方式、调结构的重要任务是学校科技发展的强劲动力。今后一段时间,学校的科学研究将围绕"十二二五"规划中对钢铁、有色行业结构调整,下游行业及材料工业的相关产业对钢铁工业提高钢材质量的需求和钢铁行业增强自身国际竞争力的要求进行,一系列新的课题亟待我们攻关。

四是区域经济的发展有赖于高校科技支撑,学校的地位和作用进一步凸显。"十二五"规划在实施区域发展总体战略中指出,要着力提高科技创新能力,加快国家创新型城市和区域创新平台建设。近年来学校与广东产学研合作卓有成效,同时,地处首都、拥有丰富科教资源,在为区域经济发展提供智力支持、推进区域经济发展方面具有明显的优势。

**四个挑战:**

一是基础研究薄弱,学科发展不够协调;二是科研基地覆盖面不均衡,对科技创新作用有待提升;三是科技资源整合不够,创新能力与作用有待提高;四是国际科技合作不够,合作范围与深度有待拓展。

**三大转型:**

在这样的背景下,行业特色型高校应紧跟国家高等教育体制改革步伐,大力实施"选择性转型"战略,在保持和发展自身传统与优势的基础上,选准发展的突破口、着力点和主战场,走出一条内涵延展、结构优化的转型之路,从而实现办学质量的根本提升。"选择性转型"的发展路线,就是要实现三大转型:学科建设要实现从行业特色、单一优势向学科特色、综合优势转型；人才培养要实现从模式单一、规格趋同向体系多元、分类有序转型；科研合作要实现从跟踪服务、资源分散向主动引领、团队作战转变。

**四个支撑点：**

“十二五”期间，学校着力通过构建“大科研”格局，为推进转型打造战略支撑点，为发展提供动力保障。一是通过构建“大科研”格局，跻身国家发展战略，在服务国家发展的同时，聚集优质办学资源，为学校转型发展提供保障。

二是通过构建“大科研”格局，依托重大科研设施的建设，打造世界一流学科，夯实优势学科发展根基。同时，催生和培育新兴学科，形成新的学科生长点和新的特色学科高地，实现学校发展由单一优势向多学科优势转型。

三是通过构建“大科研”格局，在科研中为培养高层次人才提供成长平台，塑造人才培养的特色，重点抓好卓越工程师培养计划、联合培养博士试点工作和北京高科大学联盟人才共同培养计划，实现人才培养由单一规格向多元化转型。

四是通过构建“大科研”格局，推动行业科技服务由跟踪服务向主动引领转型。在已成立的冶金工程研究院、新材料技术研究院等科研实体的基础上，推进北京北科大高新技术研究院建设，实现学科群和产业群的对接，发挥关键作用。

# 融入地方服务区域　推进学校科学发展

## ——访北京石油化工学院党委书记高锦宏

◎施　华

高锦宏，汉族，1963年3月出生，湖北鄂州人，中共党员，硕士，教授，硕士生导师。1979年9月至1984年7月，在清华大学学习。1987年5月参加工作。历任北京机械工业学院团委副书记、书记，学生工作部副部长、部长，宣传部部长，党委副书记兼副院长；北京信息科技大学副校长。2008年5月任北京石油化工学院党委书记。

**记者：**根据胡锦涛总书记在庆祝清华大学成立100周年大会上的讲话精神，您觉得学校当前的重要任务是什么？

**高锦宏：**胡锦涛总书记在清华大学建校100周年庆祝大会上的重要讲话中明确提出："全面提高高等教育质量，必须大力服务经济社会发展。""全面提高高等教育质量，必须大力推进文化传承创新。"北京石油化工学院是一所以本科教学为主的学校，长期以来，致力于人才培养工作，但作为中央转制学校，在进一步融入地方，很好服务行业和地方经济社会发展方面做得还不够，能力也较为有限。如何在新形势下抓住机遇落实《国家中长期教育改革和发展规划纲要（2010—2020年）》精神，全面履行大学职能，推动学校科学发展，是当前一项重要的任务。

**记者：**您谈到了学校要服务于社会，那么您是如何看待社会服务对于大学的重要意义呢？

**高锦宏：**这要从两个方面谈：

本文刊发于《北京教育》高教版2012年第4期

1. 社会服务是现代大学的重要职能

大学职能是一定历史时期国家和社会需求的集中反映，是大学对外部社会变化的必然选择，是社会进步与大学“内在逻辑”发展相统一的产物。大学职能是大学联结社会的纽带，是其赖以存在与发展的直接依据。随着社会经济和科技的发展以及社会对高等教育需求的变化，继大学人才培养和科学研究职能之后又出现了社会服务和文化传承的创新职能。胡锦涛总书记在讲话中强调，“要紧紧围绕科学发展这个主题、加快转变经济发展方式这条主线，不断增强服务经济社会发展能力。”北京石油化工学院创建于燕山，成长于大兴，服务企业、区域经济和社会发展是大学属性对我们提出的客观要求，是学校义不容辞的责任。同时我们也要看到，这些服务也是学校锻炼教师队伍、提升人才培养质量的现实需要。任何一所大学，即便是以本科人才培养为主的教学型院校，也要履行这方面的职责并开展这方面的工作。

2. 社会服务是促进学校发展的重要途径

学校在服务社会经济建设和发展的同时，自身建设也会得到很多促进和提高，主要表现在：

第一，社会服务有利于促进学科专业水平和人才培养质量的提高。学校在社会服务的过程中，通过跟踪社会经济发展对专业人才培养工作的要求，制定专业发展战略和专业教学计划，进行专业课程建设；通过了解社会发展急需破解的一些问题和工作难点，按需开展科学研究工作，切实提高学科建设和科学研究工作水平。这些工作主要承担和参与的人员是教师，无疑社会服务有利于提高师资队伍的能力和素质水平。社会服务使学校从象牙塔中走出来，融入社会，有助于教师理解并科学把握社会对人才和科研的新的现实需求，能够很好地促进学科建设水平和人才培养质量的提高。

第二，社会服务有利于学校争取更多的社会资源。学校通过在经济发展和社会进步中发挥作用，以服务求支持、以贡献求发展，可以争取到政府、企业和社会的大力资助；高质量的社会服务，可以为学校增加办学经费，改善教学设施，赢得更多的发展机遇。

第三，社会服务有利于进一步提高学校的社会影响力。学校社会服务工作，通常是通过积极参与社会经济建设，帮助企业进行技术更新或通过产学研将科研成果转化为生产力促进社会和企业发展。为社会提供公益性服务、为政府提供决策咨询、为重大社会问题的解决出谋划策等工作，实际上能直接或间接地宣传学校，从而提高学校的社会知名度和影响力。这些对于学校建设和发展非常重要。

为落实胡锦涛总书记在清华大学建校100周年庆祝大会上的重要讲话精神，

提升社会服务水平，增强文化传承创新能力，学校党委紧紧抓住首都建设世界城市、实施城南行动计划，以及大兴、亦庄两区行政资源整合的难得机遇，提出“肩负区域发展进步使命，立足首都世界城市建设，致力大兴经济社会发展”的开放办学新思路。在北京市委教育工委的直接领导和大力支持下，学校与大兴区人民政府签署了全面战略合作协议，提出了三年行动计划，并和北京其他两所市属高校与大兴区共建京南大学科技园及高校产业园，进一步拓展了学校的办学思路，丰富了办学定位的内涵，搭建了学校在地方发展中发挥社会服务和文化传承功能的新平台。

---

**记者**：您能谈谈学校在践行社会服务职能的过程中都有哪些具体做法吗？

---

**高锦宏**：回顾总结在推进校地合作、切实加强社会服务方面的工作，我们的主要做法和体会是：

1. 明确工作原则，把握校地合作工作方向

学校提出按照“真诚合作、优势互补、相互融合、共促发展”的原则，以此指导推进与大兴区的全面合作，签订了《大兴区人民政府北京石油化工学院战略合作框架协议》，并进一步提出了共建工作行动计划，成立相关服务工作平台机构，实实在在地为大兴经济和社会发展提供服务。

2. 坚持需求导向，增强校地合作工作针对性

学校加强对大兴经济社会发展的需求预测，多渠道建立社会服务的需求信息网络。学校先后成立了大兴社会建设研究中心、大兴经济发展研究中心、大兴文化建设研究中心等三个执行校地合作工作的学术组织，专题研究大兴经济发展、社会建设与管理以及文化建设中的重大问题，为政府决策提供参考和咨询。学校坚持社会服务与人才培养、学科建设、科学研究的有机结合。签约以来，校地合作行动计划项目顺利实施。学校充分发挥拥有的学科优势和智力资源，努力成为大兴地区的科技创新基地、人才培训基地、经济社会研究基地和文化服务基地。

3. 完善服务体系，建立校地合作工作模式

学校设立“校地合作工作领导小组”统一安排部署校地合作工作，由副院长任组长。相关部门积极履行管理和服务职能，主动对接大兴区相关委办局和各类产业基地及社会组织，广泛联络和凝聚各方人士，形成推进校地合作的有效格局。教学院系实行社会服务工作“一把手工程”，行政主要领导负总责，切实在人才培养、基地建设、技术转化、项目合作以及联合办学等方面开展广泛深入的校地合作。

4. 创新服务机制,形成校地合作工作合力

学校将校地合作纳入学校事业发展规划,纳入单位目标任务和工作计划,如完善绩效考核体系,制定切实可行的社会服务考核评价标准,建立激励约束机制,制定鼓励社会服务的政策措施和奖励办法;对积极参与社会服务、有效推进校地合作工作并取得成绩的集体和个人给予表彰和奖励,形成全校上下共同推进校地合作、共同参与社会服务的整体合力。

5. 加强统筹,切实保障校地合作工作

第一,创设服务环境,保障校地合作工作顺利开展。学校创造各种有利条件支持校地合作工作:加快社会服务方面的制度建设;确保社会服务方面的经费投入,设立校地合作专项基金;营造社会服务的舆论环境,做到工作融入大兴、思想融入大兴、感情融入大兴。

第二,建立协调机制,确保校地合作工作持续推进。学校党委建立校地联席会议制度,讨论、决定年度合作计划及重大合作事项。设立校地联席会议常设机构,督促检查合作项目的实施进程和实施效果。建立学校职能部门与大兴区相关委办局的沟通协调机制,研究具体合作方案和项目实施,协调解决合作进程中的实际困难和问题。

学校在校地合作和社会服务方面的工作还处在发展阶段,还需要不断学习、总结、改进和提高。学校将以学习贯彻胡总书记重要讲话精神为重要契机,全面落实教育规划《纲要》,深入开展创先争优活动,认真做好学校“十二五”发展规划研究制定工作,牢固树立责任意识、危机意识、战略意识,着力培养信念执著、品德优良、知识丰富、本领过硬的拔尖创新人才,为加快建设人力资源强国和高等教育强国作出新的更大贡献。

# 经国纬政　法泽天下
## ——中国政法大学校长黄进访谈录

◎ 李艺英　于　洋

黄进，生于 1958 年，湖北利川人，插过队，留过洋。现为中国政法大学校长、教授、博士生导师。主持和参加中外科研项目 30 多项，主编或参编的著作 50 余部，在国内国际报刊上发表论文、译作 180 多篇。曾两次获高等教育国家级教学成果一等奖。曾担任国务院学位委员会法学学科评议组成员，现任教育部社会科学委员会委员、中国法学会副会长、中国国际私法学会会长。

从沙滩红楼到蓟门桥边小月河畔，再至军都山下，中国政法大学已经走过了 60 年的风雨历程。在建校 60 周年之际，记者在学院路老一号楼水泥铺地的校长办公室里就学校的文化传承、发展与创新采访了校长黄进，感受到了一位校长与学者的情怀和风华。

---

**记者**：今年是中国政法大学建校 60 周年，请您谈谈 60 年中发生的对这所大学意义重大的事件？

---

**黄进**：1952 年是中国政法大学的坐标原点，这一年由北京大学、清华大学、燕京大学、辅仁大学四校的法学、政治学、社会学等学科组合而成的北京政法学院诞生，毛泽东主席亲笔题写校名，学校建在沙滩红楼。这是学校的从无到有。1954 年，学校迁址至学院路。1966 年文革起，在“砸烂公检法”的口号中，学校被搞乱，后于 1970 年被撤销，全体人员下放到“五七干校”，校舍被占用，学校不复存在。这是学校的从有到无。1978 年是学校的又一个节点，中国迎来了改革开放的春

---

本文刊发于《北京教育》高教版 2012 年第 4 期

天，法律人开始重新活跃在国家建设与法治进步的舞台上。一大批当年的教师和干部筚路蓝缕，以法大艰苦奋斗的传统克服重重困难，终于盼来了学院的浴火重生，这一年学校复办，次年恢复招生。1983年，学校又站到了一个新的起点，为适应经济建设需要，加强法制建设，加速发展法学教育，北京政法学院与中央政法干校合并，组建"一校三院"（本科生院、研究生院、进修生院）构成的中国政法大学，邓小平亲笔题写校名。1985年，学校开辟昌平校区。2000年，学校踏上了第三次高速发展的起点，这一年，学校由司法部划归教育部直属院校的行列，这一调整为学校突破行业进入国内高等教育主流，实现由法科大校向法科强校的转变提供了很好的契机。2005年，学校进入"211工程"重点建设高校行列；2011年，学校获准成为"985工程优势学科创新平台"建设高校，向着"开放式、国际化、多科性、创新型的世界法科强校"的办学目标加速前进。

岁月悠悠，风雨兼程，60年来法大始终与国家同呼吸、共命运，国家法治兴则学校兴，国家法治衰则学校衰。60年传承不辍，60年开拓创新，铸就了法大独特的精神品格和丰厚的文化底蕴。至今，法大已成长为一所以法科为优势和特色，其他人文社会科学学科协调发展的多科性大学，是我国人文社会科学领域人才培养、科学研究、社会服务和文化传承创新的重镇，我国著名法学家钱端升、江平、陈光中等教授曾先后担任过这所名校校长。正是一代代法大人秉承"厚德、明法、格物、致公"的校训，如立在校园的雕塑"拓荒牛"般艰苦奋斗、百折不挠，铸就了"经国纬政，法泽天下"的法大精神。学校在60年的办学历程中，为国家培养了各类优秀人才20余万人，参与了自建校以来几乎国家所有的立法活动，引领着国家法学理论的变革和法律思想的更新，为国家的法治昌明、政治文明、经济发展、社会进步、文化繁荣作出了自己的贡献。

---

**记者：**"经国纬政，法泽天下"是法大人的使命也是历经60年铸就的法大精神，请您具体阐述一下法大精神与法大人的特质？

---

**黄进：**法大自1952年建校以来，至今一甲子。60年来，法大历经坎坷，但始终向前，在全体法大人的共同努力中，逐渐积淀了大家认同的法大精神，那就是："以人为本，尊重人权"的人文精神；"实事求是，求真务实"的科学精神；"自强不息，追求卓越"的学术精神；"艰苦奋斗，坚忍不拔"的奋斗精神；"和睦相处、和衷共济、和而不同、和谐发展"的团队精神，这些精神可以说已浓缩在学校"厚德、明法、格物、致公"的校训之中。大家不难看出，法大的精神有大气、大度和大爱的特质。

在法大精神的熏陶下，形成了法大人独有的特质，那便是"经国纬政、法泽天下”的气度，“经世济民，福泽万邦”的情怀，“公平至上，正义优先”的价值观，“可夺法大名，不泯法大志”“只向真理低头”的骨气，“凡我在处，便是法大”的身份文化认同等。

正是在这些精神的激励、支撑和传承中，法大走出了一条内涵发展、特色发展、创新发展、和谐发展、国际化发展、跨越式发展之路，融入国家高等教育主流，荣登国家法学教育之巅，成为近10年来中国进步最快的大学之一。

---

**记者：** 确实，法大这10年的发展有目共睹，让我们截取一个时间点，2011年是“十二五”规划的开局之年，您能介绍一下学校在2011年的工作中都取得了哪些重要突破吗？

---

**黄进：** 2011年是学校的丰收年。学校抢抓机遇，获准成为“985工程优势学科创新平台”建设高校；学校正式制定实施《中国政法大学“十二五”发展规划》；全年新增两个博士学位授权一级学科，10个硕士学位授权一级学科，16个二级学科硕士点，5个二级学科博士点；积极参与并牵头草拟中央政法委和教育部推进的“卓越法律人才教育培养计划”；教育教学改革不断深化，获批建设国家级法学实践教学基地和教育部大学英语教学改革示范点，增设社会工作本科专业，首次招收高水平运动员，开办经济学专业“数理经济与金融实验班”，并在全校非外语本科专业必修课教学中推行教学助理制。2011年，研究生学位授予人数首次突破2,000人；组建人权研究院，并成为首批国家人权教育与培圳基地之一；发起组建国际学术组织“国际证据科学协会”；成功获批欧盟让·莫内项目和加入欧亚太平洋大学联盟，孔子学院筹建工作取得重大实质进展，国际办学进程加快；注重民生，办学条件和教职工生活待遇得到进一步改善；多元筹融资能力进一步增强，校园基础建设和专项经费获取实现重大进展，2009年时，学校还有2.9亿元贷款，而截至2011年底，就已全部偿还。

2011年，学校师生获得多项国内外殊荣：俄罗斯联邦总统梅德韦杰夫亲自授予黄道秀教授“友谊勋章”；王卫国教授获评第六届国家级教学名师，实现学校国家级教学名师零的突破；学校代表队获得第八届“理律杯”全国高校模拟法庭比赛冠军、中国空间法学会第八届CASC杯国际空间法模拟法庭竞赛（全英文）冠军、首届中国MBA商业伦理辩论大赛亚军；学校代表队在第十二届“挑战杯”全国大学生课外学术科技作品竞赛等重大比赛中共获特等奖两项、一等奖6项、二等奖8项，三等奖8项。一名博士研究生作为项目主持人成功申报了省部级科研课题，这在学校尚属首例；一名博士研究生的论文在台湾“思源人文社会科学博士论文奖”中获得法学学科唯一首奖。

---

**记者：**您在2012的新年致辞中提出，为实现建设“开放式、国际化、多科性、创新型的世界法科强校”的办学目标，学校要坚持走“内涵发展、开放发展、国际发展、和谐发展和特色发展之路。”您能谈一下这“五个发展”的具体含义吗？

---

**黄进：**学校办学目标的实现是一个长期的过程，我们将学校的办学目标确定为建设“开放式、国际化、多科性、创新型的世界法科强校”。所谓“开放式”，就是要坚持对外开放，坚持开放办学，立足北京、面向全国，立足中国、面向世界，以优秀的人才和卓越的学术服务于国家的经济建设、政治建设、文化建设和社会建设，服务于人类的和平、文明和发展。

所谓“国际化”，就是要深化教育教学改革，优化人才培养方案，着力培养具有国际视野、世界眼光、国际交往能力和国际竞争能力的人才，同时，繁荣发展学校各学科专业，推进学科体系、学术观点、科研方法的创新，推进法大优秀学术成果和优秀人才走向世界，不断提升法大的人才培养和科学研究在国际上的影响力。

“多科性”就是要把法大办成以法科为特色和优势的多科性大学，以人文社会科学学科为主体的多科性大学，以各学科都办出自己的特色，逐渐达到国内一流为目标的多科性大学。

“创新型”就是要把法大办成以创新(特别是以教学和科研的创新)为导向的大学。大家知道，在国外有“研究型大学”和“教学型大学”之分，后来又有了演绎得比较奇怪的“教学研究型大学”“研究教学型大学”的提法。这种区分引入中国后常常将许多大学误导入重科研轻教学的误区，都提出要把自己建成所谓的“研究型大学”。所以，我这里没有提“研究型大学”。像法大这样的高水平大学，不可能只搞教学，也不可能只开展研究，得履行人才培养、科学研究、社会服务和文化传承创新这四大职能。这四者都很重要，得统筹兼顾，而四者的核心价值取向是创新，即培养创新人才，进行知识创新、文化创新。所以提“创新型大学”比提“研究型大学”更科学，可以兼顾到四个方面，而且，“创新型大学”必定是“研究型大学”。

所谓“世界知名法科强校”，主要突出法大的建设目标是“有特色、高水平”的大学。“有特色”就是要保持和张扬法科的优势和特色，把法大建成“五大中心”，即中国法学教育中心、中国法学研究中心、中国法学图书资料信息中心、中国国家立法与法治决策咨询服务中心以及中国的世界法律文化交流中心。而所谓“高水平”，就是高在法大的目标是“世界知名”或者说“世界级”的大学，同时是“法科强校”。

要实现这个目标，我们必须走“内涵发展、开放发展、国际发展、和谐发展和特色发展之路”。

“内涵发展”就是走以提升质量为核心的内涵式发展之路，要在法大现有工作的基础上，承前启后、继往开来，走抓质量、促创新的发展之路，在有适度规模的基础上，着力抓人才培养质量、科学研究水平、社会服务效益和文化传承创新的高度。

“开放发展”就是要坚持对内对外开放办学，促进学校与社会的良性互动，立足北京、面向全国，立足中国、面向世界，以优秀的人才和卓越的学术服务于国家的经济建设、政治建设、文化建设和社会建设，服务于人类的和平、文明和发展，履行我们“经国纬政、法泽天下”以及“经世济民、福泽万邦”的使命。

“国际发展”就是我们要顺应世界潮流，应对变革世界中的机遇和挑战。我们所处的时代是一个和平与发展的时代，也是一个正在走向全球化的时代。在这样一个时代，学校提出“国际化”发展战略可以说是顺应了历史潮流，顺应了国际上高等教育的发展趋势。一个志存高远的大学一定会看到高等教育国际化对它的战略意义和长远价值，不然它就不是一个具有远见卓识的大学。目前，国际化已经成为现代大学的一种生存方式。从一个国家的一流大学向世界一流大学转变，是中国的优秀大学面临的挑战与机遇。法大的目标是把自己建设成为“世界知名法科强校”，必须走国际发展之路。

“特色发展”就是要保持和张扬法大法科的特色和优势，积极发展其他人文社会科学学科并办出特色。法大加强学科建设要围绕建设以法科为特色的多科性大学的办学目标来大力加强学科建设，形成一体多元、多元一体、和谐共生、协调发展的格局。既要保持和张扬法科的优势和特色，也要巩固、充实和提高已建的学科专业，让这些学科走特色化的发展之路。非法学学科一定要办出自己的特色、形成自己的优势。在这些学科建设的初期，一方面，它们可以借助法科的优势和实力来发展自己，同法学学科深度交叉融合，办出与法科相联系的特色，如办法商结合的MBA，这可以说是“借船出海”；另一方面，这些学科也应该发挥支撑学科的作用，特别是各人文社会科学学科不仅要加强自身的学科建设，还要对整个法大的通识教育、整个法大的人文校园建设作出自己的贡献，这可以说是“绿叶护花”。最终，我们希望看到，这些学科可以通过同法科的结合办出特色，也可以通过自身异军突起式的发展来办出特色。

“和谐发展”是我们的理想，我希望我们的大学有一个很好的文化环境、文化氛围，大家都尊重人才、尊重知识、尊重劳动、尊重创造、敬畏学术、遵循学术规范、教书育人、教学相长……我们期望有一天，在法大，法大人能够各安其位、各司其职、各尽其能、各展其长，各得其所；老者安之，同辈信之，少者怀之；学生好学乐学，教职员工安居乐业，学校长治久安、和谐和美。

**记者：** 今年的5月16日是法大建校60周年纪念日，您最想表达的是？

**黄进：** 回顾往昔，我深切感受到，每个时代都有其自身发展主题，每代法大人都有其历史责任。自建校以来，全体法大人团结一致、上下齐心，沿着推动法治昌明、推动政治进步、推动经济发展、推动文化繁荣、推动社会和谐之路，走上了开放式、国际化、多科性、创新型的世界知名法科强校建设道路。经过60年的历史变迁，虽然时代变了，具体办学目标变了，但法大人经国纬政、法泽天下的崇高理想没有变，艰苦奋斗、奋发图强的优秀传统没有变，求真务实、开拓创新的理性文化没有变，自强不息、追求卓越的宝贵精神没有变。建校60年，是法大发展史上的重要里程碑也是新起点，期待法大再创辉煌。

## 微访谈

记者：您的兴趣爱好是？您的业余生活如何安排？

黄进：读书、上网、看电影、郊游、散步、爬山、打乒乓球、游泳。

记者：您了解老师、学生生活和困惑的渠道和方式是？

黄进：调研、谈话、在校园转、到学生食堂吃饭、校园BBS、人人网、微博等。

记者：对您做人处世影响最大的一句话是？

黄进：己所不欲，勿施于人。

记者：在您的办学理念形成过程中，对您影响最深的几本书是？

黄进：《大学》、《论语》、《我的科大十年》(孔宪铎著)、《学术的秩序——当代大学论文集》(爱德华·希尔斯著)、《拓荒与呐喊——一个大学校长的教改历程》(刘道玉著)、*The Idea of A Univsersity*(John Henry Newman)。

记者：对您启发最大的一句教育名言是？

黄进：大学之道，在明明德，在亲民，在止于至善。

记者：您最崇敬的教育大家是？

黄进：孔子。

记者：您心目中的好学生的标准是？

黄进：品学兼优。

记者：您认为什么样的老师是好老师？

黄进：学为人师，行为世范。

记者：您心目中最理想的校长是什么样的？

黄进：深受师生和校友喜爱的校长。

记者：您经常说的一句话是？

黄进：为了法大。

# 强化内涵　打造特色　促进学院科学发展
## ——访北京农业职业学院党委书记崔砚青

◎ 赵章彬

崔砚青，汉族，1955年出生，北京人，中共党员，研究生学历，高级政工师。历任北京市农业管理干部学院团委书记、院办副主任、组宣处副处长，中共北京市委办公厅正处级秘书，北京市农业管理干部学院副院长，中共北京市委农工委副书记等职。2005年7月至今，任北京农业职业学院党委书记。先后发表《发挥职业教育优势，服务新农村建设》《正确处理五大关系，促进职业学院全面发展》《高职人才素质培养模式研究》等多篇论文。

2012年1月中旬，人民日报、新华社、中央电视台、北京电视台等集中报道了北京农业职业学院以“新农村、新农民、新文化”为主题的文化驻乡工程，引起了社会的广泛反响。这是学院立足农业特色“以实践教学为主体”的办学理念，紧贴北京都市型现代农业“五圈九业、优质品群”的特点，强化都市农业特色，突出首都特点的办学特色，彰显农业生产特色的“植物生长周期循环”“岗位轮动”等人才培养模式的成果之一。日前记者就学院的办学理念、办学特色、服务三农等方面采访了该院党委书记崔砚青。

**记者：**作为高等职业院校的党委书记，您如何看待高等职业教育的办学定位？

**崔砚青：**高等职业教育作为以培养高素质技能型专门人才的教育类型，与社会实践结合最为紧密，是使知识转化为现实生产力最为直接的教育类型，对于我国社会主义现代化建设起着重要的人才支撑和技术保障作用。作为我国高职战

本文刊发于《北京教育》高教版2012年第6期

线的一员，我感到十分荣幸，也备感所肩负任务的神圣和伟大。为此，学院不断深化教育教学改革，不断深化和落实“以实践教学为主体”的办学理念，致力于走内涵发展的道路，在人才培养、科学研究与社会服务方面取得了显著的进步，受到了学生和社会的广泛欢迎。

---

**记者：**您刚才提到“以实践教学为主体”的办学理念，听说贵校的“四大办学理念”深受全国同行的认可，请您谈谈这方面的具体内容及做法？

---

**崔砚青：**“四大办学理念”是2006年党委在总结学院长期办学实践基础上，提炼出的一个基本的办学指导思想。其内容是“以德为先、全面育人；以实践教学为主体；办学与服务双赢；开放办学不断创新”。自“四大办学理念”提出以后，广大师生通过切身的教育教学实践不断加深对这一理念的认识，其内涵也不断得到丰富和发展。

一是按照“以德为先、全面育人”的办学理念，从培养学生可持续发展能力入手，深化课程改革，强化素质培养，扎实推进学生思想道德教育和职业道德教育，形成了德育为先、育人为本，职业素质和人文素质并重，主渠道和第二课堂配合，学做合一、知行统一、识能双增、身心共进的素质教育培养体系，为学生长远发展奠定了坚实基础。

二是按照“以实践教学为主体”的办学理念，围绕强化职业岗位能力培养这个主线，改革了人才培养模式。例如，园艺技术专业在全国农业类院校中首创了“植物生长周期循环”人才培养模式，按照植物生长周期同步安排教学活动，结合育苗、花果管理等典型工作任务，学生边做边学，学习专业知识，掌握岗位能力，使教学环境与工作岗位一体，实现工学交替的人才培养。其特点是：实现了教学与生产一体、课堂与田间一体、学习与劳作一体、作业与产品一体。同时，重构了实践导向学做合一的专业课程体系，建设了综合性、系列化的校内外实训基地。三个重点建设专业分别形成了园艺技术专业的“任务导向、模块设置”、畜牧兽医专业的“岗位化”和绿色食品生产与检验专业的“从田间到餐桌全程质量控制”为主线的课程体系。以植物病虫害生物防治中心、种禽繁育中心等为代表的校内生产性实训基地建设，营造了真实的生产性职教环境，实现了产学一体，成为都市农业高技能人才培养的示范园和农业实用技术推广的孵化器。

三是按照“办学与服务双赢”的理念，创新“三农”服务机制，打造社会服务品牌。通过以奶牛产学研服一体化工作室为代表的“三农”服务平台建设，积极开展农民培训、挂职服务和技术推广，为北京新农村建设和都市型现代农业发展作出了突出贡献。通过服务社会、服务“三农”，促进了学院办学能力和办学水平的提高，实现了办学与服务的双赢。

四是按照“开放办学不断创新”的理念，深化校企合作，建立四方联动，实现了校企专家互聘；加大人才引进力度，不断优化师资结构，打造了一支专兼结合、结构合理的高水平师资队伍；广泛开展国际交流，不断拓展合作办学，彰显了学院的区位优势，实现了教学模式的创新。

---

**记者：**作为党委书记您对教学工作是如何认识的？

---

**崔砚青：**教学是学院的中心工作，学院的各项工作都要围绕教育教学来开展。在教育教学的宏观把握方面，学院坚持正确处理“五大关系”的原则，并以此指导教育教学的改革与发展。“五大关系”即发展规模与提高质量的关系，坚持两者并举，重在质量提高，全面提高人才培养水平，走内涵发展道路；硬件建设与软件建设的关系，坚持两者并举，坚持软件建设为主，深化管理体制改革，全面提高管理水平；普通专业与优势专业建设的关系，坚持两者并举，重在优势专业建设，形成优势专业群，打造品牌专业；多种形式教育与高等职业教育的关系，坚持两者并举，重在高等职业教育，开展成人教育、远程教育，以及各层次人才的培训，突出办好高职教育，为郊区和首都培养较高层次的职业技术人才；经济效益和社会效益的关系，坚持两者并举，重在提高社会效益，在培养人才、服务“三农”过程中，提升社会影响力和知名度，促进学院的建设和发展。

---

**记者：**近年来全国各高等院校都在强调打造办学特色，请问您对贵院的办学特色有何想法？

---

**崔砚青：**特色是办学的灵魂，是学院发展的生命力，也是学院核心竞争力的重要依托和体现。为增强学院的核心竞争力，学院在科学定位的基础上下大力气凝练个性化办学特色，实施特色发展战略，以特色兴校，进而在竞争中以特色取胜。在特色创建中，通过培育和建设特色学科、特色专业、特色技能训练、特色科研服务项目等，形成学院的办学特色。特别是学院作为北京市唯一一所农业类高职院校，紧贴北京都市型现代农业“五圈九业、优质品群”的发展，按照工学结合的人才培养模式的要求，以园艺技术、畜牧兽医、绿色食品生产与检验 3 个国家示范校重点建设专业为龙头，强化都市农业特色，突出首都特点，形成若干都市农业特点鲜明的优势专业群，显著提升了学院的核心竞争力。

值得一提的是，学院秉承“以实践教学为主体”的办学理念，按照着眼育人、功能多元、打造特色、形成品牌的原则，建成了国内一流“校中有场、场中有园”的校内实训基地，生产性实训场所占地700余亩。其中，绿色科技示范园、畜牧兽医实训园、彩色苗木繁育中心、现代化种禽繁育中心等生产性校内实训基地，集教学、生产、科研、服务、农事体验等功能于一体，教学生产相得益彰。

**记者：**贵校作为北京市唯一一所农业职业学院，您能否谈谈贵校在“三农”服务方面的情况？

**崔砚青：**社会服务是高职院校的基本功能之一，农业职业院校的“三农”服务是社会服务的集中体现。为使三农服务常态化，打造三农服务品牌，学院重点进行了服务机制和模式创新。在机制创新上，一是与上级主管部门形成的“院政互动”机制，即紧贴政府总体工作部署和安排，围绕中心任务与目标，开展项目服务。二是“三院联动”机制。与北京农学院、北京农科院等大专院校和科研院所联合，开展互补与联动服务。三是专业化服务工作机制。依托学院相关专业，把师资培养、科学研究、技术推广、产业发展进行融合，开展专业化服务。

创新“三农”服务模式是学院近年来取得的新成就。一是“滴灌式”服务模式。将学院的科技成果、实用技术、信息资源等通过科技人才输出的方式直接送到农户手中，最大限度地减少中间环节，实现服务的最佳效果。二是“孵化式”服务模式。通过开展产学研服合作和实训基地示范，以技术、人才等支持企业发展，并孵化产生新企业。三是“套餐式”服务模式，即根据服务对象的综合性需求，以专业化服务工作室为载体将服务人员、服务内容、服务渠道、服务方式等进行科学组合和有效集成，为农民和农业企业提供可供选择的系列化服务。例如，在新农村建设中，学院为平谷区白各庄村专门组建了由17位专业教师组成的技术服务团队，在政策研究、种植、养殖、水利、信息等方面提供套餐式服务。实施农民科教培训是学院三农服务的重要内容。学院充分发挥所属北京市农业广播学校体系的优势与作用，积极推行“走进农业、走进农村、走进农民、走入服务”，实施农村实用人才培养工程、农村劳动力职业技能培训工程、乡土专家培养工程。近年来，学院依托北京市农广校四级网络体系，扎实推进以“新农村、新农民、新文化”为主题的文化驻乡工程，取得了显著成绩，受到中央领导的肯定和广大农民的欢迎。

**记者：**您刚才谈到“开放办学不断创新”的理念，您能否谈谈贵校在开放办学方面的认识和做法？

**崔砚青：**“开放办学不断创新”是学院四大办学理念之一，“开门、开发、开放”

是学院的基本办学方针，在这一办学理念的指引下，学院的国际交流不断深化，合作办学特色初显。示范校建设期间，学院组织170名教师和管理人员赴澳大利亚启思蒙职业学院等79所职业教育学院和企业开展职业教育和农业行业考察交流和培训，其中教师占总人数的86%。此外，与荷兰、美国等多个国家的职业教育院校签订了教师、学生交流协议或校际交流备忘录，并开展国际交流与访问；选派学生赴意大利、加拿大等国外职业院校开展交流和学习；同时，接纳荷兰等国外职业院校学生来院交流学习。国际交流活动的开展开阔了师生的国际化视野，教师专业教学能力得到显著提升。

中外合作办学是学院办学的重要组成部分，学院自2002年起积极开展中外合作办学工作，目前与加拿大圣力嘉学院及英国南兰克郡学院开展了4个高职合作项目，中外合作办学在校生306人，是北京市开展中外合作办学工作最早和项目最多的高职院校。为进一步保障合作办学项目的运行，学院组建了国际教育学院，成为北京市高职院校中最早设立的国际教育学院。

---

**记者：**作为党委书记，在党的建设和思想政治工作方面，您是否有更深入的思考？

---

**崔砚青：**不断加强党的建设，广泛深入地开展思想政治工作是学院党委的工作重点，几年来学院党委提出了在开展党建和思想政治工作方面要重点坚持“五个围绕”的方针。其基本内涵是：一是围绕贯彻党的重大方针政策来开展，促进党的方针政策落到实处。二是围绕学院的教育教学这个中心工作来开展，促进办学能力和人才培养水平的提高。三是围绕发挥共产党员先锋模范作用来开展，促进共产党员在群众中的影响和带动作用。四是围绕培养教师队伍和服务管理队伍素质来开展，促进教书育人、服务育人和管理育人水平的提高。五是围绕建设和谐校园的目标来开展，促进党内外的和谐、各级领导班子之间的和谐、教职工和学生之间的和谐、在职教职工和离退休职工之间的和谐。这“五个围绕”在学院的党建和思想政治工作中发挥了重要的指导作用。

---

**记者：**贵院作为国家级示范校，在促进北京都市型现代农业发展和引领我国高等职业教育的发展方面有何设想？

---

**崔砚青：**在科学发展观的指导下，学院讨论制定了《“十二五”教育发展规划》，明确了学院未来5年的基本战略和发展目标，即通过实施人才强校、质量立校和特色兴校这三大战略，走内涵发展道路，实现一流的人才培养质量、一流的师资队

伍、一流的环境设施、一流的社会服务、一流的管理水平和一流的思想政治工作；形成高职学历教育为主导，开展多种形式职业培训和社会服务与开发的“一体两翼”发展格局；努力把学院建设成为理念先进、特色鲜明、成就突出、国内一流、国际知名的高等职业院校。

## 微访谈

记者：您的兴趣和业余爱好是？

崔砚青：摄影、读书、散步。

记者：对您为人处世影响最大的一句话是？

崔砚青：原则性与灵活性相结合。大事讲原则，小事讲灵活。

记者：对您影响最深的几本书是？

崔砚青：毛泽东的《矛盾论》《实践论》，李瑞环的《学哲学用哲学》。

记者：对您启发最大的一句教育名言是？

崔砚青：因材施教。

记者：您最崇敬的教育大家是？

崔砚青：孔子。

记者：您认为什么样的教师是好教师？

崔砚青：既教书又育人。

记者：您心目中最理想的校长是什么样的？

崔砚青：工作思路清、管理能力强、团结协作好。

# 建设有特色　高水平建筑大学
## ——访北京建筑大学党委书记钱军

◎ 贝裕文

钱军，1964 年出生，博士，教授。历任北京林业大学经济管理学院党总支副书记、书记，北京林业大学党委常委、党委办公室主任、组织部长兼统战部长，北京林业大学党委副书记、副校长等职；兼任北京市青联委员、北京市高校党建研究会常务理事等职务。2008 年 7 月，任北京建筑大学党委书记，现任北京建筑大学党委书记。长期从事经济管理、党建和思想政治教育等方面的教学和研究工作。主持教育部哲学社会科学研究课题“高校校园文化建设研究”，主持完成国家林业局“中国森林资源管理变革趋向：市场化研究”等课题的研究。主编《风险投资运行机理与操作实务》等论著 10 余部，发表论文 70 多篇。

---

**记者：**钱书记您好，祝贺今年成功更名为北京建筑大学，全面开启了建设有特色、高水平建筑大学的新征程。请问，学校为什么把“建设有特色、高水平建筑大学”确定为新时期的奋斗目标？

---

**钱军：**《国家中长期教育改革和发展规划纲要（2010—2020 年）》指出：“发挥政策指导和资源配置的作用，引导高校合理定位，克服同质化倾向，形成各自的办学理念和风格，在不同层次、不同领域办出特色，争创一流。”因此，建设有特色、高水平大学，不仅是中央对“985 工程”“211 工程”高校的要求，也是对地方高校的要求，要求地方高校要在不同领域内各具特色，在不同层次上实现高水平。任何层

本文刊发于《北京教育》高教版 2013 年第 5 期

次、任何领域内的大学只要找准方向、集中优势，就可以办出高水平。因此，把“建设有特色、高水平建筑大学”确定为新时期学校发展的奋斗目标，既是学校历经七十多年发展积淀后进一步科学发展的现实需要，也是响应中央关于不同高校“在不同层次、不同领域办出特色，争创一流”的号召的具体体现。

---

**记者：**作为一所刚更名的大学，面对新的历史任务，学校是如何引导全校师生员工解放思想、统一思想，共同推进有特色、高水平建筑大学建设的？

---

**钱军：**更名大学，不仅仅是一个名字代替另一个名字，它意味着学校将肩负起新的使命！如何建设有特色、高水平建筑大学，是摆在学校面前的一项全新的重大课题。解放思想、统一思想是其中关键。没有思想上的重大解放，没有观念上的与时俱进，就没有学校发展的新思路。作为一所地方高校，与部委高校相比，办学思想相对陈旧、发展理念相对保守、发展信心相对不足、进取激情相对缺失，这是制约学校发展的一个重要内因，是建设高水平大学的内在障碍。学校始终坚持把解放思想放在突出位置，引导大家在解放思想中统一思想，从而推动中心工作创新开展。在推进高水平大学建设过程中，为做好解放思想、统一思想的工作，学校主要采取了 3 个举措：一是“坐下来、论起来”，全校全员开展“建设高水平建筑大学大讨论活动”。通过党委中心组学习、党总支片组学习、“主讲主问制”党支部学习、建设高水平建筑大学论坛等规模大、范围广、层次深的大讨论，进一步解放思想、统一思想、理清头脑、凝聚共识。二是“走出去、请进来”，组织干部和教职工走出校门，到国内外高水平大学调研高水平大学建设，查找差距，学习经验；邀请高等教育管理方面的知名专家学者进校开展高水平大学建设主题培训，为干部和教职工提供科学指导。三是“走下去、面对面”，学校领导带头，带动广大处级干部，结合落实中央改进工作作风、密切联系群众的相关规定，以“建设有特色、高水平建筑大学”为主题，走访基层调查研究，与教职工面对面深入交流，集思广益谋发展、形成共识促改革，为建设高水平建筑大学奠定坚实的思想基础。

---

**记者：**学校作为地方建筑类高校，如何发挥自己的优势和特色，强化办学特色、提升办学水平，建设有特色、高水平建筑大学？

---

**钱军：**学校作为地方建筑类高校，在建设“有特色、高水平建筑大学”的征程中，主要在以下 7 个方面强化自己的优势和特色，提升办学水平。一是强化地方行业性高校应用型人才培养特色，实施质量立校战略，培养适应行业发展需要的高素质应用型人才。二是弥补发展短板，实施科技兴校战略，促进整体办学水平

的跃升。三是突破发展瓶颈，实施人才强校战略，集聚提升水平的第一资源。四是拓宽发展视野，实施开放办学战略，大力提升办学国际化水平。五是夯实发展支柱，实施学科振兴计划，打牢提升水平的学科基础。六是坚持办学面向特色，实施服务首都计划，履行好服务地方、服务行业的基本职能，以服务强特色，以服务促发展。七是改善办学条件，实施条件建设计划，为建设高水平大学提供良好的硬件条件。总之，建设高水平大学，必须解放思想、开拓创新，树立办“大学”观念，用“大师、大楼、大气”，用大学的视野、大学的文化、大学的条件、大学的实力、大学的水平，让“大学”二字更加名副其实。

---

**记者：**学校实施质量立校战略过程中在强化人才特色、提高人才培养质量方面有哪些思考和实践呢?

---

**钱军：**高水平大学必须培养一流的人才。学校作为地方行业性高校，只有走特色发展之路，才能实现争创一流的目标。学校不断强化应用型人才培养特色，积极构建以工程技术教育为主体，课内与课外实践教学两者相互配套的实践教学体系。积极推进教育部“卓越工程师教育培养计划”试点工作，推进“国家工程实践教育中心”和“国家级实践教学人才培养创新实验区”的建设，探索具有学校特色的工程教育新模式。加强与企事业单位的合作，建成了校内外实习基地百余个，市级校内外人才培养基地6个。以新校区建设工程实践创新中心为平台，建立6个学生创新工作室。积极探索高校与行业企业联合培养人才的机制，发挥与行业企事业单位联系紧密的优势，探索建设“产学研”结合人才培养联合体。

---

**记者：**学校在推进有特色、高水平建筑大学建设中，为什么实行科技兴校战略?

---

**钱军：**科学研究往往是地方高校三项职能中的短板，并严重制约着其他两项职能的履行。根据木桶原理，地方高校要想实现整体办学水平的跃升，必须加强科研工作。可以说，没有高水平的科研，就没有高水平的大学。近5年来，学校深入实施科技兴校战略，按照“组建大团队、搭建大平台，拿大项目、出大成果，得大奖、出大师”的思路，坚持以科研平台建设为支撑，以重大科研项目研发为纽带，以科研团队建设为根本，面向首都城乡建设主战场，着力开展具有首都城乡建设特色的科学研究，取得了显著成效，获得国家级科技奖励8项，其中连续三年以第一主持单位获得国家科技进步二等奖。

**记者：**人才往往是地方高校发展的瓶颈，学校是如何实施人才强校战略，突破发展瓶颈，集聚提升办学水平的第一资源的？

**钱军：**虽然引进人才是地方高校跨越式发展的捷径，但当前地方高校引进人才越来越难，要实现可持续发展，必须坚持引培并举，立足自身加强现有人才的培养。近年来，学校深入实施人才强校战略，在设立 1 000 万元的人才引进基金加强高层次人才引进的同时，坚持“不遗余力、不惜重金、不拘一格”的工作方针，成立专门的人才工作办公室，每年设立 500 万元的青年教师培养专项基金，倾力培育人才。注重团队育人，通过团队高水平的科研锻炼队伍，激活师资队伍建设的造血功能，促进骨干教师成大师，带动青年教师加快成长，不走自然成熟的缓慢过程。注重科研平台的聚才育才作用，推动人才、基地、项目的有机结合，既为学校事业发展搭建了广阔的平台，也为人才发展提供了广阔的舞台。2012 年人才工作取得突破，1 名教授入选长江学者，1 名教授入选科技北京百名领军人才，1 名入选长城学者。

**记者：**当前，国际化程度成为高水平大学的重要标志。学校是如何实施开放办校战略，推进国际化办学的？

**钱军：**国际化是推动高水平大学建设的有效途径。学校把实施开放办校战略，加快推进国际化进程作为引领学校事业发展的战略引擎，以全球的视野谋划和推动高水平大学建设。一是推进人才队伍国际化。面向全球招聘领军人才，实施“柔性”引进政策和“客座教授”制度，吸引海外高端人才加盟。以青年骨干教师都有出国访学经历为目标，采取“费用全免、津贴全给”的方式，大力支持教师出国开展长期访学或合作研究。分批组织 100 名管理干部赴香港理工大学开展教育管理培训，拓宽管理队伍的国际视野。二是推进学生培养国际化。以培养具有国际视野、通晓国际规则、能够参与国际建筑事务的国际化人才为目标，加强双语师资培训，积极发展留学生教育，同时与承揽国际工程项目的建筑企业合作，选送学生到国外进行工程实践。三是推进国际合作办学。建好中法政府间合作项目中法能源培训中心，与美、英、法、澳等国家的多所大学开展学分互认、合作办学项目，形成了合作培养博士、硕士和本科的多层次国际合作办学格局。在 2012 年首届京交会项目签约暨成果发布会上，与美国奥本大学正式签署合作协议，决定合作设立中外合作办学机构—北奥国际学院。四是推进科学研究的国际化。鼓励师生主持、策划、参与重大国际项目。2011 年，学校教师向欧盟提交了 4 项亚洲转型项目，全部获批，占欧盟批准的 5 个中国项目中的 4 席，总预算约 500 万欧元。支持教师出席国际重要学术会议，支持院系主办了多场高水平国际学术会议，提高师生在国际学术期刊上发表论文的数量和质量，推进优秀成果和优秀人才走向世界，增强国际学术话语权和影响力。

---

**记者：**学科是学校发展的龙头，学校在推进有特色、高水平大学建设中是如何实施学科振兴计划，打牢提升水平的学科基础？

---

**钱军：**高水平大学关键要有一批具有“话语权”和“显示度”的高水平学科。学校各学科在发展过程中相对不平衡，工科较强，其他学科门类相对较弱，很难像研究型大学那样形成多学科齐头并进的局面。因此，学校选准科研突破口，凝练学科方向，营造某几个学科异军突起的局面，形成办学特色和优势。近 5 年来，学校以申博工程为抓手，大力实施学科振兴计划。坚持不懈按照传统方式，围绕申报博士点建设目标，加强学科建设，积聚学科实力。同时，紧紧抓住政策新机遇，组织申报“建筑遗产保护理论与技术”服务国家特殊需求博士人才培养项目，从 140 多所高校 188 个项目中脱颖而出，成功进入首批 30 个实施项目之列。申博工程的不断推进，特别是申博项目的成功，为学校进一步凝练了学科特色，营造了传统优势学科建筑学一级学科异军突起、带动其他学科快速发展的良好局面。3 个一级学科增列为北京市重点学科；在 2012 年全国学科评估中，4 个学科进入前 15 名，其中 2 个学科进入前 10 名。

---

**记者：**有人说，地方高校最大的特色就是服务地方发展。学校是如何强化服务地方的特色的？

---

**钱军：**服务地方是地方高校的重要职责，是地方高校的传统优势和特色，是地方高校建设有特色、高水平大学的必由之路。近年来，学校始终以服务首都城乡建设为己任，主动对接首都建设“人文北京、科技北京、绿色北京”和世界城市的需求，全面推进服务首都计划，成为了“北京城市规划、建设、管理的人才培养和科技服务基地”“北京应对气候变化研究和人才培养基地”以及国家建筑遗产保护研究和人才培养的重要基地。学校重点在以下 3 个方面强化服务首都的特色。一是学科专业设置聚焦首都需求，实现学科专业与首都城乡建设的有效对接。二是人才培养聚焦首都城乡建设需求，及时修订人才培养方案。三是科学研究聚焦首都创新驱动发展需求，加强科技服务和成果转化工作。以参与中关村国家自主创新示范区股权激励改革试点工作为契机，及时转化和大力推广科技成果；积极推进

学校“北京市大学科技园”建设，同时与其他驻大兴区高校和大兴区联合共建“京南大学科技园”；组织参加北京高校科技成果落地区县项目，首批落地的 10 个项目中学校就有 2 个项目。

**记者：**高水平大学应有一流的硬件条件。学校是如何改善和提高办学条件的？

**钱军：**学校原来只有不足 180 亩的老校区，办学空间非常狭小，严重制约着学校的发展。近年来，学校坚持“大楼”与“大师”并进，实施条件建设计划，克服重重困难，新校区建设取得突破性进展，2009 年全面开工建设占地近 1 000 亩的新校区。两年内自筹经费 10 亿元，实现一期工程 16 万平方米竣工入住，目前正推进二期工程 12 万平方米的建设，根本改善了办学条件，为学校可持续发展奠定了坚实的硬件基础。

## 微访谈

记者：您是怎么看待人才的？

钱军：我个人最喜欢的就是人才，非常爱惜、爱护人才。我们对人才不能求全责备，要善于用人之长，为人才提供个性化的舞台。

记者：您的教育理念是什么？

钱军：我的教育理念是“个个成长、人人成才”，这也是北京建筑大学全校教职工的教育理念。

记者：对您做人处世影响最大的一句话是？

钱军：是“知行合一”这句话。这句话常提醒我们要实干，“喊破嗓子不如甩开膀子”。

记者：对您启发最大的一句教育名言是？

钱军：是陶行知先生的“没有爱就没有教育”这句话。教育的最有效手段就是“爱的教育”。

记者：您经常说的一句话是？

钱军：“教学是天职，科研是能力。”

# 走"特色化、精品化、国际化"行业特色型大学内涵发展之路
## ——访北京科技大学党委书记罗维东

◎ 郑安阳　金剑苞

罗维东，汉族，1956年4月出生，广东人，中共党员，教授，博士生导师。1978年9月至1982年7月在北京科技大学矿山机械专业就读；1982年9月至1985年6月在原华东石油学院北京研究生院（现中国石油大学）石油机械工程专业攻读硕士学位；1985年6月至2002年12月在中国石油大学（北京）工作，历任校长助理、副校长、校长。2003年1月至今，任北京科技大学党委常委、党委书记。兼任中国石油教育学会常务理事、中国石油教育学会高等教育专业委员会主任、中国海洋石油总公司高级顾问。长期从事石油机械工程、石油领域工程力学和车辆工程专业的教学和科研工作，先后获省部级科研和教学成果奖10余项，发表论文150余篇。

**记者：**党的十八大对高等教育发展提出了内涵式发展的新要求，作为一所行业特色鲜明的高水平研究大学，如何在新形势下，探索有学校特色的内涵发展之路？

**罗维东：**党的十八大是我国在全面建设小康社会关键时期和深化改革开放、加快转变经济发展方式攻坚时期召开的一次十分重要的会议。十八大报告在"五位一体"的中国特色社会主义事业总体布局中，对我国教育改革发展进行了全面谋划和战略部署，明确了新的历史时期教育事业科学发展的方向。毋庸置疑，未

本文刊发于《北京教育》高教版2013年第6期

来几年，教育在党和国家事业中的基础性、先导性、全局性地位和作用将更加凸显，高等教育将迎来新一轮重要战略机遇期。

学习好、贯彻好党的十八大精神，需要我们紧密结合十八大的战略部署，联系工作实际，坚持学以致用、用以促学，把党的十八大精神落实到提高学校科学发展能力、提高高等教育质量上来。为此，学校以十八大精神为引领，在认真梳理60年办学经验的基础上，围绕提高教育质量这一核心，进一步凝练发展特色，探索更加清晰的内涵式发展路径，努力通过实施“三个发展”驱动战略，实现学校的跨越式发展。一是特色化发展。特色是学校生存与发展的灵魂，在不断丰富、调适和优化办学资源的基础上，熔炼出独特的办学品质，在科学研究、服务社会、文化传承与创新等方面充分彰显行业高校的特色和优势。二是精品化发展。始终坚持把提高质量作为学校教育改革发展最核心的紧迫任务，围绕教育质量开展一系列观念创新、制度创新、模式创新，努力培育出一批国家级教学精品、一大批重大科技成果精品，确保学校内涵发展的品质和质量。三是国际化发展。注重将国际化发展以及开放办学作为一种理念和发展战略，坚持以开阔的国际视野和积极主动的姿态，深度融入到国家战略需求和社会经济发展中，在开放环境中凝聚优质办学资源、创造良好的育人条件。

---

**记者：**实干兴邦是贯彻落实十八大精神、实现中国梦的根本途径。对于高等教育来说，只有坚持“实干兴校”，才能真正推动学校科学发展。请问学校将采取哪些具体措施来实现“三个发展”驱动战略？

---

**罗维东：**实干是办学兴校的必由之路。办学思路也只有和办学实践有机结合起来，才会真正展现出自身的生命力和创新活力。近年来，学校在制定了“特色化、精品化、国际化”的发展理念后，始终坚持教育为社会主义现代化服务的根本任务，紧密结合全面建成小康社会的战略部署和目标要求，把更好地发挥人才培养、科学研究、社会服务和文化传承创新四大功能作为落脚点，努力为高等教育强国建设和国家现代化建设事业提供强有力的人才保障和智力支撑。在科研和人才培养领域，我们主要的办学措施包括以下几个方面：

第一，面向国家重大战略需求，以“积极有为”思想主动服务我国创新驱动发展战略。党的十八大报告把“实施创新驱动发展战略”作为国家发展战略的核心和提高综合国力的关键。我们将重新审视自己的发展使命，坚持按照“有为才能有位”的指导思想，努力跻身国家的重大发展战略，加快世界冶金、材料教育科研中心建设步伐，在全面推进国家创新体系建设、真正实现创新驱动发展中发挥应有的作用。

几年前，我们提出了到 2020 年，将学校建成国内新型工业化教育科研中心和世界冶金、材料教育科研中心的发展定位。围绕这一远景目标，学校牢牢把握国际科技创新前沿，紧密围绕“三项国家战略需求”—钢铁新流程、新技术研发，重大工程材料结构安全服役研究，能源的高效利用和生态环境新技术研究开展科技创新，认真组织实施好四个方面的重点工作：一是以钢铁共性技术协同创新为方向，以科研管理机制创新为核心，全力加快协同创新中心建设步伐，稳步开展海洋工程用钢、先进能源用钢、现代交通用钢等高性能钢铁材料品种的开发，使我国在钢铁材料领域的原始创新和关键技术研发能力提升到世界领先水平。二是全力以赴抓好学校牵头承担的国家重大科技基础设施建设项目——“重大工程材料服役安全研究评价设施”，将其建成为具有世界一流水平，能引领国际工程材料服役安全领域发展的著名研究机构；同时，注重发挥大项目的辐射作用，努力探索出一条以重大科技基础设施带动一流学科和一流大学的建设之路。三是有效依托学校高效钢铁冶金国家重点实验室、新金属材料国家重点实验室等 7 个国家级科研基地建设，面向我国钢铁工业可持续发展所面临的能源效率、资源利用、产品性能等方面的战略需求，积极开展国家急需的战略性研究、探索科学技术尖端领域的前瞻性研究。四是充分利用学校的学科、人才优势，以及与行业的血脉相连关系，主动参与行业创新体系建设，开展系统深入的战略性和前瞻性的基础研究、应用基础研究，为推动国民经济建设和社会发展、构筑行业科技创新平台提供理论基础和技术支撑，在国家技术创新体系建设中发挥重要生力军作用。

第二，深入推进工程教育改革，有效对接创新型国家建设对高层次工程技术人才的迫切需求。面对新形势和新任务，学校将秉承“学风严谨，崇尚实践”的优良传统，结合工程教育改革实际，进一步创新实践教育模式，努力为钢铁行业乃至社会培养“知识丰富、本领过硬的高素质专门人才和拔尖创新人才”，有效对接国家重大战略部署对高层次工程人才的迫切需求。

具体来讲，我们将坚持“注重基础、突出能力、倡导创新、发展个性”的人才培养思路，以创新人才培养质量观为指导，把加强和完善实践教育体系作为人才培养模式改革与创新的核心与重点。一是注重将坚持“实践教学与理论教学并举、实践教育与创新教育结合、实践教育与全面育人结合”的实践教育理念融入到人才培养整个阶段，通过课程讲授、学科竞赛、实验设计、创业实践等多种途径对学生进行训练，建构起一个具有学校特色的“全程化、三层次、六模块”的实践教育体系，从而提高实践教育的成效。二是紧密结合工程背景，依托行产学研平台培养高层次创新人才。其一，以实施“卓越工程师培养计划”、开办“黄昆班”等为契机，推进同行业、科研院所协同办学进程，积极探索应用型人才培养的新模式，力求在培育材料冶金行业领袖方面率先取得突破。其二，进一步完善研究生分类培养机制，着力推进研究生的学术型、应用型分类培养。针对不同的学科专业设定不同的培养目标，同样一个学科内部的人才培养目标也应有所区别，学生可以自己选择向学术型发展，也可以向工程应用型发展。其三，进一步深化校企联合培养人才工作，稳步推进联合培养博士工作，积极聘请行业、企业的一线专家为兼职教师，选派教师到企业学习，实现理论教学与工程实践的紧密结合，努力培养行业发展急需、实践能力强、具有创新精神的高素质人才。

---

**记者：**十八大报告提出了建设文化强国的战略目标和部署。高等教育是优秀文化传承的载体和思想文化创新的重要源泉。一般认为，理工科院校文化氛围相对薄弱，创新活力相对不足，作为一所行业背景高校的管理者，您对此是怎么看的呢？

---

**罗维东：**首先，我想我们必须得承认理工科类学校的学科优势不在这，人文资源有限，所以文化氛围相对会薄弱些。但是不代表我们是“一穷二白”，只要找准了切入点和突破口，也能培育出自己的文化优势。比如，长期以来，行业特色大学与新中国工业发展同呼吸共命运，它们参与铸就和亲身见证了行业优秀文化的形成。与此同时，在优秀的行业文化影响下，积淀了与行业文化同根共源、血脉相连、特色鲜明、底蕴深厚的大学文化资源，成为新时期学校办学的宝贵精神财富。因此，在加强大学文化创新的过程中，我们既要遵循大学文化建设的普遍性规律，又要更加注重吸收、通融和传承行业优秀文化，更加注重与现代文化的接轨，努力塑造、弘扬具有行业特色的“科技文化”。

一方面，我们将努力通融优秀行业文化，熔炼学校的发展特质和办学品味。60 年来，学校在服务国家战略的过程中，积淀下来了“钢铁摇篮”“钢小伙、铁姑娘”等行业特色鲜明的精神资源。第一，我们要坚持爱国、奉献这一基本价值导向。科技兴国进程中凝聚的爱国主义和集体主义精神是行业文化的精华。学校将大力坚持行业文化蕴涵的这一基本价值导向，更加注重把传承弘扬行业优秀文化与思想政治教育结合起来，利用各种载体和活动，打造出具有学校特色的德育品牌。第二，要深入弘扬行业文化中的“科学精神”。行业文化的形成是一个遵循科学研究规律、推动科技不断进步、创新的过程，凝聚着最为珍贵的“科学精神”——批判、宽容、创新。因此，我们更加注重将理性、公平、宽容、批判、创新、效率等科学精神融入到办学理念中，在学校科研创新和管理上打造一片“净土”，营造宽容的科研氛围，同时有意识将公平、理性、效率等理念融入到学校的管理制度的创新上，推进依法治校、民主治校进程。第三，弘扬科技文化的基本路径是着力提升办学品质。学校在强调学科专业特色外，特别强调培育学校文化的特色，主要是促进科技文化与人文文化的水乳交融，渗透到办学理念、学科建设、人才培养、科学研究、社会服务等各个层面和各个方面的工作之中。

另一方面，我们将坚持“以工促史，以史弘道”的思路，打造科技文化传承与创新的策源地。学校将立足科学技术史国家一级重点学科，依托科学技术与文明研究中心、金属与矿冶文化遗产研究国家文物局重点科研基地，进一步发挥多学科交叉的优势和特色，以中国文明史研究为努力方向，在探索中国冶金文明的起源与发展、推进文物保护和战略服务、科学技术无形文化遗产保护等领域，着力打造科技文化传承与创新的策源地。同时，学校将以高度的文化自觉和自信，积极开展对外学术文化交流活动，继续加强与英国剑桥李约瑟研究室、伦敦大学考古学院等一流国际研究机构开展学术交流，积极向世界系统介绍和宣扬中国古代冶金文明，为推动中华冶金文明走向世界作出应有的贡献。

## 微语录（罗维东）

关于办学思想：在新形势下，能不能自觉坚持以优势和特色取胜，做到人才培养的高质量、科学研究的高水平、社会服务的高效益、文化创新的高品质，决定着高校的前途和命运。

关于发展战略：现阶段，行业特色高校应紧跟国家高等教育体制改革步伐，大力实施“选择性转型”战略，在保持和发展自身传统与优势基础上，选准发展的突破口、着力点和主战场，闯出一条内涵延展、结构优化的转型之路。

关于文化建设：要注重提升文化“软实力”，把“以人为本”的理念落实在办学实际上，要切实树立教师的主体地位，努力营造奋发向上、勇于争先的氛围。同时，要鼓励争先，宽容失败，为优秀教师脱颖而出和充分施展才华积极创造良好的机会。

关于协同创新：要正确把握协同创新的内涵和特点，突出抓好队伍建设和需求引领，围绕全面提高高等教育质量这一主线，服务于创新型人才培养，又要找准自身在国家、区域、行业技术创新体系中的定位，最大限度地发挥高校科技支撑和引领作用。

## 微访谈

记者：对您做人处世影响最大的一句话是？

罗维东：走自己的路，让别人去说吧。

记者：在您的办学理念形成过程中，对您影响最深的几本书是？

罗维东：李约瑟的《中国科技史》、罗曼·罗兰的《约翰·克利斯朵夫》

记者：对您启发最大的一句教育名言是？

罗维东：有教无类。

记者：您最崇敬的教育大家是？

罗维东：蔡元培。

记者：您心目中的好学生的标准是？

罗维东：有批判精神、勤奋。

# 践行群众路线　办人民满意大学

## ——访北京林业大学党委书记吴斌

◎铁　铮　沈　静　廖爱军

吴斌，陕西旬邑人。北京林业大学党委书记、国家林业局生态文明研究中心主任，教授，博士生导师。曾任系团总支书记、学校国际合作处处长。后任林业部国际合作司司长助理、副司长、造林司副司长(正司级)。曾获国家科技进步二等奖两项，省部级科技进步一等奖两项、三等奖一项。发表论文40多篇，主编《绿色校园建设读本》等多部书籍。

如何紧密结合落实党的群众路线教育实践活动，贯彻落实党的十八届三中全会提出的深化教育领域的综合改革，办好人民满意的大学这一主题。日前，记者采访了北京林业大学党委书记吴斌。

---

**记者：**目前，党的群众路线教育实践活动已进入整改落实、建章立制的重要环节，请您谈谈践行群众路线对推进教育领域综合改革，办人民满意大学的意义与作用？

---

**吴斌：**党的十八大以来，习近平总书记就党和国家发展的重大理论、现实问题发表了一系列重要讲话，党的十八届三中全会《决定》对全面深化改革作出了系统部署，党的群众路线教育实践活动已进入整改落实、建章立制的重要环节，这些都为当前和今后一个时期全面深化教育领域综合改革提供了重要遵循。要说到践行群众路线对推进教育领域综合改革的作用与意义，我认为应从如下几方面考虑：

---

本文刊发于《北京教育》高教版2014年第2期

第一,党的群众路线是深化改革的生命线。我们知道“一切为了群众,一切依靠群众,从群众中来,到群众中去”的群众路线,是党所有工作的生命线。全面深化高等教育事业的改革,办好让人民群众满意的高等教育,必须始终坚持党的群众路线,依靠群众的智慧和力量。当前,高等教育事业正处在加快发展的关键时期,面对高等教育的新挑战和新任务,高校党委必须充分认识新形势下坚持党的群众路线的重要性和紧迫性,以开展党的群众路线教育实践活动为契机,教育引导党员教职工特别是党员领导干部牢固树立“办人民满意的高等教育”的理念,不断推进教育教学改革,着力凸显办学特色,推动高等教育事业又好又快发展。

第二,教育实践活动是重要的政治任务。按照中央提出的“照镜子、正衣冠、洗洗澡、治治病”的总体要求,开展教育实践活动,通过大排查、大检修、大扫除,整顿作风之弊、行为之垢,对于加强党的自身建设,保持党的先进性和纯洁性,巩固党的执政基础,有着重要的战略意义和现实意义。

面对世情、国情、党情的深刻变化,精神懈怠的危险、能力不足的危险、脱离群众的危险、消极腐败的危险更加尖锐地摆在全党面前,形式主义、官僚主义、享乐主义和奢靡之风这“四风”问题,严重违背我们党的性质和宗旨,严重影响党的纯洁性和先进性,严重削弱党的创造力、凝聚力、战斗力。对此,我们要进一步提高认识,将教育实践活动作为学校当前的首要政治任务,以贯彻落实中央八项规定精神作为切入点,着力解决学校各级党组织存在的“四风”问题,确保教育实践活动取得实质效果,从而深化高校的改革。

第三,实践活动是推动高校改革发展的强大动力。党的十八届三中全会的决议要求,深化教育领域综合改革。全面贯彻党的教育方针,坚持立德树人,加强社会主义核心价值体系教育,完善中华优秀传统文化教育,形成爱学习、爱劳动、爱祖国活动的有效形式和长效机制。这对高校提出了新的更高的要求。

高校是思想、文化、科技资源的聚集地,在全面深化改革、建设创新型国家、推动社会文明进步中承担着不可替代的重要作用。教育规划纲要要求高等教育要着眼支撑国家重大战略要求,加快创新人才培养模式转变、促进协同创新,提高社会服务能力。高等教育发展面临着难得的机遇,但是与经济社会发展和人民群众期望相比有较大差距,主要表现在高等教育人才创新培养能力不足,科技贡献度有待提高,服务社会水平需要提升,与社会发展的融合度不够。这些都需要摒弃不良的工作作风和落后的思想意识,主动回应人民群众呼声,以求实创新的改革举措,加快高等教育的改革创新,为全面建设小康社会提供强大的人才和科技支撑。

开展教育实践活动是改进作风,加快建设国际知名、特色鲜明、高水平研究型大学的重要保障。近年来,北京林业大学各级党组织和广大党员团结带领全校师生员工落实学校第十次党代会精神和学校“十二五”各项事业规划,加快转型发展,推动“国际知名,特色鲜明,高水平研究型大学”建设,学校办学质量进一步提升。其中一条重要的经验就是以扎实的党建和思想政治工作引领优良的党风,以优良的党风带教风、促学风,形成求真务实、团结奋进的校风。

第四,检验教育实践活动成效的根本标准是办好人民满意的教育,也是新的时代背景下党的群众路线在教育领域的具体体现。对于北京林业大学来说,努力办好人民满意的大学,既是检验学校党的群众路线教育实践活动成效的根本标准,更是我们义不容辞的光荣使命和责任。要以教育实践活动为契机,认真查找和解决“四风”问题,尤其是党员干部党性党风党纪方面群众反映强烈的突出问题,加强和改进学校党的思想、组织、作风、制度建设和反腐倡廉建设。

党的十八大报告指出:“为人民服务是党的根本宗旨”,全党“必须增强宗旨意识”,“全党必须牢记,只有植根人民、造福人民,党才能始终立于不败之地”。“植根人民”就是紧紧地依靠群众。“造福人民”就是全心全意地为人民服务。高校就是要把办好人民满意的高等教育、培养可靠接班人和合格建设者,作为实现党的根本宗旨、落实党的群众路线的出发点和落脚点。

---

**记者:**作为国家林业局生态文明研究中心主任,请您介绍一下林业高校在生态文明建设中的使命?

---

**吴斌:**十八届三中全会决议中的第十四部分提出,建设生态文明,必须建立系统完整的生态文明制度体系。高等林业院校是生态文明制度建设和生态文明教育的主阵地之一。生态文明建设为高等林业教育的发展提供了难得的战略机遇。林业高校应该在培养人才、科技支撑、引导生态文明理念等方面,承担起引领主导生态文明教育的历史责任。面对生态文明建设和现代林业发展的需求,林业高校需要在教育理念、教学内容、实践改革方面进行广泛深入的探索,进一步明确服务生态文明的目标,承担起更有特色的职能,努力引领绿色教育的潮流。林业高校要找准定位,深化对生态文明内涵的科学认识,推动协同创新,协同探索行业高校服务生态文明、实现方式。

要充分发挥学校的优势,通过与政府和民间团体合作,加强社区共建,以绿色校园建设辐射带动“绿色社区”“绿色企业”“绿色城市”的建设;推动学生志愿者的生态环保实践活动进社区、进工厂,让学生节省身边的一滴水、一张纸、一度电,力争做到教育一名学生,影响一个家庭,受益一方社区。

**记者：**您认为要办好人民满意的大学关键在学科建设，那么学校在学科建设方面的思考是？

**吴斌：**加强学科建设是办好人民满意大学的关键，也是高校改革发展的重要任务。任何一所大学都不可能把所有的事情都办到最好，特色就成了这个学校的核心竞争力。因此，把特色做强、做优，是我们在学科建设中要把握的一个重点，为此学校专门确定了学科建设年。林学、风景园林是学校最具特色的一级学科，除此之外，还有生态学、植物学、林业工程等也有突出的优势。这些学科在国内长期占有一定的位置。随着国家形势的发展和学科的进步及变化，传统的优势学科如何找准方向、定好方向、重点建设，这是我们必须认真思考的。学校的林业经济、人文社会科学在林业院校中也居领先地位，在国家林业发展和林改方面起到了很好的支撑作用。在生态文明制度建设中，要抓住机遇，把学科建设和国家未来发展紧密地结合，为国家生态文明建设作出更大的贡献。

学科是学校发展的核心，人才是核心中的核心。从目前学校的学科建设现状来看，需要三类人：第一类是做基础研究的，第二类做应用研究，第三类是战略科学家。如果三种科学家在学科建设里面都能够有自己的作为，那么学科的整体力量就能够有一个比较好的提升。学校各领域的基础较好，但从长远看，领军人物仍然不足。加强团队建设首先要选好领军人物，形成以领军人物为核心的团队。要把激励和约束机制建立起来，给学者以充分的信任和自由，使他们对学科建设和发展能够有不断的热情和力量。学科结构和学科发展的重点必须能够满足国家的战略需求，解决不了国家的需求，学科就失去了意义。

**记者：**为办好人民满意的大学，学校在服务地方经济方面有何举措？

**吴斌：**主动服务地方经济社会发展，是办好人民满意大学的应有之意，也是贯彻落实党的群众路线的具体行动。

高校是人才培养的重要基地，为社会培养和输送更多的优秀人才是高校服务地方经济社会发展的首要方式。要充分发挥人才培养职能，使高校成为地方适用人才的“培养所”。要牢固树立“育人为本、德育为先”的育人理念，始终把立德树人作为教育教学的根本任务，加强学生理想信念和道德教育、民族精神和时代精神教育，教育引导学生大力践行社会主义核心价值体系，培养和造就社会主义合格建设者和可靠接班人。牢固树立“质量第一”的发展理念，坚持走以质量提升为核心的内涵式发展道路，始终把提高人才培养质量作为学校发展的第一要务和衡量学校办学水平的最主要标准。根据社会发展对人才的要求，结合学校学科专业特点，在实践中优化学科专业结构、创新人才培养模式、改革教学方式、强化实践育人环节，培养适应社会发展的特色化人才。

要充分发挥科学研究和社会服务职能，使高校成为科技思想创新的“发源地”和服务地方经济社会发展的“动力源”。高校是重要的科学研究和思想创新基地，发挥高校科学研究和社会服务职能以推动地方经济社会发展，是高校应该承担的义务。要积极开展科学研究，提高创新能力，努力推出一批重大科研成果，为支撑经济社会发展作出重大贡献。以建立“协同创新中心”为实施载体，通过开展科技攻关、项目联姻、成果孵化等形式，积极组建以学科团队为核心的高水平合作团队，联合政府、企事业单位积极开展多种形式的产学研合作，加快构建科研服务社会网络。

此外，应该充分发挥文化传承和创新职能，使高校成为文化传播的“辐射源”。高校是新思想、新文化的源泉、倡导者、推动者和交流中心，高校应当成为传播现代文明、普及科学知识、弘扬先进文化的基地和中心。要充分发挥高校在文化传承、文化辐射、文化交流、文化创新等方面的作用，大力加强理论创新研究，引领社会思潮前进方向，促进文化大发展大繁荣。

---

**记者：***您认为办好人民满意的大学还需关注哪些问题？*

---

**吴斌：**办好人民满意的大学，离开了广大教职工是不可能的。大学必须以学生为本，一切都要从有利于学生成长出发。要充分体现、充分尊重师生员工的主体地位，积极改善学校的办学条件，帮助解决工作、学习、生活中的实际困难，提供优质服务，努力做到师生满意。

在教育实践活动中，学校党委要畅通渠道，通过开展专题调研、走访学院、召开不同群体的座谈会，利用书记校长电子信箱、网上留言簿、学校论坛等收集师生的意见和建议，找准学校师生员工普遍关心的问题，并制定切实可行的整改措施，努力做到使学校师生满意。学校新竣工的 9 万平方米的大厦用来改善办学条件。校直机关继续在原来的办公室办公，而全校 14 个学院的用房面积都有了大幅度增加；教室、计算机中心、语音教室用房面积和条件得到了进一步改善。

下一步我们要关心师生员工的生活，努力办好学生食堂、公寓，不断改善教职工包括离退休老同志的生活待遇。强化学校的综合管理，切实解决民生问题。提高公共服务设施的运行效率和管理水平。大力实施校园环境改造工程，为师生建设一个更加美丽的校园。

# 创新驱动发展　特色服务北京

## ——访北京工业大学校长郭广生

◎ 李艺英　卜　珺　卜晓明

郭广生，汉族，中共党员，工学博士，教授，博士生导师。历任北京化工大学副校长、北京市教育委员会副主任等职，现任北京工业大学校长。主持国家级和北京市教育教学改革项目多项，获高等教育国家级教学成果奖4项，其中作为第一完成人获一等奖1项、二等奖1项；主持和参加国家及省部级多项科研项目，其中国家自然科学基金重点及面上项目12项；获省部级科技进步二等奖2项；作为首席专家主持863计划新材料技术领域主题项目1项。在国内外重要刊物上发表研究论文150余篇，出版专著3部。兼任教育部科技委管理学部副主任、教育部高等学校学习科学教学指导分委员会主任、全国高等学校教学研究会副理事长等。

近几年，北京工业大学呈现出一种良好的可持续发展态势：2012年底，学校顺利通过国家“211工程”三期建设验收，成为获得国家专项奖励的28所高校之一；2013年3月，“北京-都柏林国际学院”揭牌；2014年7月，樊恭烋学院开始招生，“211工程”四期建设全面启动……一个全面快速成长中的北京工业大学引起了社会的广泛关注。为此，本刊记者采访了该校校长郭广生。

**记者：**我们注意到连续三年，贵校QS亚洲大学排名稳步上升，今年亚洲总排名118位，居大陆高校前30名，是哪些措施支撑了学校近几年的稳步、快速、健康发展？

本文刊发于《北京教育》高教版2014年第12期

**郭广生：** 近年来，北京工业大学在QS亚洲大学排名中的位次不断上升，由2011年的第201位提升至2014年的第118位。这在一定程度上说明，经过若干年的积淀和传承，学校在新的发展起点上围绕着新的战略目标，办学水平、办学实力和核心竞争力得到了较为明显的提升，国际知名度和学术影响力正在逐步得到国际相关机构和社会的认可。应该说，高校要实现科学发展，办学定位和顶层设计要先行。在北工大校园里最为显著的两条标语，也是最为广大师生所熟识的两句话，一是"建设国际知名、有特色、高水平研究型大学"，二是"以特色服务首都创新驱动发展"。作为学校的校长，我认为正是这两句话承载着学校不断进取的精神祈望，成为广大师生奋斗不息的心灵守望，也凝练了学校奋楫前行的办学定位和办学宗旨，为学校的事业发展指明了方向。

当然，面对高等教育的新形势，大学要想在激烈的竞争中保持优势，不仅要拥有科学准确的办学定位，还必须兼具务实可行的办学路径。近年来，学校坚定不移地实施人才强校、特色发展和开放办学三大战略，助推学校科学转型和内涵发展。围绕人才强校战略，学校以"强高端、稳增长、调结构、保质量"为导向，通过实施"高层次人才引进与实施计划""京华人才支持计划"和"日新人才培养计划"，形成了较为清晰的人才引育、评价、保障及激励体系，有效提升了人才队伍的专业化水平。围绕开放办学战略，学校一方面大力推进高等教育国际化进程，以与爱尔兰国立都柏林大学共建北京-都柏林国际学院等为契机，提高人才培养的国际竞争力，同时引进国际知名战略科学家和高层次人才，组建高水平研究机构探索追踪国际学术前沿；另一方面以服务国家和首都经济社会发展需求为途径，通过促进政产学研用的深度融合，使高校成为区域创新体系的重要组成部分，为首都科技创新中心的建设提供更多的参与度和贡献度。围绕特色发展战略，学校面向重大前瞻性科学问题、行业产业共性技术问题、区域经济与社会发展的关键问题以及文化传承创新的突出问题，充分挖掘已有学科优势，重点发展能源、交通、环境等新兴和交叉学科，建设了一批优势特色学科专业，形成重点突出、特色鲜明、结构合理、相互支撑的多学科体系新局面。

在实施三大战略的进程中，学校既重视一般社会标准的评价，更注重特色指标的考评，包括：以提升学术知名度和影响力作为推进学科建设的重要依据，学校荣获中国百篇最具影响国际学术论文，SCI学科影响因子前1/10的期刊论文比例大幅攀升，材料、工程、化学三个学科进入世界ESI排名前1%；以强化学生实践素质和创新精神作为衡量人才培养质量的重要参考，工大学子在全国挑战杯竞赛、大学生建模竞赛、机械创新设计大赛等众多国内外科技赛事中频频折冠，连续3年获得全国优秀博士论文奖，21次荣获优秀博士学位论文奖和提名奖，获奖数量位居全国前列、地方高校第一；以增强自主创新能力和解决问题的能力作为提升综合实力的重要标准，科技工作各项量化指标持续增长，2013 年授权发明专利 368 项，排名全国高校第 15 位，拥有有效专利 1,228 项，排名全国高校第 19 位。

---

**记者：贵校的发展经历了哪些关键性节点？学校是如何突破的？对学校未来的发展奠定了哪些基础？**

---

**郭广生：**工大人经常说，在北京工业大学的发展过程中，我们紧紧抓住了两个重要机遇，实现了两个重要转变，即：抓住“211 工程”建设和 2008 年北京奥运会赛事承办的重要机遇，实现了由单科性大学向多科性大学、由教学型大学向教学研究型大学的历史性转变。

首先，进入“211 工程”重点大学建设可以说是学校历史上最大的发展机遇。通过“211 工程”一期“打基础”、二期“利长远”、三期“上水平”的建设，学校以重点学科建设为龙头，促进了学科交叉融合，形成了优势突出、特色鲜明的学科体系和创新平台；引进和培养了一批高水平学术带头人和中青年学术骨干，形成了若干优势学科创新团队，推动了一批高水平标志性成果的取得。2012 年底，学校顺利通过国家“211 工程”三期建设验收，并成为获得国家专项奖励的 28 所高校之一。未来，我们将以“求突破”作为“211 工程”四期建设的关键词，力求实现学校新的跨越式的发展。

此外，参与筹办 2008 年奥运会可谓学校历史上最难得的发展机遇。2007 年 8 月，学校奥林匹克体育馆正式建成，它轻盈优美的造型、独具匠心的设计让人们眼前一亮。2008 年北京奥运会期间，学校体育馆顺利完成羽毛球、艺术体操赛事承办任务。赛事后，体育馆在优先满足学校体育教学、训练和师生活动需求的基础上，为社会公众服务，并通过合理分区开设乒乓球、健身房、文艺厅等活动项目。学校还建造了奥运纪念馆和奥运文化墙，开设了奥运文化相关选修课程。2012 年 5 月，学校将羽毛球确定为“校球”，以球会友，展现师生良好的精神风貌，促进师生身心健康发展。应该说，参与奥运筹办不仅为学校留下了一座奥运建筑，还将辉煌的奥运文化、奥运精神留在了校园，更将其融入于人才培养的过程中，为校园规划建设与精神文化建设注入了新的活力。

经过历代工大人的不懈努力，我们抓住这两个机遇所带来的两个转变，推动学校事业发展的方方面面取得了诸多新的突破和新的提升。基于此，学校进一步明确办学定位，在第十次党代会上提出了新的发展战略目标，即：通过实施“三步走”战略，到 2015 年，基本实现从教学研究型大学向研究型大学的转变；到 2020

年，建设成为国际知名、有特色、高水平研究型大学；到 2060 年，建设成为国际上有重要影响、特色鲜明的高水平研究型大学。

---

**记者：**作为北京市属高校的“领头羊”，学校如何结合首都发展需要、融合区域发展需要，提高人才培养质量与学科建设水平？

---

**郭广生：**北京工业大学自 1960 年建校伊始，就承载着北京市委市政府的深深寄托，肩负着为北京地方经济发展培养大批急需专业技术人才的重任。建校 54 年来，学校始终坚持“立足北京，服务北京，辐射全国，面向世界”的办学宗旨，已为北京经济和社会发展的各个领域培养了 12 万余名毕业生。作为北京市属高校中唯一一所进入国家“211 工程”建设的重点大学，学校有责任、更有义务为首都城市战略定位和京津冀协同发展提供更高水平的教育质量和更高水平的科技与文化支撑，坚定不移地将北工大打造成北京市高素质创新人才培养的重要基地、区域科技创新的重要力量、城市建设与发展的重要智库、国际交流与合作的重要窗口。

首先，学校坚持办学要以服务区域经济社会发展为指南。学校专门成立了对外合作联络处，大力推进开放办学，积极融入社会，主动“走出去”了解需求、共商合作。2013 年以来，学校领导班子走访了包括京津冀区域区县、相关委办局、知名企事业单位、兄弟院校在内的三十余家单位。目前，学校已与北京市交通委共建成立城市交通学院，与北京市环保局共建环境学科，与北京市委社会工委共建北京社会建设研究院，在战略定位、体制机制、科技合作、人才培养等方面，逐步探索出了一条资源共享、平台共建、成果共有、互利共赢的发展新途径。

同时，学校坚持学科发展要与区域经济发展要求高度匹配。学校面向学术前沿逐步优化学科结构，力争分层次地建立符合发展需要的学科体系，包括强势学科、优势与特色学科、支撑性学科和基础性学科，重点发展先进材料、交通、环境、能源、智能信息技术、科学与工程计算等新兴和交叉学科。在此基础上，学校先后联合北京交通大学、清华大学、北京市交通委员会等 9 家单位成立首都世界城市顺畅交通协同创新中心，与中国人民大学共建社会转型与社会治理协同创新中心、首都社会建设与社会管理协同创新中心，聘请欧洲科学院院士 Peter Deuflhard 教授，领衔成立北京科学与工程计算研究院等。

此外，学校强调人才培养要与区域经济发展需求紧密结合。学校突出工程实践能力和国际化能力的培养，通过观念创新和制度创新，推动适应性强的应用型创新人才和拔尖创新人才培养。同时，通过与政府、企业等合作建设办学机构和科研机构，为政府和企业培养急需人才。例如，软件学院与北京市政府相关部门按照“按需培养”的合作办学模式，将自身的办学优势与政府需求紧密结合，不仅拓宽了生源渠道，确保了新专业方向的生源质量，更为北京的信息化建设和新兴产业发展输送了一大批紧缺人才，开辟了高校人才对口培养的新天地。

**记者：**对于创新人才培养模式，您有哪些看法？学校在这方面有哪些举措？

**郭广生：**立德树人是教育的根本任务，人才培养是大学的永恒主题。从某种意义上来说，学生是大学最直接的产品，产品的质量涉及方方面面，其中人才培养模式至关重要，回答的是“培养什么样的人”和“如何培养这样的人”的基本问题，是教育思想观念、人才培养目标、培养规格、培养途径等多方面的有机结合体。对于不同类型的高校，特别是地方大学而言，应着力于寻求最能显示学校特色的人才培养模式。坚持产学研合作，注重学生实践能力、动手能力培养是北工大人才培养一直以来的优良传统。早在1991年，原校长樊恭烋先生倡议成立了中国产学研合作教育协会，应该说，中国高等工程教育的产学研合作是在北工大提出、发扬并传承至今的。此后，学校又提出了“教学实践一条线”的教改思路，并将人才培养的总体目标进一步深化，提出将北工大打造成为“卓越工程师的摇篮”的目标。

为了将学生培养成为具有国际视野和首都情怀、善于沟通、勇于创新，德智体美全面发展的应用型创新人才和拔尖创新人才，学校以提高课堂教学质量作为提升人才培养质量的主要途径，以教会学生学习作为所有教学改革的出发点和归属地，大力实施“12345”人才培养模式，即“一条主线、两个着力点、三种模式、四项结合、五点保障”。一条主线，即立足服务北京，将学科专业设置与北京经济社会发展需要紧密结合，并以北京产业发展方向为人才培养方向。两个着力点，即着力于优化人才培养模式，着重突出学生工程意识、工程素质和工程实践能力的培养；着力于建设一支“双师型”教师队伍，加强教师工程经验培养。三种模式，即通过校企联盟，搭建集合实践、就业、培训功能的三位一体模式；建立校企联合董事会，校企全方位合作人才培养；与国际优秀企业共建“人才培养模式创新实验区”。四项结合，即与国际工程教育专业认证相结合；与全日制工程硕士培养相结合；与学生课外活动相结合；与校园文化建设相结合。五点保障，即制度保障、组织保障、经费保障、政策保障、条件保障。学校提出，到2015年，力争使1/3的学生达到教育部“卓越工程师教育培养计划”的要求并具有特色，1/3的学生接受过第二专业教育，1/3的学生具有海外学习或者接受国际化教育的经历。

特别值得一提的是，今年我们成立了以原校长樊恭烋先生命名的樊恭烋学院，作为北工大高等工程教育人才培养模式创新的实验区，旨在充分发挥学校工程教育优质教学资源优势，积极创新人才培养模式，通过强化理工基础和创新教育，尊重学生对专业的兴趣与选择，因材施教，注重学生工程基础的夯实、优秀工程能力和创新精神的养成和持久竞争力的发展，培养国际、国内工程领域具有创新精神的领军人才。今年，首批30名2014级理科优秀学生顺利通过遴选，获得了进入樊恭烋学院学习的机会。未来，围绕人才培养模式的改革创新与探索，将继续成为学校推进人才培养工作的重要抓手，始终处于学校改革发展最核心的位置上。

**记者：**您认为在振兴北京教育方面，北工大应该有哪些作为？

**郭广生：**北京高等教育是服务京津冀协同发展和服务创新型国家建设的重要组成部分。作为一所市属高校和"211工程"建设的"国家队成员"，北工大应遵循高等教育发展规律，凸显大学基本职能，义不容辞地承担起首都教育使命与追求，包括推进高等教育大众化，特别是为国家、北京市培养高端应用型创新人才和拔尖创新人才；发挥科技创新、文化繁荣的优势，积极融入北京经济社会发展，提供重要决策咨询和智力服务；面向首都基础教育开放，促进基础教育和高等教育更好地无缝衔接；引领市属高校的发展，发挥积极的示范作用等。

正如习近平总书记所要求的，勿把北京大学大办成"第二个哈佛和剑桥"，而要办成"第一个北大"；同样，很多人曾将北工大喻为"北京的清华"，在我看来，北工大就是北京的北工大、中国的北工大、世界的北工大！在建设国际知名、有特色、高水平研究型大学的进程中，北京工业大学定会凝练出自身的办学特色，形成强势的品牌影响力，为办好首都人民满意的高等教育作出新的贡献。

## 微访谈

记者：您的兴趣爱好是？您的业余生活如何安排？

郭广生：读书、思考，交友、运动。

记者：对您做人处世影响最大的一句话是？

郭广生：天道酬勤。

记者：您做事的理念是什么？

郭广生：敢为人先，追求卓越。

记者：您认为成功的奥妙是什么？

郭广生：用心！凡事比别人想得更早一点。

记者：您认为您最大的不足是什么？

郭广生：总是希望追求完美，有时难免苛求。

记者：对您启发最大的一句教育名言是？

郭广生：教育是事业，事业的意义在于奉献；教育是科学，科学的价值在于求真；教育是艺术，艺术的生命在于创新。

记者：您最崇拜的当代教育家是谁？

郭广生：华中科技大学老校长—杨叔子院士。

记者：您心目中的好学生的标准是？

郭广生：拥有“五心”，即责任心、自信心、好奇心、恒心和爱心。

记者：您认为什么样的教师是好教师？

郭广生：拥有“五高”，即高尚的师德、高远的志向、高深的学问、高雅的情怀和高超的教艺。

# 以行业发展为使命　建高水平特色型大学
## ——访北京物资学院党委书记李石柱

◎李艺英　卜　珺　孙　杰

李石柱，1963年3月出生于河南洛阳，中共党员，工学博士。1984年毕业于清华大学水力机械专业，获学士学位；1986年毕业于清华大学经管学院技术经济专业，获硕士学位；2003年毕业于北京理工大学经济管理学院管理科学与工程专业，获博士学位。先后在北京理工大学、国家科技部（原国家科委）、北京市科委、中关村科技园区管理委员会等单位工作。2012年起任北京物资学院党委书记。

随着我国经济的快速发展，物流业已成为国民经济的重要组成部分。但是，我国物流业发展总体水平不高，发展方式比较粗放。2013年全社会物流成本占GDP比重18%，高于发达国家水平1倍左右。国家物流产业振兴规划的实施，物联网、云计算、移动互联网等新一代信息技术在流通领域的广泛应用，特别是大数据时代的到来，拥有庞大市场资源的中国如何顺势而上，从物流大国走向物流强国，对国内唯一的以物流和流通为特色的北京物资学院提出了新要求。为此，记者就如何立足行业企业、推进产学研用结合，建高水平特色高校专访了学校党委书记李石柱。

---

**记者：** 近年来，北京物资学院积极推进产学研用深度合作，社会服务能力显著提升，请您谈谈贵校如何整合资源推进产学研用合作？

---

**李石柱：** 在社会转型期，大学的理念也在高速的经济发展过程中进行着创新

本文刊发于《北京教育》高教版2015年第2期

性的变革。这种变革势必对人才培养的模式、目标提出更高的要求。深化教育体制改革，更新教育观念，核心是改革人才培养体制，鼓励个性发展，不拘一格培养创新型人才。这就需要汇聚社会多方资源，大力推进高校与科研院所、行业企业、地方政府以及国际社会的深度融合，探索建立适应不同需求、形式多样的协同创新模式。近年来，学校在人才培养尤其是产学研结合方面，形成了“1＋4”的模式。“1”即是采用多种资源融合贯通的模式建设了一个新的“现代物流产业研究院”（以下简称“研究院”），研究院下设多个研究所，与中关村科技园区、北京市通州区政府、中国物流与采购联合会、全国商务系统及证券期货系统等开展深度合作。研究院作为专业的研究机构，既是学校对外合作的窗口，又是学校对内协调的机构。为了使研究院的工作“落地”，学校构建了实体的发展平台，将位于通州区核心位置的50亩土地作为研究院的物理实体，并将全部一万多平米的建筑面积提供给研究院进行实体运作。同时，学校将研究院平台立体化，将多元化的资源注入其中，包括北京市重点实验室、中关村开放实验室、中关村现代智慧物流产业技术研究院、中关村电子商务与现代物流联盟等优质资源都成为研究院建设的重要支撑要素，建立了产业基础理论研究、核心关键技术研发、产品应用示范、企业创新与培育孵化、产业资源推介等一系列的全产业链服务体系，使得教师、学生、学校、企业、协会、政府等都能够在此平台获得所需的资源。在服务好学校的同时，资源得到了最大化的共享利用，并通过有机的组合形成新的增值空间。

为了最大限度地实现学校资源的共享，学校提出了“编筐、造势、织网”的发展策略，积极地拓展对外服务，形成了以学校为核心的网络化资源布局，已经构建了包括江苏南通、河南洛阳、山东济南、广东珠海等在内的优化布局，将资源进行多点间互动式融合，成为推动物流产业发展、提高学校服务社会能力的综合型平台。

---

**记者：**正如您所说，研究院这样“1”个综合型平台承载着社会资源与学校资源深度融合的使命，那么“4”的具体内容是？

---

**李石柱：**为了更好地建设与发挥“现代物流产业研究院”的作用，学校在渠道建设方面采取了如下措施：一是“一来二去”的产学研合作模式。我们把校外的专家和业内知名的企业家请到学校来作讲座、做兼职导师，一对一指导学生，这是“一来”；“二去”是让学校的教师去企业挂职，同时作为桥梁，带学生去一线实践。这就是根据学校与学生的实际情况“量身定制”的“一来二去”的模式。学校先后邀请中关村企业家来校交流座谈，聘请优秀企业家担任研究生导师，组织青年教师到中关村企业挂职锻炼或兼职，使教师在实际岗位历练中提高教学的针对性、

科研的前瞻性和科研成果转化的可行性；派出一批学生“走进中关村，学做创新创业人”，目的是锻造具有学校特色的学生职业价值观。二是建立产业联盟。学校联合中关村三十余家电子商务和现代物流企业组成中关村电子商务与现代物流产业联盟，学校作为秘书处直接运作产业联盟，起到了协助政府沟通企业的作用。对于学校来说，作为产业联盟的秘书处可以将相关企业有效地组织起来并建立有效的沟通渠道，同学校的产学研结合形成一个直接的抓手。三是学校和地级市政府签订协议开展全面合作。2013 年 8 月，学校与江苏南通市签署市校战略合作协议，共建现代物流产业(华东)研究院，利用各自优势，共同在政策研究、人才培养、技术创新、产业对接、平台建设等方面进行深度合作，共谋发展；2013 年 10 月，学校与洛阳市政府签订战略合作协议，通过政、产、学、研合作，在城市及园区物流产业布局规划、企业诊断与产业升级、专业人才培养与实践基地建设、技术成果推广等领域相互合作，共谋发展；2014 年 7 月，学校成立“京津冀物流一体化研究中心”并举办第一届“京津冀物流一体化”论坛，来自京津冀三地政府、物流协会、物流企业的代表和专家学者与会，共同探讨京津冀一体化背景下的京津冀物流一体化。四是建立现代物流创新园。按照“产学研一体化”的发展模式，以电子商务与现代物流产业集聚为外在表现的产业发展推动方式，依托北京通州区的交通与产业优势，以及学校在物流领域内教学科研的领军优势，吸引现代物流产业链上的企业集聚，建设成为产业集中、发展集约、资源共享、功能互补的公共服务平台。在此基础上，鼓励学生创业，依托中关村现代智慧物流产业技术研究院和大学科技城等优势资源，打造了北京物资学院大学生创业基地。为了更好地提高创业基地的吸引力，制定了一系列的优化措施，包括将积极为入驻企业争取各类科研项目的资金支持；组织参加各类人才洽谈会、产品展销会、项目推介会等，并利用园区网站、工作简报及相关媒体资源为企业提供信息交流及对外宣传服务，同时免费为入驻企业定期举办相关的培训班和专题讲座等。

在多年的工作经验中，我们发现学校的思维方式、运作机制与产业界的运作机制好像两个齿轮一样，各有各的速度，较难咬合到一块儿去。为解决学校和产业之间机制不配套的问题，学校探索“1＋4”的产学研结合模式，尝试建立一个机构，既熟悉政府与企业的运作机制，又可以有效地组织学校的研究力量，为教师们搭建一个科研实践的平台，为地方与行业的发展提供了理论研究、技术研发及推广、高端人才培养等方面的服务。

---

**记者：**目前，“产学研合作”的普遍问题是缺少产业、企业参与学校人才培养的有效机制和体制，在这方面，学校的探索是？

---

**李石柱：**目前，高校还是以理论为主、实践为辅、教学手段单一，其结果就是毕业生在走出学校迈向社会的过程中出现断桥。产学研合作将有效改变这种单一的知识传授的培养体系，为学校教师提供实践平台与科研资源，提高教师的创新能动性与教学活力，将研究所、企业人员引入高校共同参与人才培养的全过程，将从整体上提升高校培养创新型人才的能力与水平；让学生能够把所学的内容运用到社会生产实践中，学以致用，学有所用，做到真正的理论联系实际。但现实情况是企业、高校对合作成果的认同不统一，企业看重的往往是合作能否直接带来利润的增加，而高校教师及研究者们则更看重合作对教育实践的意义以及科研成果的转化。因此，必须建立一些产学研合作的有效机制将学校和企业“捆绑”在一起，实现学校和企业的双赢。近年来，学校探索校企联合办学，通过“一来二去”产学研用的新模式，让师生和企业双满意。两年多来，学校共邀请一百多位专家学者、知名企业家到校开办讲座、担任兼职教师；共有 82 名青年教师向学校递交了挂职申请，占学校年轻教师的近 1/3；此外，学校还与企业合作办学，为在校生提供了更多固定的、有组织的实习机会。不同学校解决问题的途径不同，我认为“一来二去”这种产学研用结合的初级形式，是具有物院特色、符合学校实际的一种有效方法。物流学院与企业联合设立的物流经理班，其主要功能是定制化地培养汽车物流经营管理专业人才，是校企联动人才培养模式走向纵深化的人才培养探索。我们设想在未来与企业联合共建实验室、定制班，设计出产学研用无缝对接的机制。通过培养人才，降低我国的物流成本、提升物流效率，这是我们的历史使命。

---

**记者：**学校如何抓住机遇，有效建设学校在物流领域内教科研的独有特色和领军优势？

---

**李石柱：**近几年，物联网、电子商务的快速发展，给物流和流通领域带来了革命性的变革与机遇。作为国内物流管理学科的开拓者、行业性高校在流通领域的代表、以物流与流通为特色的北京物资学院如何抓住难得的机遇，实现高水平特色型大学的建设目标？学校确立了“立地顶天”的发展战略。“立地”就是政产学研紧密合作，促进人才培养、科学研究更加适应经济社会发展需求。“顶天”就是强特色、上水平，使重点学科、特色专业和优势研究方向达到国内领先水平。

“立地”，即让行业“根系”扎得更深。如何让这种“根系”更深、更牢固，学校在这方面开展了一系列的探索实践：先后成立以科技金融、流通秩序管理、智能交通与现代物流、物联网技术为主题的 4 个协同创新中心；围绕物流统计研究所、农业与食品物流研究所，重组的物流技术工程中心，邀请一批企业、高校、科研院所及政府部门专家成立专家指导委员会;联合中关村三十余家企业组成中关村电子商务与现代物流产业联盟;举办中国北京流通现代化论坛、劳动科学论坛、期货论坛、流通法论坛等学术研讨会。这种扎根行业、企业的方式有力地推进了政产学研用的交流合作。

“顶天”,即让“特色”成为“不可替代”。我认为,高水平特色型大学建设应该是在特色上实现高水平。学校作为国内唯一的以物流和流通为特色的高校,这种高水平就应该是国内一流甚至是国内领先。当然,特色发展必须处理好特色与一般的关系,努力做到一般对特色的有效支撑和协调发展。首先是每一个特色学科专业和方向都要制定建设方案,并且与业界结合,做到“落地”。在此基础上,加强人才引进,特别是学科带头人的引进,推进国际合作,深化内部体制机制改革,释放专业的活力。“立地”是基础,“顶天”是标志,要在“立地”的基础上实现“顶天”。

---

**记者:** 您多年在政府科技管理部门从事科技管理、科技计划评估研究工作,这种经历与经验对您从事学校管理带来的利与弊是?

---

**李石柱:** 1990 年起,我在国家科技部工作了近十年,主要负责科研计划的管理。2000 年,到北京市科委,主要负责科技管理、科技计划评估的研究工作。直至 2006 年,到中关村科技园区管理委员会工作,先后负责过园区建设、企业空间建设、硬环境建设等,也负责过产业、人力资源、创业以及机关党委工作等。实际上,中关村科技园区属于高科技产业,主要立足于如何把技术很好地转化、转变为生产力,这其中也涉及市场和经济管理问题。这样的一个经历,到物资学院这样一所行业院校,虽然工作的环境和体制机制或多或少存在差异,但毕竟都是在知识分子圈子内打交道,我个人开展工作还是比较适应的。在政府机关和在中关村科技园工作的这段经历,由于广泛地接触并和政府部门的各个委办局打交道,一方面对我的管理能力和领导能力的历练很有好处;另一方面,这段经历让我熟悉、了解政府运作的程序和规律,同时也了解企业运作规则以及企业对社会、对人才的需要。正是基于对业界的了解,让我清楚地意识到与产业需要、社会发展需要紧密结合的重要性,学校进行人才培养、开展科学研究工作都不可脱离这个原则。除了在政府部门、企业的从业经历外,1986—1990 年,我在北京理工大学经管学院担任过 4 年教师,这让我对学校教师工作生活的具体细节熟悉而又亲切,教师的经历让我能从教师的立场、角度去考虑问题。

多年在政府科技管理部门从事科技管理、科技计划评估研究工作的这种经历与经验对我从事学校管理确实带来不少益处。但多年从事业务管理,对于教育管理和党建管理的规律性的认识，仍有一个需要学习和提高的过程，这是我到学校第一年就意识到的问题。这两年我也在不断地学习和进步。但作为一名党委书记，时代、国家发展需要我们学会领导学校发展、全面推进教育教学改革，坚持“围绕中心抓党建，抓好党建促发展”。不能两张皮，要做到两不误两促进。我深知，党的建设是推动学校事业持续健康发展的坚强保障，要树立正确的政绩观，把抓好党建作为最大的政绩。高校党委是学校的领导核心，把握学校发展方向、决定学校重大问题、监督重大决议执行，要坚持和完善党委领导下的校长负责制，支持校长依法独立负责地行使职权，团结一切力量，推进学校事业又好又快发展。

# 从中华优秀传统文化中汲取中国高校特色发展的力量
## ——中国戏曲学院校长巴图访谈录

◎ 冯海荣

巴图，蒙古族，1965 年 10 月生，内蒙古哲里木人，中共党员，研究生学历，法学博士学位，教授，博士生导师。2014 年 6 月任中国戏曲学院校长。2001 年入选“北京市培养新世纪社科理论人才百人工程”。现为全国艺术专业学位研究生教育指导委员会委员、全国艺术院校思政课教学研究会会长、全国少数民族戏剧学会顾问。

2015 年是全面推进依法治国的开局之年，同时也是全面启动“十三五”规划编制的关键时期。在这样的窗口期，中国高校如何在国际比较和竞争中逐步形成其整体品质、形象或者说集体特色。为此，记者采访了中国戏曲学院校长巴图。

**记者：**随着中国经济的快速崛起，中国的高等教育也迅速完成了规模扩张，取得了公认的世界性成就，但也存在着有规模弱质量、共性多个性少、千校一面同质化的现象。您认为中国高校目前最紧要的事情是什么？

**巴图：**我觉得中国高校目前最紧要的事情之一是从价值观层面培育中国高校的集体特色。

今天的中国已经是世界第二大经济体，包括西方发达国家在内的世界各国都在研究中国模式、中国经验、中国奇迹，同时我们拥有世界最大规模的现代教育体系，建立了世界教育大国发展的基本制度，中国教育改革和发展取得了公认的世

本文刊发于《北京教育》高教版 2015 年第 5 期

界性成就，可以说中国和中国教育正在日益深刻地影响着世界。

在这样的背景下，我国高等教育界仍普遍存在着对内讲自己大学个性多、讲共性少，对外讲大学共性多、讲个性少的情况，这一现象及背后的价值倾向应当引起我们注意，并在实现我国由教育大国向教育强国的历史转型过程中有所改变。

近些年来，随着国内各大学同质化的倾向，我们的教育政策越来越强调和突出大学特色问题，目的是区别大学各自的学科专业服务面向及人才培养规格的差异，保持各自的特殊优势和核心竞争力，避免千校一面的同质化问题，这个政策是正确的。

但这只是基于国内大学内部竞争和国家布局的视角，另一个也许更重要的视角是，在国际比较和竞争中中国大学的整体品质、形象或者说集体特色，也就是说，在国内的教育体系中，我们大学的共同特征是什么？在国际教育体系中，中国大学的特殊品质是什么？这是保证中国大学办学性质和培育中国大学世界竞争力的关键。

世界高等教育是由丰富多样的各国各民族的高等教育组成的，在教育的国际比较中，国际化一方面促进了多样性文化的彼此交融，另一方面又使得各国高等教育在激烈竞争中更加强调民族性格、民族精神和民族特色，呈现出一种民族化的趋势，可以说，高等教育民族化既是大学发展的逻辑前提又是其必然归宿。中国高等教育只有自觉培育这种民族性，才能从根本上拥有与世界先进文明进行交流的基础和优势。

---

**记者：**如您所说：高等教育民族化既是大学发展的逻辑前提又是其必然归宿。如何培育这种民族性，形成民族化呢？

---

**巴图：**这就要求我们在加速推进高等教育国际化的进程中，以高度的民族自觉和自信，坚持“以我为主、为我所用”的方针，既不排外亦不盲从，扬弃他国教育理论、教育模式和教育经验，努力培育中国独有的民族教育思想、办学理念和大学特色，使我国高等教育在植根中华民族优秀文化传统的肥沃土壤中，从容稳健地走向世界。

正如我们看到的，在中国教育国际化的进程中我们还缺少自信，有意无意地规避我们的核心价值，为了与国际接轨按英美标准设计自己创建世界大学的蓝图，导致长期的教育思想和观念的逆差、入超、赤字，我们总是虚心地跟从，别人总是功利地引领。我们一些很好的大学甘愿成为西方所谓一流乃至不入流大学OEM(Original Equipment/Entrusted Manufacture，原始设备制造商或原产地委托加工)生产环节的小兄弟，盲从他人、拾人牙慧。在教育国际交流中，我们不理直气壮地谈中国特色社会主义大学的性质、德智体全面发展的教育方针、培养社会主义建设者和接班人的目标、中国传统文化的深厚滋养、改革开放以来中国教育界的创造性成果等中国要素，不重视我们中国大学的核心竞争力，没有令世人信服的大学观念，也就没有与他人平等对话的资格。

这种状况其实是近百年来中国大学的薄弱项，对中国优秀传统文化的制度性忽视。对传统文化的教育和研究的薄弱，重术轻道、重理轻文导致“有知识没文化”“有知识无审美”的现象在高等教育领域普遍存在，过窄的专业教育、过强的功利主义、过弱的人文精神，使得高校缺少价值定位和文化身份。确认大学的文化身份，这是大学发展的一个逻辑基点，大学对文化身份的自觉维护与魅力保持，是大学因此而获得发展的价值和活力。一部世界高等教育的发展史，实际上就是一部文化选择、文化传承、文化创新、文化引领的历史。大学植根于一个国家的文化之中，其教育内容、过程、制度都离不开一个国家文化的传统，具有传承文化、实践文化、创造文化的功能。高等教育具有文化属性，是培育大学核心价值的理论根据。

大学对文化的价值追求，西方人从不避讳，美国总统罗斯福在宾夕法尼亚大学的校庆讲话中提到：大学要以历史选择之后遗留给人们的一切优秀的精神文化遗产，提供给一代又一代的青年学生；只有这样，他们才能成为国家民族文化的继承者、国家民族生命的延续者。

正如黑格尔在《历史哲学》中指出的，“世界历史自身本质上是民族精神或国家精神的辩证法”，一个国家之所以能够引领世界历史，就在于其优秀的国家精神、文化传统。中国的高等教育应当与中国优秀的国家精神和文化传统发生更密切的关联，并使之成为自己的核心价值。

正是基于对中国优秀的国家精神和文化传统的深刻认知，习近平总书记指出，我们生而为中国人，最根本的是我们有中国人的独特精神世界，有百姓日用而不觉的价值观。中国社会要寻根，要回到原点汲取成长的力量，不能轻率幼稚地“去中国化”。

将这个“原点”与中国高等教育结合，习近平总书记提出“办好中国特色社会主义大学”的命题，关键词是社会主义核心价值观和中国优秀传统文化，这是中国高校面向世界和未来应着力涵养的成长力量、价值遵循和集体特色。

---

**记者：**如您所说，中国的高等教育应当与中国优秀的国家精神和文化传统发生更密切的关联，并使之成为自己的核心价值。如何以中华优秀传统文化为滋养全面提升中国高等教育的集体特色呢？

---

**巴图：**任何国家的高等教育都不可能与本国的传统文化割裂开来，中国优秀传统文化是中国高等教育的文化基础和厚实底蕴，高校应自觉承担起研究和弘扬优秀传统文化的使命。

德国思想家雅斯贝尔斯在《历史的起源与目标》一书中，将公元前五百年前后几乎同时代出现的中国、西方、印度等地区的人类文化突破现象称之为“轴心时代”。“人类一直靠轴心时代所产生的思考和创造的一切而生存，每一次新的飞跃都回顾这一时期，并被它重新燃起火焰。”这个时期在中国出现了孔子、老子；在印度诞生了释迦牟尼；在古希腊先后产生了柏拉图和亚里士多德的学说。轴心时代的出现意味着人类精神的诉求从此步入了有理想的时代。自此之后，每当人类在前行的道路上遇到阻遏与挫折之时，先民们都会不约而同地回溯到轴心时代，寻求精神上不竭的动力。习近平总书记指出，“2 000 多年前，中国就出现了诸子百家的盛况，老子、孔子、墨子等思想家上究天文，下穷地理，广泛探讨人与人、人与社会、人与自然关系的真谛，提出了博大精深的思想体系。他们提出的很多理念，如孝悌忠信、礼义廉耻、仁者爱人、与人为善、天人合一、道法自然、自强不息等，至今仍然深深影响着中国人的生活。中国人看待世界、看待社会、看待人生，有自己独特的价值体系”。中国高等教育向中国优秀传统文化汲取发展的动力同样以此作为起点，继往开来。

中国传统文化源远流长，可谓“统之有宗，会之有元”。从典籍而言，以“三玄”（《周易》《老子》《庄子》）、“四书”（《大学》《中庸》《论语》《孟子》）、“五经”（《周易》《诗经》《尚书》《礼记》《春秋》）为其渊薮；从思想脉络而言，在三教九流、百家争鸣的背景下，儒、佛、道三家鼎足而立，相辅相成，构成了唐宋以来中国文化的基本格局。所谓“以佛治心，以道治身，以儒治世”，道出了中国传统文化的这种基本结构特征，凝聚了千百年来中华民族的生活经验、生存智慧，融入了中华民族的血脉之中，包含着中华民族最强大的精神基因。英国历史学家汤因比说：“避免人类自杀之路，在这点上现在各民族中具有最充分准备的，是两千年来培育了独特思维方法的中华民族。”这种“独特思维方法”，就是天人合一、允执厥中、仁者爱人、以和为贵、和而不同、众缘和合，其核心是“和”，“礼之用，和为贵，先王之道斯为美”。

正是基于对中国文化、道德、价值观本质的深刻了解，习近平总书记提出一系列具有重大理论突破的观点，他认为中华文化源远流长，积淀着中华民族最深层的精神追求，代表着中华民族独特的精神标识，为中华民族生生不息、发展壮大提供了丰厚滋养，是我们在世界文化激荡中站稳脚跟的坚实根基。要结合新的时代条件传承和弘扬中华优秀传统文化，深入挖掘和阐发中华优秀传统文化讲仁爱、重民本、守诚信、崇正义、尚和合、求大同的时代价值，使中华优秀传统文化成为涵养社会主义核心价值观的重要源泉，培育和弘扬社会主义核心价值观必须立足中华优秀传统文化。

**记者**：*在当前多元文化的环境下，如何认真地从传统文化中汲取智慧呢？*

**巴图**：我同意这样的说法：过去的文化既不可一概否定，也不应一味地赞美。一方面，不论我们如何想唾弃它，它也与现代有着血肉的联系；另一方面，不论我们如何想赞美它，它也已经不能按照原来的样子复活。黑格尔说过传统是一条流动的河流。没有延续和积淀就谈不上传统，同样没有发展和变迁也就没有传统。因此，不同历史时期的传统，其内涵是有发展变化的。随着历史的发展，一些传统会成为历史的陈迹而被送进博物馆，另一些传统则在经过调整以后，与新生的文化因素和社会环境相结合而被承继下来，并发展为新的传统。这就需要我们从现代社会的实际出发，按照需要和可能，对传统文化择其善者而调整之，使其适应新的社会机制，为现代社会服务，把中华优秀传统文化融进时代、用于实践。要系统梳理传统文化资源，让收藏在禁宫里的文物、陈列在广阔大地上的遗产、书写在古籍里的文字都"活"起来，只有真正"活"起来，才能落地生根、破土发芽，这就是所谓"文变染乎世情，兴废系乎时序"。

当前对于传统认识的主要问题是什么？"五四"以来，从某些方面讲确实存在着对传统文化检讨不够彻底的情况，但是我认为，更不够的是对于传统文化缺乏敬畏、分析和在现实生活中的转换。

加拿大学者许美德尖锐地指出："从最根本的来讲，这就要求对近代以来中国的学术历史进行全面的重新审视，因为自那时起儒家文化传统就被当作封建糟粕而抛弃，而且还被视为中国走向现代化的主要障碍……最近十几年里，世界哲学界对儒家思想的兴趣开始回潮。这的确是对当代中国大学提出了严肃挑战，我们不禁要问，如果抛弃了历史遗产，它们能够创建世界一流大学吗？"

如何认真地从传统文化中汲取智慧，对于大学师生来说是一种很重要的修养。在社会主义核心价值观的引领下，向道家借鉴做人之道，向儒家借鉴做事之心，向释家借鉴修心之法，儒家的中和圆融、经世致用，道家的有无相生，释家的空灵顿悟、慈悲心怀，兵家的权变谋略，纵横家的互联互通都是我们需要深入探讨和认真继承的，而经史子集、戏曲民谣、中国汉语、诗词歌赋、琴棋书画对修养提升的帮助更为直接。这些国学经典所蕴含的知识、思想应当成为中国师生天然的文化基因。

**记者**：*作为中国戏曲学院的校长，您如何看待戏曲在培养中国教育文化软实力方面的特殊价值呢？*

**巴图：** 在一段历史时期内，戏曲被斥为封建文化糟粕的集大成者，舞台上的忠臣孝子、义侠书生都是荼害精神的毒草，这个问题现在仍值得我们思索。从实际来说，戏曲并不是“高台教化”，它对观众精神的浸润是透过一个个鲜活可知、历经检选的故事，它所蕴藏传递的价值观都是我们父子相承、日用而不觉的。戏曲艺术是从这些土壤中生长出的一朵鲜花，舞台上那一个个鲜活的人物，心底激荡的是“天行健，君子以自强不息”；是“天下兴亡，匹夫有责”；是“言必信，行必果”；是“扶贫济困，守望相助”。从传统文化中来，再反哺到民族精神中去，我觉得戏曲艺术对于当代中国的意义不言而喻。

对中国老百姓来说，戏曲起的作用就是无字的文化圣经，有人连自己的名字都不会写，但是满脑袋忠孝节义，这大多是从戏曲中来的。传统戏曲以劝善惩恶为教化宗旨，以忠孝节义为善恶标尺，是人生朴素的礼教裁判。新文化运动的创始人之一陈独秀在《论戏曲》一文中说：“戏园者，天下人之大学堂也；优伶者，实普天下人之大教师也”，戏曲为“改良社会之不二法门”。

由于贴近普通民众的理解程度和接受水平，戏曲所传扬的传统价值观念对强化民众的道德观念有着极其重要的影响力，戏曲人物的言行，常常是民众虔诚仿效的对象，“在他们的思想上，按照家庭戏的样子去生活，生活就是如意美满的；按照生活的样子去看家庭戏，家庭戏就是楷模和学校”。根本的原因是戏曲因应了百姓的需求，民众朴素的道德判断在戏曲中得到共鸣和再现，他们生活的价值原则在戏曲的审美世界中获得了肯定和赞颂，戏曲的道德训诫常常内化为他们的日常生活道德，编织成一个属于他们自己的意义世界。

可见，“传奇虽小道，别贤奸，明治乱，善则福，恶则祸，天道昭彰，验诸俄顷，无论贤愚不肖，皆是动其观感之心，其为劝惩感发者良便，未始非辅翌名教之一端也。”其思想教育的功能正如明陈洪绶说：“今有人焉，聚徒讲学，禁民为非，人无不笑且诋也。伶人献俳，喜叹悲啼，使人之性情顿易，善者无不劝，而不善者无不怒，是百道学先生之训世，不若一伶人之力也。”庄严的道德说教让人“笑且诋”，同样是道德训世，戏曲以艺术的方式却收到了很好的效果。

戏曲已成为中华文化不可分割的组成部分，伴随着历史的发展，影响着一代又一代中国人的精神世界、人生目标。事实上，中国人历代就是从戏曲艺术中树立道德标准，汲取人生智慧，了解历史发展，获得人生经验的。千百年来，特别是明清以来，戏曲文化之所以得到飞速发展，关键就在于它应和了人民大众对从戏曲艺术中沐浴伦理教化，获得历史文化，满足艺术欣赏的情感渴望、思想诉求和文化需求。

中国戏曲艺术的传承与发展，正处于一个历史发展的关键时期，它关系到民族精神的继承，关系到民族文化传统的赓续和民族身份的记忆，保护传承这份遗产是我们的职责。在我国大学培育与弘扬社会主义核心价值观，如果充分运用戏曲的特殊表现方式，将找到一座连接老百姓的桥梁。在大力宣传社会主义核心价值体系的当下，深刻把握戏曲的鲜明特色，充分发挥戏曲的独特功能，对于培育和弘扬社会主义核心价值观，使其更好地内化于心、外化于形有重要意义。中国戏曲所蕴涵的民族精神、爱国意识和传统美德，理应发挥更积极的作用，成为培育和弘扬社会主义核心价值观的理想载体。正是基于对传统戏曲艺术中承载的具有传统文化价值和当代性的思想、文明、伦理、道德的了解和感受，习近平在莫斯科与外国友人交往时推介中华传统文化时说，中华书画、京剧、中医等传统文化博大精深。在文艺工作者座谈会上，当尚长荣先生谈到自己创作剧目时，习近平表示《贞观盛事》《廉吏于成龙》等戏曲“有警示启迪的作用，很有现实针对性，真正起到了繁荣发展文艺工作的作用”。可以说，对于戏曲艺术的价值，理解了才知道珍惜，珍惜了才会自觉地传承，传承中便会有新的创造与发展。

**记者：**作为新中国戏曲教育的开创者，学校立足其戏曲特色，在培养中国教育文化软实力方面的思考是？

**巴图：**中国戏曲学院作为现代戏曲教育体系的建构者，是戏曲教育观念的引领者和示范者，是培养戏曲高端人才的最高学府。截至 2014 年 7 月 9 日，全国高校共计 2 542 所，中国戏曲学院只是其中之一，是微不足道的，但特殊的大学使命注定让我们必须有“小学校，大责任”的办学胸怀。在中国的高等教育体系中，中国戏曲学院的特殊价值是我们与中国戏曲、中国国粹及其背后所蕴藏的东方智慧、中国文化、中国艺术品格和中华古典美学精神的直接关联，这一文化的特质表现为对中国优秀传统文化的敬畏与尊崇，对中国戏曲文化的热爱与守护，对戏曲当代传承的使命与责任，我们有志于在多元文化背景下，通过戏曲艺术的教育、研究、公共服务、传承与创新，将学院办成一所传承中国人审美品质、代表中国表演文化符号、传承中华民族精神基因的大学。

在国家对于传统文化日益重视的举国氛围中，学院正迎来历史上最好的发展机遇，以习近平为首的中国高层领袖集体出席学院执导的新年戏曲晚会彰显了国家以文化复兴助推民族复兴的坚强决心，北京市与文化部共建中国戏曲学院为教育文化艺术结合提供了体制性保障，首都“高参小工程”和北京校园传统文化促进会开启了戏曲从娃娃抓起的政策性先河，“张火丁现象”引起社会的广泛关注，让我们对传统艺术因应时代和社会需求的创造性转化充满了信心。

2015 年 9 月，代表中国戏曲当代发展的标志性人物张火丁将带着中国优秀传统文化国际传播的使命，登陆世界艺术的最高殿堂—美国林肯艺术中心，展示中国高等教育的特殊价值观念，展示首善之区的道德力量，展示中国文化的最新成果，展示中国传统艺术的时代魅力。

在国家和民族日益走向复兴的今天，在国家以文化复兴助推民族复兴的决心和战略日益坚定和清晰的今天，在中国梦、中国精神、中国品格、中国道路、中国文化、中国艺术日益得到社会关注并走向复兴的今天，我真诚地希望有更多的教育者能认可中国传统文化之于当代的特殊价值，进而认可中国戏曲的特殊价值，在社会主义核心价值观的培养过程中，学校愿意与大家相携而行。

# 坚守财贸特色　铸就高职品牌

## ——北京财贸职业学院院长王成荣访谈录

◎ 李艺英　卜　珺　邵海峡

王成荣，管理学博士，经济学教授，国务院特殊津贴专家，全国优秀教师。2011 年 1 月至今，任北京财贸职业学院院长。作为流通理论、企业文化和品牌战略著名学者，王成荣教授先后提出关于流通软实力、第四次零售革命、企业文化基因再造理论、老字号价值评价模型以及中国品牌梯级发展战略等。曾主持“中国名牌战略”等国家和省部级科研项目 20 余项，出版《北京流通现代化》《第四次零售革命》《中国名牌论》《老字号品牌价值》和《职业教育产教依存发展研究》等学术著作二十余部，在权威和核心期刊发表学术论文 50 余篇。曾两次荣获全国商业科技进步二等奖、三次荣获北京市哲学社会科学优秀成果二等奖。

---

**记者：**贵校是“国家示范性高等职业院校”，首都商界誉之为“黄埔车校”和“经理摇篮”，这意味着学校培养的人才在社会上形成了一定的品牌，请您介绍一下学校在人才培养方面的特色？

---

**王成荣：**北京财贸职业学院有 57 年的历史，发展至今，学校人才培养既有专业与行业等自然因素形成的特色，也有学校通过主动改革发展形成的特色。在制定学校“十二五”规划时，我们提出三个战略：第一个是“蓝海战略”，即在做好全日制教育“红海”市场的同时，针对在职教育开发“蓝海”市场。第二个是校企合作一体化战略，即学校和行业企业以共同利益为基础，共同成长、共同发展，形成牢固的战略合作优势。第三个就是品牌战略。品牌战略，实际上是一个市场学的概

本文刊发于《北京教育》高教版 2015 年第 11 期

念，学校提品牌战略的较少。作为一所有 57 年历史的学校，我们打造财贸职业学院的这个品牌，就是从特色专业入手，走的是“专业上有特色”这条路。多年来，我们学校在专业上一直没放开，始终坚守我们的“财贸”特色。我们的专业群围绕“财”和“贸”而建设，一个是商科，另一个是金融。最多的时候，我们的专业是 20 多个。2014 年我们下了狠心，停招了 6 个，2015 年我们招生专业只有 16 个，这在高职院校中应该说是比较少的。我们的想法是“不受诱惑，精耕细作”，做一个专业就要做强、做实、做出特色、做出竞争力。长期的坚守、优化还是有成效的，像我们的金融、会计专业，一个专业在校生就超过 1 000 人，商贸物流 1 000 多人，旅游 600 多人。学校不是很大，但像这样的“拳头”专业就做得有些规模。实践中，围绕专业我们又收得比较窄，主要在专业的质量和特色上下功夫，让其特色更鲜明。一是在教师培养上下功夫。强调教师理论联系实际、下企业，培养行业的专家。我们的具体做法是实施名师、双师、导师的“三师”制度和鼓励取得“企业培训师”的做法，通过让教师更多地接地气，接近行业企业，来提高师资水平。只有教师的水平提高了，才能保证人才培养的质量。二是专业建设。专业质量实际上要靠科研引领，科研上去了，才能为专业奠定基础。三是教学改革。要保证专业的质量，教学改革这一点很重要。教学改革围绕什么来进行呢？现在一般的高职院校都谈工学结合，但财经类的院校和工科院校相比，更多的是强调人的灵活性、随机性、创新性、适应性。例如：搞金融的跟客户打交道，搞旅游的同游客打交道，搞商业的跟顾客打交道，都是处理人和人之间的关系。这是我们毕业生最大的一个特点，也是我们把握专业品牌建设最重要的着力点。这样我们课改的方向就是由原来的工学结合转向到研学结合、开设“上班式课程”，大力推广项目制教学，强调边学习边探讨，每个学生能够主动参与到教学中去，在教学中培养他们的创新能力、适应能力、沟通能力与合作能力。我们在调研中发现，企业特别看重这一点，这也是确保我们专业特色、质量很重要的一项措施。

对财经类院校的学生来说，重要的是培养他的职业精神、职业品格、职业道德、职业操守。从 2003 年开始，学校推出了“财贸素养教育”，这是为了培养学生的职业精神、人文素质、道德素养而专门开设的课程。分为爱心、诚信、责任、严谨、创新“五个板块”，相当于五门课程，从入校开始每个学期一门。近几年，我们增加了感恩与敬畏教育，从修身、励志、敬业三个角度开展传统文化教育，丰富了“五个板块”主题教育内涵。五个板块学完了，通过对日常行为养成的考核和顶岗实习考核，达到了要求，便颁发其证书——财贸素养证书，这在全国是首创。刚开始企业也没当回事，后来企业都愿意优先选择有财贸素养证书的学生。可以说，毕业证书加职业资格证书加财贸素养证书的“三证书”制度是我们保证品牌的一个重要特色和品质。财贸素养教育这个项目2013年获得教育部学校文化建设一等奖也说明了政府对这个特色的认可。

---

**记者**：学校于2005年率先提出“京商”概念并启动“京商”研究，10年间围绕“京商”，学校做了哪些工作，形成了怎样的品牌效应？

---

**王成荣**：“京商”是我们老院长王茹芹教授首先提出的，经过大家的不断丰富发展逐渐产生的一个概念、一套理论。中国历史上，特别是明清时期，曾经形成十大商帮，如徽商、晋商、潮商、闽商、宁波商、江右商等，但唯独没有“京商”。经过对商业史和商业地理的研究，我们认为“京商”是客观存在的，与徽商、晋商等的走出去不同，“京商”是吸引商人走进来，作为皇城的京城是最大的消费城市，也是消费品质最高的城市，各地的精品、珍品荟萃京城，久而久之逐渐沉淀成一种“京商”文化。学校地处首都北京，从诞生起学校一直在为商界培养人才，研究的是北京商业，所以要把北京商业的“根”“源”找到，然后将文脉延续下去。

自2005年起，学校和北京商业经济学会联合成立了京商研究中心，启动了“京商”研究。北京市教育委员会将学校“京商”资料室建设和“京商”博物馆资料库建设作为地方高校科技创新平台项目予以大力支持，北京市商务委员会将“北京老字号研究基地”“北京市商业服务业中华传统技艺高技能人才培养基地”落户学校。2013年，北京市哲学社会科学规划办公室、北京市教育委员会将北京市哲学社会科学北京国际商贸中心研究基地设在学校；2014年7月，我们与中商商业经济研究中心等共同发起成立“北京京商流通战略研究院”，助力北京世界城市建设和国际商贸中心建设，成为校企合作的桥梁、教师提高科研能力的平台、服务北京流通发展的“智库”。

近年来，学校编订了“京商”文献资料集28种；出版了首部“京商”学术专著《京商论》及《京商老字号发展报告》《北京非物质文化遗产传承人才培养工作报告》《老字号品牌价值》等成果，对“京商”老字号发展和技艺传承提供了思路；发布了60项“京商”研究选题；建设了“京商”专业网站；举办了九届“京商”学术论坛和三届“京商”文化展览。

目前，“京商”研究成果已融入学生素养教育体系，学院设立了京商文化课程，建设了财贸素养教育基地。基地建设以“知商爱商”为核心理念，运用现代技术手段和多种表现形式，以中国商业特别是京商文化发展沿革和历史文物展示为主线，突出中华商业文化的“爱心、诚信、责任、严谨、创新”精神内涵，把学生培养成为了解中国和北京商业文化、热爱财贸行业的有爱心、讲诚信、负责任的高素质财贸人才。

“京商”是一种区域商业文化，研究“京商”是我们对文化的发掘与传承，围绕“京商”而进行的研究与活动成就了学校的品牌与特色，将“京商”研究融入学生培养体系，提升了学生经商、爱商、诚信的素养。我们学校的大门建成古代货币(布币、刀币)形状，校园里还有三个算盘雕塑，以算盘珠展现世界、中国、北京地图，象征着北京商业立足中国、走向世界的职业志向。校训“厚载商道，精益财贸”，商道，是大的商道，包括“京商”那个道。财贸最重要的特征就是精益求精，算账要精、管理要精、服务要精，做精致之人，这都是文化一脉传承下来的。从研究到专业建设、到课程、再到学生素养的培养，我们把“京商”精神全部融会贯通。在目前这样一个浮躁的社会里，我们觉得概念谁都可以提，关键就是认准一点坚持做下去，长期做，逐渐积淀，总会见成效。“京商”也好，学生素养教育也好，尽管做起来很难，但我们坚守着，这 10 年我们两任领导都在坚守这个事情。

---

**记者：**“校企合作一体化战略”是学校品牌内涵建设的有力支撑，在这方面学校的具体做法与经典案例有哪些？

---

**王成荣：**校企合作一体化发展，或者叫协同发展、共同成长这样的概念我们早就提出来了。“十二五”时期，我就一直在倡导校企合作一体化发展。我在这个学校工作，坚守了 30 多年，对于一体化，我是有体会的。学校原来是行业性的学校，当时做管理干部教育的时候，跟行业关系特别紧密，当时我们老校长劳而逸提出“上顶天，下落地”:“上顶天”就要了解最新政策、理论；“下落地”就是要深入企业，做“顶天立地”的教师，所以从骨子里我就认为这个学校就是这样的概念。从过去的成人教育、继续教育、干部培训到今天的职业教育，这是一脉相承的。前些年，我们争创国家级示范校，进行示范校建设，闭关打造专业、课程、队伍，这在当时非常必要也有成效。后来我们及时提出了开放办学，和行业、企业实际连接起来，这几年在这方面下了大功夫，有很大成效。一是成立了北京商贸职教集团，加盟集团的有 60 多家单位。自从集团成立开始，我们就强调做实。由于职教集团没有体制优势、没有执照，也没有资本纽带，我们当时就提出靠情感纽带、事业纽带、利益纽带把大家连接起来。现在，集团平台上有 20 多个项目，推动就业，推动“3＋2”的发展，做培训，搞研究，虽然时间不是很长，但势头不错。二是我们和 50 多家大企业建立了一种校企合作联盟，与企业建立全方位的战略合作关系。三是开办企业冠名商学院和研究中心。这些年，我们一直在推的“菜百”(北京菜市口百货股份有限公司)这个典型，既是校企合作成功的案例，也是一个校企共同成长的

范例。

2006年,学校和“菜百”签订了“订单班”人才培养合作协议。“菜百”不仅是订单需求的提出者,也是实践教学的主体,学校聘请了包括总经理、副总经理在内的8位“菜百”职工作为兼职教师。学校商业研究所给“菜百”做品牌战略、企业未来的发展规划,帮他们进行经营管理设计。从2006年至今,菜百从当年只有15亿多的营业额,到现在超过130亿。我们的贡献是什么?我们参与了“菜百”发展方向、品牌战略、发展构架的制定,并一直“跟踪”服务。他们获得发展的同时,学院也获得发展。我们的教师到菜百实习、实践,参与“菜百”的项目研究,“菜百”的干部培训全部交给我们。到目前为止,“菜百”全部员工的1/3是我们的学生,他们的管理干部中近1/3是我们的学生。仅就订单班来说,2006级订单班,51人实习,最后25人被录用;2007级订单班,41人实习,最后30人被录用;2008级订单班,51人实习,最后40人被录用……

2012年年底,学校与“菜百”共同成立“菜百商学院”,“菜百”为此专门设立了100万元的奖学金。此外,鼓励我们的系部、二级学院和知名大企业合办商学院,如“北财·恒天商学院”“北财·瀚亚商学院”和“北财·尚游汇商学院”等多家企业冠名商学院和人才培训基地。

同时,我们也在建立一些合作的研究中心,如我们和王府井大街管委会建立了王府井商业研究中心,还特聘了王府井百货、全聚德的总经理作为我们的特聘专家等。我们的校企一体化战略还在推进中,未来的路还很长。将来的发展要慢慢地向市场化方向转变,搞点股份制、混合所有制等,可能一体化会有很大的改变。现在的矛盾集中在我们是公办学校,企业是利益主体,两者的合作目前更多靠的是情感纽带、事业纽带,只有更多地强调资本的、利益的纽带,这样才能够真正地连接起来。我们现在的一体化,从学校这个层面讲,更多地强调为企业服务。除提供毕业生外,我们“京商”研究的成果主要是服务于行业、企业。高职院校有独立研究机构的不多,而我们有30年历史的商业研究所。除了为专业建设服务外,更多的是为行业发展服务。从北京市的“九五”规划开始,直至今天的“十三五”,其中北京市的商业服务方面的规划和行业标准多出自我们学校,如王府井大街、中关村、CBD等重要的商业规划,一些大企业的战略规划也出自我们。

培训服务在学校的蓝海战略和一体化发展当中也是浓重的一笔。学校层面有继续教育学院、高级管理培训中心在做培训,每个二级学院或系部都有社会服务的任务。我们希望通过社会服务让年轻的博士、硕士接地气、了解实际。之前大家都不看好培训,有人认为我们搞培训是不走正路。其实职业教育是“全职业生涯教育”,社会在转型,产业在升级,需要大量在职培训,职前职后一起做才是职业教育的正路。2013 年,学校培训收入 2 200 万元,这个钱是通过市场赚来的。赚钱的目的是让教师不再畏惧市场,培养市场意识,增强实践技能,主动为社会提供服务。虽说目前政策上、体制上还有障碍、有困难,但培训这个路子我们还要坚持走下去。最近,教育部下发了《关于加快发展继续教育的若干意见》,我们更有信心了。

---

**记者:** 据了解,学校的创业教育始于 2005 年,这是否也形成了学校的一张名片?

---

**王成荣:** 我们从 2005 年开始做创业教育,那个时候创业园还比较少,创业意识还很淡薄。我们为什么那么早就做创业教育,跟我们的专业有关,跟我们的学生有关。我们招进来的这些孩子,大部分都是高考的失败者,或者说是高考笔试的失败者。他们学习上可能不是最好的,但是他们一个个都很聪明,爱动脑、善动手。到学校后,如何帮他们树立信心很重要。此外,我们学校专业对应的创业门槛低,像现在的"互联网+",以及那些传统的行业、产业,我们的学生都可以做一点创业,如开网店等。基于这两点,在原有创业教育的基础上,我们构建了"课程、大赛、孵化"三位一体的创业教育模式,成为首都高职创业的一个亮点。学校明确提出,要不断创新和加强创业教育,提升学生创业效果,提高创业比例。各院系结合专业教学特点,安排专业教师主导学生创业项目的选苗、育苗,早发现、早培养。

这方面,政府目前支持的力度也大,学生人均 350 元的创业指导费用;被评为"优秀创业团队"的,还有 3 万到 20 万元不等的资助,学校也给予大力的帮助。在场地方面,我们将原来的部分生产实训基地改成学生创业基地,学生创业团队经过申报、评委考评后可以进驻;在学校食堂改造时,我们要留出空间给学生创业……让想创业的学生不仅有经济上的支持,有足够的物理空间,还有适时的创业指导。

目前,学院有 40 多位毕业生独立创办企业,学院的创业教育获得多项荣誉。2014 年,学院在"北京市高层次创新创业人才计划"教学名师评选中有一名教师入选,成为北京市高职院校中唯一一位"高创名师";同年,在北京市首次开展的大学生创业优秀团队评选中,学院有 4 支创业团队荣获北京地区高校大学生创业优秀团队并获专项资助,北京地区高校评出 103 支创业优秀团队,学校是唯一入选的高职院校。2014 年,学院学生在团中央举办的"挑战杯—彩虹人生"全国职业院校创新创效创业大赛获得两个全国一等奖。2012 年,学校被授予"北京高校大学生创业培训服务基地",2014 年学院成为唯一获得"北京地区高校示范性创业中心建设单位"的高职院校。

以创业带就业，这方面的成效很明显。今年，在教育部开展的全国毕业生就业工作典型经验高校评选中，我们进入了全国高校就业50强，我们很自豪。评选基于第三方对全国2,000多所高校进行的就业评价，这是通过对毕业生、用人单位等调研后综合得出的结果，比较客观地反映了人才培养的质量，得到这个荣誉不容易。

**记者：** 作为中国品牌理论研究的先行者之一，请您介绍一下一所高校从哪些方面建设自己的品牌，如何管理自己的品牌？

**王成荣：** 我个人认为，做品牌主要应该关注两点：一是品质。对学校来说就是我们的教学质量，就是我们人才培养的质量。这个质量背后是对教师、专业、课程、管理等方面的高要求、高质量。产品品牌为什么值得信赖，其质量是基础。二是个性和特色。即品牌所蕴含的文化价值、个性魅力、独特风格。品牌背后是文化，如我们的财贸素养教育就是希望我们培养出来的财贸人，要打上"爱心、诚信、责任、严谨、创新"的印记，学校无形的传统，如校训、校歌、校舞等，这些都是我们的文化。

品牌是由若干层次的小品牌构成的，学校是一种品牌的集合。当然专业品牌是最主要的。除此，在学生方面，我们通过学生活动打造品牌，如特色社团、创业者、志愿者方面就形成了我们的品牌；在教师方面，我们通过培养名师和"行业专家"成就学校的品牌；还有党建、学校文化、校友会建设、各种活动的举办……这些最后凝聚而成学校的品牌，得到社会的认可。我们认为，品牌是一种无形资产，而且是巨大的无形资产，我们要把品牌坚持做下去，也探索出一条职业院校建设品牌之路。

## 采访手记

### 坚　守

李艺英

二级教授、流通理论知名学者、企业文化与品牌理论研究的先行者王成荣博士在北京财贸职业学院工作了30多年。其中有过诱惑、有过多次机会，也动过心，但他坚守了下来。

30年，比与笔者同行的记者年龄还大。以后还会有一个人的工作从起点到终点都是同一个单位的状况吗？

30年，他始终与商业、企业、品牌、文化捆绑在一起。他觉得一个好的专业、一个好品牌背后必须要有几个大企业的支撑。他认为校企一体化其实就是学校与企业共同发展、共同成长，学校用专业服务支持企业的发展、赢得企业的支持。除了事业纽带、情感纽带外，他觉得校企一体化要走得持续、健康一定得有利益纽带。

在职业教育工作了30年，他认为职业教育是一种跨界教育，其生命力源于行业、职业，它既要遵循教育规律，又要遵循市场规律，还要遵循行业发展的规律；他坚持职业教育是贯通教育，在做好学历教育的同时坚持发展职业培训。尽管有不同的声音，但他坚持了下来，学院累计培训57万人次，平均每年一万人次。2013年，学校培训收入2 200万元。他强调：这是从市场赚来的而不是财政给的钱。

从12万人到今年的6万多，6年间北京的高考生源锐减。他说，招生真是我们的难题。如果招不到学生，学校空了就没了士气，教师们便会没了干劲，气可鼓而不可泄。“学校是船，每个人都在船上，要将这种压力感传递给每一名教师”，他说。

采访中，他对学生的称呼一直是孩子。他说学校教育就是要以学生为中心，帮助学生成长、成才，让学生满意，让每一个学生都成为“胜者”。

今年是北京财贸职业学院“京商”研究的10年、创业教育的10年、财贸素养教育的12年。“我们还会坚持坚守下去”，王成荣说。

“精耕细作，不受诱惑。”在北京财贸职业学院工作了30多年的王成荣院长如是说。

# 打造首体特质的“精气神儿”
## ——首都体育学院党委书记赵文访谈录

◎ 李艺英　翟　迪　张智侠

赵文，汉族，河北定州人，法学硕士。1964年9月生。曾任中国人民大学学生工作部干部、中国人民大学团委副书记、共青团北京市委大学中专部部长、共青团北京市委组织部部长、首都师范大学党委副书记、北京电子科技职业学院党委书记。2014年6月，任首都体育学院党委书记。

秋天的首都体育学院依旧生机勃勃，郁郁葱葱的林木树影叠翠，午后的阳光透过枝叶的缝隙，折射在脚步匆匆的学子们身上。一阵铃声响起，校园随即恢复了宁静。作为体育类院校，首都体育学院（以下简称“学校”）总是有一种“体健、文博”的韵味。“以挑战者精神拼搏创新”是学校的校训，也是全校师生治学、求学的“精气神儿”。

2016年，是学校建校六十周年。六十年时光流转，首体师生风雨砥砺、奋发前行。作为学校的党委书记，赵文是掌舵人，更是带头人。在学校第二次党代会上，他提出要建设“首体文化”，打造有个性的大学精神。他认为，大学精神是一所学校长期积淀形成的一种共同的精神品质、理想追求、价值取向、行为理念以及独特的文化氛围，是经过几代人持续不断的共同探索与努力凝练而成的。

本文刊发于《北京教育》高教版2016年第11期

## 大学精神——重在践行与传承

体育在提高人民身体素质和健康水平，促进人的全面发展，丰富人民精神文化生活、推动经济社会发展，激励全国各族人民弘扬追求卓越、突破自我的精神方面，都有着不可替代的重要作用。赵文认为“以挑战者精神拼搏创新”很好地体现了学校的精神，它是更高、更快、更强的、勇于拼搏的体育精神和求真务实、不断探索真理的科学精神的结合，也是学校发展过程中历久弥新的不竭动力和精神源泉。一种精神是否具有强大的生命力，表现之一就是它是否具有延续力。中华文化之所以能顺应时代变迁，吐故纳新，保持自身的蓬勃旺盛，就是因为几千年来中华民族世世代代对其不断丰富、传承与发展。同样，“以挑战者精神拼搏创新”为核心的首体文化要想具有生命力，也必须通过一代又一代的首体人将其传承下去、发扬光大。

2011年，学校启动了首都体育学院精神文化大讨论，最终确定了校训、办学特色、办学理念、学校精神、校风、教风、学风七项内容的校园精神文化表述语。赵文说：“总结和凝练对于首体文化是一个升华的过程，而践行和传承才能赋予首体文化真正的生命力。学校也一直在尝试寻找践行校园文化的载体，如我们设想日后在一些重大的学校活动中，组织全体师生将校训齐声呼喊。通过这种仪式感很强的活动，让学校精神在师生心中激荡，让学校文化的精髓在潜移默化中深入人心。”

## 人才培养——高质量是本真

人才培养质量是衡量一所高校办学水平的重要标准之一。可以说，人才培养质量是一流大学的“本真”。赵文认为要始终把提高人才培养质量作为办学的核心工作。质量意识要升温，教学改革要突破。

近年来，学校启动了大学生思想政治教育工作理想信念塑造工程、优良学风建设工程、综合素质拓展工程、校园文化培育工程、心理素质教育工程、助学励志服务工程、参与学校建设工程，简称为“七项工程”。同时，在“十三五”期间积极探索将教学中心地位和教学质量的落实情况纳入评价考核，探索委托第三方参与本科人才培养质量评价机制。学校始终紧密结合北京市和国家需求抓专业建设和课程建设。“不断深化教育教学改革，全面修订本科人才培养方案，实施本科生导师制，促进了人才培养质量的改革与提升。”赵文认为，只有打造一支师德高尚、结构合理、业务精湛、充满活力的师资队伍，才能在本质上提升人才培养质量。目前，学校教师队伍中具有硕士、博士学位的达到 88.2%，高级职称比例达到 55.7%，博士生导师 21 人，硕士生导师 117 人，国际级裁判 21 人，国际级运动健将 17 人。

“要为学生搭台子，学生才能唱好戏。”通过为学生搭建实践创新的平台，以此来推进各种优势资源的共享，构建高层次、有特色的校（境）内外人才培养创新创业实践教育基地。学校鼓励学生创新创业，10 余个项目获北京市级奖项，助力了学生的成长成才。下一步学校将积极推进科研成果的转化与应用，努力打造产学研一体化的首都体育学院体育科技园区，鼓励学生将创新创业项目推向实际。

说起学生的成绩，赵文如数家珍，他脸上的自豪感是从内心深处散发出来的，也侧面印证了学校以提高人才培养质量为本真的教育成果。“只要有重大体育赛事，就要有首体学生的身影，这也是学生增长才干的有效途径。”几年来，学校本科生参加省级以上体育竞赛 625 场，获得国际性比赛第一名 173 项，全国性比赛第一名 574 项，在全运会、亚运会、世界大运会和奥运会上共获得金牌 24 枚；培养一级以上（含一级）运动员 56 人。

## 青年教师——师德是根本

如果说做好学生的思想政治工作是重中之重，那么青年教师则是这项工作的主体。随着越来越多的“80 后”教师走上教学岗位，做好他们的思想政治工作已经成为赵文的重点工作之一。

赵文认为，要增强青年教师对中国特色社会主义理论的认同，就要不断增强道路自信、理论自信、制度自信和文化自信。加强对青年教师职业道德和学术道德的教育。陶行知说过“道德是做人的根本”。那么，师德就是教师的根本。要做“有理想信念、有道德情操、有扎实学识、有仁爱之心”的“四有”好教师，要严格贯彻和落实“爱国守法、敬业爱生、教书育人、严谨治学、服务社会、为人师表”的高校教师职业道德规范，严守“红七条”，加大对学术不端行为的处罚力度，建立健全师德管理长效体制机制。

“十三五”期间，学校既要引进国内外高层次青年人才，也要加强青年学科带头人和拔尖科技创新人才的选拔和培育，有计划地把优秀青年教师送往国外或国内著名大学及科研院所进修、深造，提高他们的学术水平。通过“卓越团队”计划，培育和打造 1 个国内领先的学科研究方向团队；通过“杰出团队”计划，培育和打造两个体育行业一流的学科研究方向团队；按照上级人才项目政策，新增 3 个“创新团队”、4 名“长城学者”，培养 10 名左右“青年拔尖人才”，也就是学校的“1234

人才工程”，充分发挥现有各层次人才的引领作用。

“学校会加强对青年教师的人文关怀，尽最大努力帮助他们解决一些工作、生活中的实际问题。虽然依靠学校的力量可能是有限的，但我们也一定会尽最大的努力”。赵文表示，通过深化人事制度改革，优化激励机制，提高管理效能和服务质量，学校会让青年教师在教学和生活中真正实现有舞台、有平台、有发展。

## 冬奥舞台——拥抱机遇与挑战

2015 年 7 月 31 日，北京获得 2022 年冬季奥运会举办权，成为奥运史上第一座举办过夏季奥运会又将迎来冬季奥运会的“双奥”城市。作为北京市属的体育院校，冬奥会的举办既是机遇也是挑战。

“学校将开展‘订单式’人才培养，借着冬奥会的东风，提高学校的综合办学实力”。赵文介绍，学校将适时设立冰雪专业或专业方向，利用“外培计划”与海(境)外院校合作，与兄弟院校及社会组织合作，培养冰雪项目人才，大力培养冬季项目需要的教练员、运动员和专业服务人员，包括导滑员、导游员、咨询接待人员、专职救护人员、风险防护师、冰雪场馆运行管理人员等。力争成为北京市体育局指定的冰雪项目社会体育指导员培训单位。同时，帮助北京市中小学开展、推广和普及冰雪项目。申冬奥成功后，北京市提出将发展一批冬季运动项目特色学校，未来每个区都将有冰雪场地，鼓励各学校根据实际情况拓展冰上运动项目。目前，学校已为许多中小学开设了相关课程，组建了冰上运动社团。学校在帮助北京市中小学培养冰雪项目教师、教练及项目培训等方面可以说是责无旁贷的。

在过去的几年中，学校服务国家体育总局备战北京奥运会、伦敦奥运会、里约奥运会和世界田径锦标赛等重大体育赛事，为国家赛艇队、射击射箭队、自行车队、田径队等开展科研服务，多次获得国家体育总局科研攻关协作单位和科技服务突出贡献奖。学校的身体功能训练团队现在服务于多个国家队。2022 年冬奥会，学校的教师将全面深入地参与到冬奥会的科研服务与保障工作中去。

同时，学生志愿服务已经成为众多品牌赛事中不可或缺的一部分。2008 年，学校 70%的学生参与了北京奥运会志愿服务，现在每年约有 35%的学生成为中国网球公开赛等各类大型国际赛事的志愿者，志愿服务已成为学生参与社会、增长才干的有效途径。“2022 年，我们学校的大学生志愿者也必将成为冬奥赛场上一道道亮丽的风景。”赵文自豪地说。此外，学校也在力争成为冬奥会组委会和北京市教委进行奥林匹克教育和志愿者培训的合作单位，为冬奥会培训更多的专业志愿服务人员。

学校通过开展奥林匹克相关研究，推广奥林匹克教育。创办首都体育学院奥林匹克研究院；加强与国际奥委会、乌克兰国立体育大学、加拿大西安大略大学等国际奥林匹克研究中心的合作；举办奥林匹克国际学术大会；出版、发表与奥林匹克运动相关的著作和论文，保持学校在奥林匹克理论研究方面的国内领先地位。在中小学教育方面，以一所或几所小学为试点，开发以冬季运动项目为素材的游戏；举办青少年模拟冬奥会和奥林匹克教育示范校进社区活动；推动张家口中小学与北京中小学“结对子”，形成姊妹校等。

“既要仰望星空，也要脚踏实地。”未来，学校将大力弘扬和践行“首善厚德，体健文博”的校风，“乐教爱生，博学善导”的教风，“勤学苦练，励志图强”的学风，依照“体育师资的摇篮、运动人才的基地、全民健身的引领、体育科研的前沿、对外交流的平台”的办学特色，在建设国内一流、国际上有一定影响的高等体育院校的道路上打造出具有自身特色的“精气神儿”。

## 微访谈

记者：您了解教师、学生生活和困惑的渠道和方式是？

赵文：深入一线与师生交心、调研。

记者：对您启发最大的一句教育名言是？

赵文：教育植根于爱——鲁迅。

记者：您最崇敬的教育大家是？

赵文：陶行知。

记者：您心目中好学生的标准是？

赵文：具有理想的实干家。

记者：您认为什么样的教师是好教师？

赵文：有高尚情操、卓越学识和仁爱之心。

记者：您的兴趣爱好是？

赵文：读书、体育运动。

记者：您经常说的一句话是？

赵文：办法总比困难多。

# 我在“舞蹈家摇篮”当书记

## ——北京舞蹈学院党委书记王旭东访谈录

◎ 李艺英　陈　栓　赫丽萍

王旭东，汉族，1967年10月出生于江苏南通，中共党员，教育学博士，教授。1989年7月本科毕业于南京师范大学，1992年7月硕士毕业于北京师范大学，2007年6月获北京大学博士学位。曾任北京语言大学党委办公室秘书、高教研究室副主任、学生处处长，北京市教育委员会专职委员，北京物资学院党委副书记、副校长、校长等职，现任北京舞蹈学院党委书记。研究领域为教育学原理、教育社会学、高等教育管理。

北京舞蹈学院由1954年成立的北京舞蹈学校发展而来，在六十多年的历程中始终引领着中国当代舞蹈教育不断向前发展，从早期舞蹈中等职业教育到新时期以来的舞蹈高等教育，迎来送走无数为舞蹈追梦圆梦的学子，被誉为“舞蹈家摇篮”。在全球化多元文化背景下，作为国内唯一一所专门的舞蹈高等教育最高学府，以创建中国特色、世界一流舞蹈大学为目标，其舞蹈教育如何更好地与世界对话交流，以真正实现对传统的传承？如何借“一带一路”的东风，向世界展现当代中国时代风貌的舞蹈艺术？带着这些问题，日前记者专程采访了北京舞蹈学院（以下简称北舞）党委书记王旭东。

本文刊发于《北京教育》高教版2017年第4期

## 传承北舞"爱国、爱校、爱舞蹈"的传统精神

**记者：** 王书记，您好！您来到北舞一年了，给您印象最深的是什么？您觉得北舞的气质与特色是什么？从校长到艺术院校的党委书记，您是如何完成角色转换的？

**王旭东：** 我于2016年3月来到北舞工作，有些出乎意料，自己从没想过会到一所艺术院校当党委书记。北京舞蹈学院前身为北京舞蹈学校，是新中国党和政府建立的第一所专业舞蹈学校。学校成立的中国第一个实验芭蕾舞团——北京舞蹈学校附属实验芭蕾舞团是中央芭蕾舞团的前身，先后成功上演了多部世界经典芭蕾舞剧。学校的东方音乐舞蹈班后来发展成为东方歌舞团。学校早期的建设和发展得到过毛泽东、刘少奇、周恩来、邓小平等老一辈党和国家领导人的亲切关怀。特别是周恩来总理曾多次观看学校的演出，对学校的建设给予了直接的关怀和指导。1978年，经国务院批准正式成立北京舞蹈学院，隶属于文化部，2000年划转北京市人民政府。一直以来，学校承担过很多国家重大任务，如2008年奥运会、国庆60周年庆典、APEC、G20峰会等国家重大活动中都有北舞师生的身影。

学校教师多年来一直秉持"执着于艺术、奉献于课堂、用心于学生"的师德标准，无论是建校初期的老专家，还是教学一线新教师，都深深热爱舞蹈艺术，全情投入舞蹈艺术教育之中。教学主楼的练功房每天从早6点到晚10点，一直灯火通明，言传身教、艺无止境的精神在师生们翩翩起舞中得以绵延。"爱国、爱校、爱舞蹈"的舞院传统从"中国舞蹈之母"——我们第一任校长戴爱莲先生开始薪火相传，如今在一代又一代师生身上予以传承。舞院人常说，只要教学楼的灯还亮着，"舞蹈家摇篮"就希望无限，中国的舞蹈事业就希望无限。

来到北舞后，我通过深入基层调研、去课堂看课听课、观摩舞蹈演出、与师生交流座谈等，被全校师生在舞蹈艺术专业领域体现出来的追求卓越、止于至美的精神深深打动。如果说这所学校有什么特质的话，我觉得她就像一只白天鹅，给人一种特别高雅、优美、恬静的感觉。

我来北舞之前担任北京物资学院校长，行政一把手的经历帮助和促使我在新的工作岗位经常进行换位思考，努力构建党政协同配合的良好氛围，以班子的凝聚力来提升战斗力，推动学校事业发展。我刚到这个岗位，恰逢北京市委巡视组入校，巡视帮助我们全面梳理存在的问题，指导促进我们整改落实。可以说，借着

全面从严治党、加强高校党的建设和思政工作这个大的东风，我尽快完成角色转换，履行好党委书记职责，推进学校工作顺利开展。

## 充分认识艺术院校师生所肩负的历史使命和责任

**记者：**党和国家高度重视文艺工作，习近平总书记发表了关于文艺工作的重要讲话。北舞作为一所艺术院校，如何贯彻落实讲话精神？

**王旭东：**六十多年来，北舞一直以发展和繁荣舞蹈文化艺术为己任，倾力培养高素质舞蹈专业人才，开展高水平舞蹈科学研究和作品创作，积极发挥舞蹈文化艺术智库作用，为国家文化建设作出了不可替代的贡献。一代代北舞人在舞蹈艺术教育领域里耕耘所达到的水平与成就，可以说是国内翘楚。作为中国规模最大的专业舞蹈教育最高学府，北舞理应有这样一种使命感：一定要做到最好！

党和国家高度重视文艺工作。2014 年习近平总书记在文艺工作座谈会上发表重要讲话，2016 年又在中国文联第十次全国代表大会、中国作协第九次全国代表大会上发表了重要讲话，这两个讲话可以说是一脉相承、相互呼应的姊妹篇，是引领我国文艺工作的旗帜和指南。我们北舞师生要有政治敏锐性，要把这两个讲话的精髓、精神实质理解透，明确文艺工作之于民族、社会、伟大复兴中国梦的重要价值和意义，不断增强责任感和使命感，勇于承担起引领舞蹈艺术教育和繁荣发展舞蹈艺术的责任和使命，为党的文艺工作作出更大贡献。

为此，学校专门召开学习贯彻习近平总书记文艺工作相关讲话精神座谈会，各部门、各教学院系师生代表结合工作实际，交流学习心得。党委印发了《北京舞蹈学院意识形态工作责任制实施细则》《中共北京舞蹈学院委员会关于进一步加强和改进新形势下党的建设的若干意见》《中共北京舞蹈学院委员会关于进一步贯彻落实习近平总书记文艺工作相关讲话精神的实施意见》等相关文件。各教学院系、各部门都积极行动起来，以习近平总书记重要讲话精神为行动指南，围绕人才培养、科学研究、服务社会、文化传承创新和国际交流合作等高校重要职能，细化分解落实方案，真正把习近平总书记关于文艺工作的重要讲话精神落到实处，不断提高师生学养、涵养、修养，努力追求真才学、好德行、高品位，勇担以文化人、以文育人的职责，努力做到德艺双馨，用高尚的文艺引领社会风尚，为服务首都文化建设、繁荣社会主义文化发展、实现中华民族伟大复兴的中国梦贡献力量。

## 开展富有艺术院校特色的党建和思想政治工作

**记者：**在艺术院校如何贯彻落实全国和北京市高校思政工作会议精神，如何抓好党建和思政工作，推动社会主义核心价值观入脑入心，切实取得实效？

**王旭东：**在艺术院校开展好党建和思政工作，我认为特别重要的一点就是要结合艺术院校实际，发挥艺术专业优势，开展富有特色的党建和思政工作。现阶段要把学习贯彻好习近平总书记关于文艺工作相关重要讲话精神与贯彻落实全国和北京市高校思政工作会议精神结合起来，不断加强党对学校事业的领导。

一方面，要加强思想理论建设。切实加强党委和院（系）理论学习中心组学习，针对全校中层干部、教师、党员、学生等不同群体进行学习培训。同时，注重发挥思政课主渠道作用，积极推进北京艺术类高校思政理论课“教学改革示范点”项目实施，建设具有艺术院校特色的思政课教学体系，增设“社会主义核心价值观与艺术创作”等特色课程。我来到北舞这一年，是我上党课频率最高的一段时间，我先后给所在支部党员、学校机关党员干部、基层党务工作者、研究生、本科生、附中师生等上党课十余次。为上好本科生的一堂形势政策课，我结合学生实际，将党的十八大以来中央的治国方略用“一、二、三、四、五、七”几个数字进行归纳总结，以“数读新政”为主题，不仅把逻辑关系、重点梳理清楚，而且也将数字背后的精神实质阐释明白，帮助学生真正了解、理解、认同从党的十八大到十八届六中全会以来的一系列重大战略决策，更加坚定中国特色社会主义信念，调动了学生听课积极性，增强了理论学习的实效性，受到学生欢迎。

另一方面，要将思政教育与艺术教育、艺术创作、艺术实践等相融合。要接地气，结合艺术院校师生实际和专业特点，在“融入”上下功夫。2016 年是中国共产党成立 95 周年和纪念红军长征胜利 80 周年，学校开展了一系列主题教育实践活动。例如：“创意快闪献礼党的生日”，通过民间舞、古典舞、芭蕾舞、现代舞、国标舞、爵士舞的转化和舞动，学子们以青春姿态，跳跃呈现中国共产党历史进程中 1921 年、1936 年、1949 年、1978 年、2016 年等重要时间节点，祝福中国共产党永葆青春活力。2016 级新生军训汇报与“纪念长征”主题融合在一起，展现出继承先烈遗志、学习长征精神的昂扬精神风貌，部队同志看了觉得很生动，很有特色。创意学院创作了舞蹈诗《长征》，用舞蹈语汇来展现长征精神，我与参演学生交流，学生们一致认为这不仅仅是一次艺术实践，更是一堂受益匪浅的思政教育课。多年来学校在这方面积累了很多经验，今后我们还要认真加以总结，不断探索如何进一步加强和改进学校党建和思政工作。

## 坚定文化自信，服务国家“一带一路”战略

**记者：** 北舞怎样借国家“一带一路”的东风，真正助力中国舞蹈“走出去”，体现出舞院人的文化自信与担当？

**王旭东：** 北舞作为中国唯一一所专门化的舞蹈专业教育最高学府，我们有责任和义务，响应国家“一带一路”的战略和号召。2016 年 5 月，郭磊校长与中东欧 14 国代表共同签署了《中国—中东欧国家舞蹈文化艺术联盟成立宣言》，标志着中国—中东欧国家舞蹈文化艺术联盟正式成立。这是继 2015 年 12 月李克强总理代表中国与哈萨克斯坦共和国政府签署《联合公报》“双方将加强人文合作，增加人文交流活动次数，发展科研中心合作，努力共建欧亚中国研究中心。双方支持北京舞蹈学院同哈萨克斯坦国家舞蹈学院开展合作”之后的又一重要成果，体现出北舞主动参与到“一带一路”建设之中。今后双方将在艺术教育、艺术创作、学术研讨、成果展示等方面加强交流与合作。2016 年，学校利用中外舞蹈院校展演的机会将东南亚、中亚一些国家的艺术院校请进来，进行“一带一路”国家舞蹈专场展演。近期又在文化部以及北京市的大力支持下，应中东欧三国邀请出访进行“欢乐春节”演出，赴新加坡进行“妆艺庆典”演出等。学校也在与海南省有关部门洽谈面向东南亚建国际舞蹈学校事宜，探索更多的发展路径。

多年来，学校积极开展国际交流与合作，在教师交流、学生互换、联合培养等方面开展了很多合作项目。师生每年都会有各种出国演出交流，学校选取能够代表“中国精神”的高水平舞蹈作品，打造出“大美不言”等系列高端演出品牌。在成功举办过五届北京国际舞蹈院校芭蕾舞邀请赛的基础上，“2016 北京中外舞蹈院校展演”和舞蹈孔子学院等涉外项目，搭建了中外舞蹈院校的国际合作交流平台，促进了国际舞蹈院校人才培养与艺术创新，在世界舞台上树立国家形象，扩大国际影响力。

在“走出去、请进来”的过程中，我们既要学习借鉴世界优秀文化成果，更要保持对自身文化理想、文化价值的高度信心，坚定文化自信。要大力弘扬社会主义核心价值观，继承和发扬中华民族优秀传统文化，坚持和弘扬中国精神，坚持中国特色、中国风格、中国气派。

## 建设中国特色、世界一流的舞蹈大学

**记者：**在“双一流”的战略目标下，您觉得当下北舞与“世界一流舞蹈院校”之间的距离在哪儿？针对这一目标，学校都做了哪些方面的调整与准备？

**王旭东：**北舞的发展目标是要建设中国特色、世界一流的舞蹈大学。目前，学校正在围绕“双一流”建设目标，积极加强自身内涵建设，进一步深化舞蹈高等教育综合改革，进行新一轮本科培养方案论证研讨。在顶层设计上，继续发挥好自身原有的传统学科优势，引领国内舞蹈学科的发展，同时本着“整合、打通、扩充、完善”的原则，对现有学科专业结构进行调整，以高精尖作为起点和目标，扩充与舞蹈相关的其他专业学科，最终达到“结构要合理、综合重基础、创新强特色、系统建机制”的核心目标。

在建设中国特色、世界一流舞蹈学科的过程中，我们面临着一些亟待解决的问题。第一，是学科体系构建问题。在以前的学科目录中，舞蹈学与音乐学、美术学、电影学等并列为文学门类下一级学科“艺术学”的二级学科，艺术学成为独立的学科门类之后，设立“音乐与舞蹈学”一级学科。对于独立设置的音乐或舞蹈专业院校来讲，难以在“音乐”和“舞蹈”两方面都加强建设，事实上面临着“半个一级学科”的尴尬。就舞蹈学而言，其下的二级学科或学科方向如何构建？是把不同的舞种，如中国古典舞、中国民族民间舞、芭蕾舞、国标舞、现代舞等作为学科建设单元，还是从舞蹈表演、舞蹈编导、舞蹈理论、舞蹈教育的不同领域探究学理？抑或是两者的融合？这需要进一步的论证、梳理和规划。第二，是学科建设的实际推进问题。艺术学科的实践性很强，艺术院校的教师十分重视艺术创作和表演的实践。相对而言，学科思维、对学科建设的认识偏弱，对艺术规律的学术研究、理论创新重视不够。来到北舞后，一方面，我为学校在舞蹈人才培养、舞蹈创作表演等方面取得的成就而骄傲自豪；另一方面，也深感我们在学科建设方面的不足。我们既要有充分的自信，更要有扬长补短的勇气和决心。如果说中国的舞蹈学科要冲击世界一流，北京舞蹈学院必须在其中发挥重要作用。我们要有这样的使命担当！学校要把学科建设作为提升整体办学水平的龙头工程，加强学科规划、凝练学科方向、汇聚学科队伍、建设学科平台、多出学术成果、提高学科人才培养质量，扎实推进中国特色、世界一流舞蹈学科建设。

总之，北京舞蹈学院将始终坚持社会主义办学方向，以引领舞蹈艺术人才培养之先和促进社会主义舞蹈艺术繁荣发展为目标，以“需要什么样的舞蹈艺术人才”和“如何培养高素质舞蹈艺术人才”为切入点，切实提高人才培养质量；坚持以人民为中心的创作导向，精益求精搞创作，潜下心来做研究，创作更多有筋骨、有道德、有温度的舞蹈艺术作品，创新舞蹈学科理论；充分利用学校的专业优势和艺术资源，不断发挥舞蹈文化艺术智库作用，为国家文化建设贡献力量。

学校党委将进一步发挥把方向、管大局、作决策、保落实的作用，学习贯彻落实习近平总书记重要讲话精神，贯彻落实全国和北京高校思政工作会议精神，坚持把立德树人作为中心环节，把思政工作贯穿教育教学全过程，实现全程育人、全方位育人。以贯彻落实党的十八届六中全会精神为动力，以继续深化教育教学改革、持续进行“管理建设年”为抓手，推进落实“十三五”发展规划，不断加快建设中国特色、世界一流舞蹈大学的步伐，努力开创舞蹈高等教育事业发展新局面。

## 微访谈

记者：您了解教师、学生生活和困惑的渠道与方式是？

王旭东：走近学生、走进教室。

记者：对您启发最大的一句教育名言是？

王旭东：用心做教育。

记者：您经常说的一句话是？

王旭东：自信而不自满，脚踏实地而追求卓越。

记者：您认为艺术院校好学生的标准是？

王旭东：思想品德好、专业技能强、文化素养高。

# 德法兼修　培养卓越法治人才
## ——中国政法大学校长黄进访谈录

◎米　莉

黄进，生于1958年12月，湖北人。中国政法大学校长、法学教授、中国法学会副会长。曾主持和参加中外科研项目多项，出版专著、主编或参编的著作60余部，在《中国社会科学》《法学研究》《荷兰国际法评论》、美国《杜克国际法与比较法杂志》等中外刊物上发表中英文论文、译作200多篇。学术成果曾获普通高校优秀教学成果国家级一等奖、司法部全国法学教材与科研成果一等奖等。曾获首届中国十大“杰出青年法学家”称号、宝钢教育奖优秀教师特等奖等，1997年入选教育部首批“跨世纪优秀人才培养计划（人文社会科学）”，2004年入选国家首批“新世纪百千万人才工程国家级人选”。

**记者：**在中国政法大学建校65周年前夕，习近平总书记来到学校考察，在您看来，这对于中国政法大学和中国的法学教育意味着什么？

**黄进：**习近平总书记到中国政法大学（以下简称法大）考察，祝贺中国政法大学建校65周年，看望广大师生员工，观看校史展和办学成果展，参加青年学生主题团日活动，主持座谈会并发表了重要讲话，意义重大，是对学校师生和广大校友的巨大鼓舞。

习近平总书记的讲话深刻阐述了法治建设在国家治理体系中的重要作用，强调全面推进依法治国是一项长期而重大的历史任务，强调法学教育和法治人才培

本文刊发于《北京教育》高教版2017年第7—8期

养在全面推进依法治国系统工程中的重要地位，为法学教育和法治人才的培养指明了方向。我们要把总书记对法大的关怀、对青年学生的关爱、对法治建设的重视、对法学教育和法治人才培养的期望，传达到法大全体师生员工和广大校友，贯彻落实习近平总书记在法大的重要讲话精神，为全面推进依法治国作出新的贡献。

---

**记者：**习近平总书记在讲话中指出，这些年来，我国法学教育和法律人才培养成效显著，但同时也存在着一些问题和不足。您认为，目前我国在法学教育方面取得的成果和存在的问题是什么？

---

**黄进：**改革开放以来，我国法学教育取得了巨大成就：人才培养规模和质量不断提升、法学教育体系基本形成、法学理论研究和知识创新不断发展，为国家法治建设培养了数以百万计的法治人才。1997 年，党的十五大提出依法治国、建设社会主义法治国家，确立了依法治国的基本方略，为中国法学教育的发展提供了新的契机，注入了新的动力。1999 年，中国高等教育新一轮改革开启，我国的法学教育在发展、探索、改革与创新中得到长足发展，无论是在规模上还是在质量上，都实现了历史性飞跃。2011 年，为全面深化国家高等法学教育教学改革，提高我国法治人才培养质量，国家启动了“卓越法律人才教育培养计划”。党的十八大以来，政法院校主动适应依法治国、依法执政、依法行政，以及科学立法、严格执法、公正司法、高效高质法律服务的需求，不断深化高等法学教育改革，坚持专业教育与通识教育并重、大众化教育兼顾精英教育，初步实现了法学教育、司法考试与法律职业之间的良性互动。

我们也要清醒地看到，同全面依法治国，加快建设社会主义法治国家的新形势、新要求相比，法治人才培养质量还存在一些问题和不足：一是过去一段时间发展速度过快、规模过大，有些大学在条件不具备的情况下，也建立法学专业，导致教育质量、教学水平不高，在一定程度上导致法学院校毕业生整体就业率不高；二是法学学科结构不尽合理、学科发展不平衡，对新兴交叉学科的重视不够，法学学科与其他学科的交叉融合也不够；三是法学教育的内容还不能很好地反映世界法治潮流和中国法治实践；四是偏重于法学专业知识理论的教学，对法治实践能力的培养训练不充分；五是对法律职业伦理、道德、操守的教育还不够，有的大学甚至开不出这方面的课程，有的大学开的也只是选修课。解决这些问题，需要统筹谋划、整体布局。

---

**记者：**在您看来，如何才能全面做好法治人才培养工作？其具体方法路径是什么？法大这些年又做了哪些有益的尝试？

---

**黄进：**对法学教育进行改革创新，提升法学教育的水平和法治人才培养的质量，主要应该从四个方面来加深认识和全面推进。

第一，立场坚定，正确引领，道路自信。习近平总书记指出，没有正确的法治理论引领，就不可能有正确的法治实践。办好法学教育，必须坚持走中国特色社会主义法治道路，坚持以马克思主义法学思想和中国特色社会主义法治理论为指导。要强化理想信念教育，确保法治人才培养的政治方向。要充分利用高校学科齐全、人才密集的优势，加强法治及其相关领域基础性问题的研究，对复杂现实进行深入分析，作出科学总结，提炼规律性认识，为完善中国特色社会主义法治体系、建设社会主义法治国家提供理论支撑，逐步形成具有中国特色、中国气派、中国风格的中国特色社会主义法学理论。

第二，立足中国，借鉴国外，面向未来。习近平总书记强调，我们有我们的历史文化，有我们的体制机制，有我们的国情，我们的国家治理有其他国家不可比拟的特殊性和复杂性，也有我们自己长期积累的经验和优势。要以我为主、兼收并蓄、突出特色，深入研究和解决好为谁教、教什么、教给谁、怎样教的问题，努力以中国智慧、中国实践为世界法治文明建设作出贡献。他强调，对世界上的优秀法治文明成果，要积极吸收借鉴，也要加以甄别，有选择地吸收和转化，不能囫囵吞枣、照搬照抄。法治人才培养要逐步建立起与高素质法治人才培养目标相适应的，具有鲜明的中国特色、完整的知识结构、适度的学分要求、丰富的选择空间的法学课程体系。法学课程体系要与中国特色社会主义法学理论体系、学科体系相衔接，反映中国特色社会主义法治理论的最新研究成果，推动中国特色社会主义法治理论进教材、进课堂、进头脑。在法治人才培养中，应当切实加强法学教材建设工作。组织编写国家统一的法律类专业核心教材，为法治人才的培养提供能够贯彻中国特色社会主义法治理论的优质教材。

第三，立德树人，德法兼修，明法笃行。习近平总书记指出，中国特色社会主义法治道路的一个鲜明特点，就是坚持依法治国和以德治国相结合，强调法治和德治两手抓、两手都要硬。法学教育要坚持立德树人，不仅要提高学生的法学知识水平，而且要培养学生的思想道德素养。法律是成文的道德，道德是内心的法律。优秀的法治人才必须以实际行动带动全社会崇德向善、尊法守法。法治人才培养应凸显“健全人格教育”的理念，本着促进人的自由全面发展的目标，把学生培养成完完全全的人、正正常常的人、健健康康的人、全面发展的人。为此，法大积极拓展通识教育新渠道，建立法学公益教学体系，将公益教学作为立德树人的重要环节，开设法律诊所课程，鼓励学生参与法律援助，培养法科学生的社会责任感和对弱势群体的关注；开展校长推荐阅读书目活动，每期确定 40 种书目，提出了课堂内的导读课程与课外的学习圈、读书会并行的双轨制实施思路和方案，拓展了通识教育的新领域。

第四，立足实践，虚实结合，内外协调。习近平总书记强调，法学学科是实践性很强的学科，法学教育要处理好知识教学和实践教学的关系。要打破高校和社会之间的体制壁垒，将实际工作部门的优质实践教学资源引进高校，加强法学教育、法学研究工作者和法治实际工作者之间的交流。为此，要创新实践教学模式，打造实践教学平台，培养具有创新精神和实践能力的卓越法治人才。在制定人才培养方案时，提高实践教学学分比例，提高法治人才培养中的实践教学要求。同时，加强实践教学过程控制，切实提高实践教学的效果。加强校企、校府、校地、校所合作，引入政府部门、法院、检察院、律师事务所、企业等实务部门力量参与法治人才培养，真正实现在法治人才培养中同步实践教学。例如：法大充分利用现代信息技术手段，创建了“同步实践教学”模式，建立检察案件原始案卷副本档案阅览室、审判案件原始案卷副本档案阅览室、公益法律援助原始案卷副本档案阅览室，受赠原始案例卷宗副本超过 60 000 套，实现使用真实案例进行教学；设立智慧教学楼，创建智慧教学新模式，利用信息化平台，开创法治人才培养新途径。通过多种举措，实现国内优质司法资源进校园、进教学、进课堂，逐渐创造“教室＋法庭”的教学氛围，让学生在司法实践动态氛围之中学习提高。

---

**记者：**习近平总书记在讲话中还着重强调了青年学子的成长成才，那么，对于大学生的成长成才，您着重关注哪些方面？如何引导青年学生多读书、读好书？

---

**黄进：**为了帮助青年大学生健康成长，法大倡导六个方面，即品德优良、学识丰富、能力卓越、充满智慧、身心健康、人格健全。

大学生群体整体上积极、健康、向上，我们应该肯定并相信他们。对于学生的引导，我们采取循序渐进、层层提升的理念和方法，首先是成人，其次是成为合格的公民，最后成长为中国特色社会主义事业的建设者和接班人，在此基础上，培养部分大学生成为共产党员。

读书对于大学生而言非常重要，现在的学生阅读量不小，但有些碎片化。我们向学生们推荐了 40 本读物，主要是古今中外的经典著作，其中包括《大学》《中庸》《论语》《孟子》等中华文化优秀元典。

此外，学校团委等还组织学生建立了 150 多个“学习圈”“读书圈”，有共同兴趣的学生都可以建立自己的“圈”，这些“圈”既有阅读法学名著的，也有阅读其他学科领域经典的。让外国留学生也为中国学生开设小语种外语兴趣课程。

教师要培养学生养成阅读的习惯，让学生体会到读书之乐，体会到读书是件好玩的事；同时，教师也要提升学生阅读的品位，让学生体会到阅读经典是件值得做的事，培养出慧眼识货且有消化能力的读书人。

**记者：** 作为校长，如何认识并督促教师追求立德树人，既要教书又要育人？

**黄进：**“课比天大”是法大的教学理念和对教师职业操守的要求。希望教师们能不断努力探索如何讲好每一节课，如何教好每一位学生。在社会转型期，教师要努力引导学生向上、向善。

我常以“做课堂上的好老师”与大家共勉。首先，好的老师应该以精彩的授课吸引学生听课。这就要求老师认真备课，尽可能地把自己的思考过程呈现给学生，甚至不断纠正自己讲过的观点。我不赞同把所有讲的内容都写在幻灯片(PPT)上，只看 PPT，当被 TPP(踢屁屁)。其次，好的老师应该让学生说话。在课堂上应该让学生享有发表自己观点的“积极自由”。“善待问者如撞钟，叩之以小者则小鸣，叩之以大者则大鸣；待其从容，然后尽其声”——先贤之悟可以启发我们做到恰如其分地授业解惑。我们提倡采用“3D 课堂教学法”，即师生相互之间的讨论、对话、辩论，调动教与学、教师与学生两方面的积极性，特别是学生学习的积极性和主动性，加强师生相互之间的互动、沟通和交流，从而促进教学相长、学学相长。还有，我认为，好的老师应该让学生写作。历史学家吕思勉先生认为，学生写作就像人学说话，到了不能不说的时候才会说出来的，不能“为赋新词强说愁”，在还没有说话的时候强迫着说。好的老师会令学生以“过早开业”为戒，但同时也会令学生以“从不写字”为戒。

像法大这所以法学为优势和特色的学校，法学教师队伍更要在思想上有定力、人格上有魅力、学术上有功力、教学上有活力、实践上有能力。现在，的确有教师只注重专业教学，只教书，不注重育人。我们要求教师坚持立德树人、教书育人，激励教师用社会主义核心价值观来引领法学教育和法治人才培养。

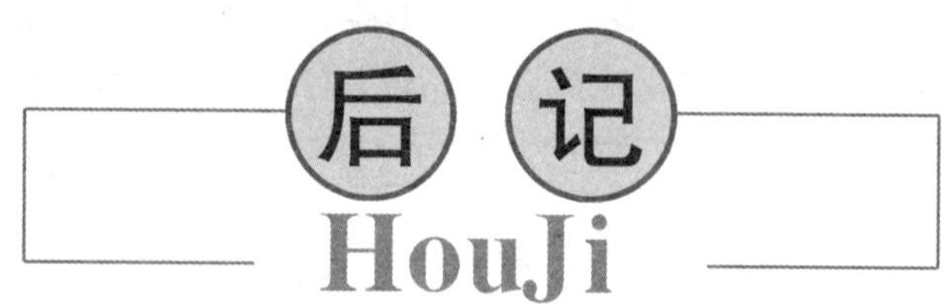

# 后记

2012年3月1日，我从《现代教育报》社调到《北京教育》高教编辑部，负责的栏目之一便是“一把手访谈”栏目，这是我喜欢也是投入精力最多的栏目之一。我是学中文的，在报社做记者时，做过几年人物报道。喜欢和人物对话，喜欢透过人物的日常生活工作，走进采访对象的内心；条件许可的话，喜欢跟随采访对象，安静地看他工作；喜欢跟他们身边的同事、朋友、上下级交流……通过交流观察记录生动真实的“这一个”。

“一把手访谈”栏目的采访对象是高校的党委书记或校长。无论大学是“象牙塔”还是社会繁荣的“永动机”，“一把手”便是塔尖上的瞭望者与守门人，是“永动机”的核心，是关键的“这一个”。将大学的工作做好，让大学得到健康的发展，这是他们的责任与使命。但做好的标准是什么？不同的主体，价值标准也不一样：政府一个标准，社会一个标准，大学内部也有一个自己的标准。向哪个方向努力？如何坚守价值、把准方向，更好地履行人才培养、科学研究、社会服务、文化传承与发展的使命？如何实现学术管理与行政管理统一？如何建设好大学的精神文化，最大限度地调动广大师生的积极性，做到人尽其才、物尽其用、提高效率？

使命使然，大学“一把手”的治校理念、思考与实践智慧无疑要回应高等教育快速发展过程中的种种关切与问题，要呈现高等教育理念与实践的丰富多彩。

岗位职责使然，“一把手”无疑是忙碌的。记得时任北京工商大学校长的谭向勇博士在回答记者“校长专门化”这个问题时说：“当一名好的教授，你都得夜以继日地工作；当一名校长更辛苦，一天没有10个小时的工作量，你是当不好校长的。”尽管忙碌，但我们的采访得到了“一把手”的大力支持。无论工作多么繁忙，时间多么紧张，只要是确定了采访，“一把手们”一般会提前抽出一段时间好好思考、整理自己的办学理念，对所提问题做好充分的准备。采访过程中，“一把手们”有的会对采访的问题像答题式的一个一个一丝不苟地回答；有的会将采访问题作为拐杖，更多的是有感而谈；有的在采访结束后，甚至会查找一些资料送给记者作为采访的补充材料……由于岗位与话题所致，采访中“一把手们”谈论更多的是宏观的问题，呈现出其理性与智慧的一面。但采访的过程更多地展现了他们的真性情，至今记得采访过程中许多“大人物”的小细节：一位获得过国家科技进步奖的校长直率地说：我喜欢看书，但小说却一本也没看过，连《红楼梦》也没看过；一位校长开门见山地说：我们要脚踏实地地做好工作，也要不遗余力地搞好宣传；一位党委书记的办公室墙上挂着一幅别致的风景图，这是她贡献了最美好年华的心灵圣地，访谈毕，她站在画前饱含深情地给我们一点一点地细说画面上的沟沟梁梁；有的校长说采访一个小时，果然在一小时处戛然而止；有的校长说，学校的新理念指导下的办学实践时间不长，暂不能接受采访……两年之后，实践顺利采访亦得以进行……在“微访谈”问题上，他们更多显现其个性与知性，是生动丰富的“这一个”。

“一把手访谈”栏目凝聚了许多人的劳动，除了《北京教育》高教版编辑部的每一个成员外，我们尤其要感谢高校的党委宣传部部长们，在拟定采访主题、确定采访提纲、与采访对象沟通、采访过程乃至稿件审定的每一个环节中，都有他们默默无闻的辛勤付出。

萧伯纳曾经说过：“如果你有一个苹果，我有一个苹果，彼此交换，我们每个人仍然只有一个苹果；如果你有一种思想，我有一种思想，彼此交换，我们每个人就有了两种思想，甚至多于两种思想。”对于大学管理来说，管理者面对的问题大致相同，但处理问题的思路、角度不同，采取的处理方式不同，结果也是不一样的。“一把手们”集中展示了他们在高等教育领域的锐意改革、实践探索和深入思考。这些思想和探索实践对于中国高等教育的改革发展和质量提升无疑是一笔宝贵的财富。我们将2012年至2017年“一把手访谈”栏目的文章按刊发时间结集出版，希望用心编成一个精品，一本可能让您不忍释手会去想多翻上几遍，值得仔细品味和反复研读的精品。

参与本书编写工作的有于洋、卜珺、翟迪、侯东华、苑聪雯等，对他们付出的辛勤劳动，向他们致以衷心的感谢！

本书能够顺利出版，要感谢北京市高等教育学会会长线联平，为此书撰写序言；感谢北京市新闻出版广电局“十二五”时期精品栏目的支持！

李艺英<br>2018年5月